货币无疆

区块链与无风险资产

（美）托马斯·安德森【THOMAS J. ANDERSON】 著

张 林 译

MONEY WITHOUT BOUNDARIES

How Blockchain Will Facilitate the Denationalization of Money

WILEY 中国金融出版社

责任编辑：张智慧　王雪珂
责任校对：张志文
责任印制：张也男

Title：Money without Boundaries：How Blockchain Will Facilitate the Denationaliza-
tion of Money by Thomas J. Anderson, ISBN：9781119564065.
Copyright © 2019 Timber Wolf Publishing, LCC.
All Rights Reserved. This translation published under license. Authorized translation
from the English language edition, Published by John Wiley & Sons. No part of this
book may be reproduced in any form without the written permission of the original
copyrights holder.
北京版权合同登记图字 01 - 2019 - 6795
《货币无疆》一书中文简体字版专有出版权属中国金融出版社所有，不得
翻印。

图书在版编目（CIP）数据

货币无疆——区块链与无风险资产/（美）托马斯·安德森（Thomas
J. Anderson）著，张林译. —北京：中国金融出版社，2020.7
书名原文：Money without Boundaries
ISBN 978 - 7 - 5220 - 0586 - 7

Ⅰ.①货…　Ⅱ.①托…②张　Ⅲ.①电子商务—支付方式—研究
Ⅳ.①F713.361.3

中国版本图书馆 CIP 数据核字（2020）第 062380 号

货币无疆——区块链与无风险资产
HUOBI WUJIANG—QUKUAILIAN YU WUFENGXIAN ZICHAN

出版
发行　中国金融出版社
社址　北京市丰台区益泽路 2 号
市场开发部　（010）66024766，63805472，63439533（传真）
网上书店　http：//www.chinafph.com
　　　　　　（010）66024766，63372837（传真）
读者服务部　（010）66070833，62568380
邮编　100071
经销　新华书店
印刷　北京市松源印刷有限公司
尺寸　169 毫米 × 239 毫米
印张　16.5
字数　210 千
版次　2020 年 7 月第 1 版
印次　2020 年 7 月第 1 次印刷
定价　68.00 元
ISBN 978 - 7 - 5220 - 0586 - 7
如出现印装错误本社负责调换　联系电话（010）63263947

当民众都可以为钱而投票的时候，共和国离末日也就不远了。

——本杰明·富兰克林

致　谢

　　感谢我在金融界（fin）和科技界（tech）工作时的同事们，是你们给了我写作此书的灵感。我从你们那里学到了太多的东西。

　　罗宾·劳伦斯，您使我的最初想法和写作尝试变成了条理清晰的书稿，对您的研究和编辑技巧我表示由衷的感谢。

　　我要感谢威利出版公司出色的团队，包括编辑米歇尔·亨顿、项目编辑理查德·桑森、出版编辑宝娜·贾库林、版权编辑迈克·伊斯拉莱维茨等。没有你们的帮助，此书就不可能完成。谢谢你们对细节问题洞若观火，残留的所有问题都是我个人的失误。

　　我的孩子们，谢谢你们的耐心，这使我可以开始一项新的课题。你们关于货币可以跨越时空的新颖观点和理念，对我酝酿这个课题的帮助超乎你们的想象。无论是现在还是未来，我都一如既往地爱你们，并以成为你们的父亲而骄傲。

　　艾莉森，你给我带来的幸福让我备感幸运。我从未想过会像爱你那样去爱一个人。

前　言

一切货币皆关乎信任。

——亚当·斯密

本书旨在探讨如何创造一种全新的全球货币。新的货币有异于美元、日元或欧元这类传统货币，力图成为一种无风险的储值手段；如果说比特币的价值在于它的限量发行，那么新货币的价值贮藏功能则在于它的零风险。因此，这种新货币的数量不是由人随意限定的，而是取决于市场供需。

新货币的基本理念其实并不新奇。创造一种由私人控制、以市场为导向、旨在追求零风险的货币，一直是无数著名思想家和诺贝尔奖获得者孜孜以求的圣杯，同时也是许多货币投资理论的出发点。其新颖之处在于，随着新技术不断融入，资本市场日新月异，从而使社会能够用一些新的方式赋予既有的旧观念新的内涵。《货币无疆》就是要把一些最伟大的经济学理论带回现实。本书将在既有的理念与新兴的技术之间架起一座桥梁。

货币的悖论

如果你对经济学有所了解，那一定知道货币所具备的三大不同社会功能：

1. 价值单位（衡量商品价值高低）。
2. 交易媒介（促成商品交易）。
3. 储值手段（将财富安全储存）。

　　对于在社会生活中扮演如此重要角色的货币而言，上述概念实在是过于抽象。美元、欧元或者日元到底是什么东西？为何人们（包括我身边的朋友和财经评论员）对于黄金是否有价值这个问题各执己见？比特币是一个注定要破灭的泡沫还是代表着货币的未来？其他加密货币的情况如何？

　　这简直就是一个超级悖论。为了获得这样一种概念抽象的东西，人们不仅辛勤劳作、努力奋斗，甚至不惜去乞讨、盗窃和欺骗。我思考得越深，就越发意识到自己竟然把个人的研究生涯奉献给了一个在根基上就破绽百出的东西。我终于醒悟，自己并不了解什么是货币，我无法确切地界定这个概念。我难以解释，是什么原因导致你钱包里面的那些纸片或者你网上银行账户上的数字变成了一种独特的东西。

　　古往今来，人们对"货币"的定义一直充满困惑。历史上许多著名人物如凯撒大帝、哥伦布、华盛顿、林肯以及罗斯福等，他们都不曾被"什么是货币"这个问题所困扰。其中一个重要的原因是，在相当长的历史时期，货币与黄金挂钩，其价值单位、交易媒介和储值手段三大功能彼此密切相关。即便是在并不久远的 20 世纪 20 年代，美元实际上还是一种可以兑换成黄金和白银的不记名票据。然而，一旦那根缆绳被割断，我们就会失去锚定物，在茫茫大海上漫无目的、无休无止地漂泊，货币这个原本就抽象的概念将变得越发难以捉摸。有鉴于此，我决定亲自去探索一种新世界"货币"的奥秘。

> 现有的文献未能提供答案：为什么政府垄断货币供应被普遍视为天经地义的事……它具有一切垄断所存在的种种弊端。
>
> 　　　　　　　　——弗里德里希·哈耶克：《货币的非国家化》
>
> 反对自由市场就意味着对自由本身缺乏信仰。
>
> 　　　　　　　　　　　　　　　　——米尔顿·弗里德曼

我的探索被中途打乱

全世界有数百个国家，也相应存在数百种货币。可能跟你们一样，我也曾经周游列国。我丝毫不怀疑自己的旅行能力，也从未担心自己携带的美元不能便捷地转换成其他价值单位。不同国家的人使用不同的货币，并用于购买不同价格的商品。这些价格可以很便捷地从一种货币换算成另一种货币。许多（虽然还谈不上绝大多数）政府都有很好的理由选择在其疆土内创造一种通用的计价单位。计价单位的概念简单易懂，不会令我煞费苦心。

同样，我也曾经到许多国家做过短期旅行，其间主要使用信用卡进行消费。如今，现金的必要性已大不如从前，我可以轻而易举地在世界任何地方的 ATM 上提取现金。所以，我很清楚自己的主要交易媒介是信用卡和借记卡，可以使用它们在世界各地提现、购物和获取各种服务。虽然这背后的各种支持技术非常复杂，但其概念本身十分简单。我不再因为焦虑自己的信用卡在巴黎、东京或者图鲁姆能否正常使用而夜不能寐。

经过抽丝剥茧，我终于意识到，那个令我彻夜难眠的悖论其实与货币的储值功能有关。究竟是什么导致某种货币对某一群人具有价值？为什么我钱包里的 100 美元钞票比 5 美元的钞票更有价值？一旦这些纸片转化成数字世界中的"比特"（bit）和"字节"（byte），情况会发生什么变化？此外，你银行账户中储存的究竟是什么，到底由谁来决定它的价值或购买力？

同样重要的是，我想弄明白什么时候以及为什么货币在社会中的作用会突然崩溃。自古以来，纸币的价值朝不保夕，有时甚至一推车现金还不足以支付一趟杂货店购物。世界上曾经出现过无数回恶性通胀（有的就发生在本世纪），货币瞬间变成一堆废纸，人们的储蓄被洗劫一空。一种对于社会生活至关重要的东西，岂能变得如此脆弱！

　　尽管我对自己需要探明的目标已经了然于胸，但我首先还是要提出一个更加重要的问题：假设一种无风险的储值手段——一种新型"货币"——被创造出来，这有什么意义吗？谁会关心它呢？直觉告诉我，这是一个重要且及时的话题。经过深思熟虑，我越来越相信：如果货币依然是一种可靠的储值手段，那么对社会而言，新型"货币"在短期内并不重要。

　　有两个原因导致社会不太关心货币的价值：

　　1. 货币的价值被视为一种固化的社会架构，民众对它几乎无可奈何。

　　2. 民众没有动力去关心货币的价值，因为大多数人手里并没有太多的"货币"。

　　对于第一点，绝大多数人的想法是，自己对那些庞大而复杂的系统无能为力，因此宁愿做"旁观者"。我个人认为，那些庞大而僵化的社会架构本身也存在一种悖论——它既是最坚固的同时也是最容易改变的东西。某些社会架构，比如语言，可以长期与时俱进；而另外一些社会架构，比如帝国王朝，却在不断兴衰更迭。我坚信，一场革命正在脚下，政府垄断货币这一僵化架构正面临动摇；而且改变一旦发生，必将势如破竹。这背后的部分原因在于，那些对社会有巨大价值的新兴技术正迅速得到应用。

　　第二点更加微妙。民众对货币的储值功能漠不关心，其根本原因是一个立场问题，取决于他们是花钱的人还是存钱的人。尽管有些个人或社会阶层的储蓄率很高，但绝大数人依靠每个月的收入（薪水、退休金、社会保障等）生活，他们的消费也是量入为出。从全球而言，大多数人都是依靠薪水过活的"月光族"。如果他们将每月所挣的钱花得精光，那可能就没必要去关心货币的储值功能。凯业必达（Career Builder，北美最大的招聘网站运营商）2017 年的一项调查结果显示，即使在美国这个相对富裕的国家，仍有多达 78% 的人仅靠月薪过活，他们中的大部分人每月的存款不足 100 美元。

大多数美国人不仅依靠薪水过活，而且还负债累累。从凯业必达的上述调查结果看，美国 71% 的就业者身负债务。当人们偿还完信用卡、助学贷款、汽车贷款、房贷以及其他各种贷款后，手里的余钱便所剩无几，货币的储值功能自然无关痛痒。通常，持有货币反而会损失价值，因为在多数情况下，借贷者赚到的收益低于他们借钱所付出的成本。实际上，借贷者总在期待债务豁免而不是寻求安全的储值方法。

主要依赖储蓄而生活的人可谓凤毛麟角。我满以为，这一群体的人必定会关心货币的储值功能。然而，我找不到足够的证据来证明这群人会真的关心如何创造一种具有无风险储值功能的货币以及如何维持美元的价值居高不下。统计数据表明，这群人倾向于持有少量货币，只占其总净值的很小一部分。他们喜欢将手里的货币转换成其他资产，比如股票、债券和不动产等。

那些真正大量持有货币的人，通常是为了实施某种大的投资战略，比如期待在将来能够以较低价格吃进其他资产，即所谓的"现金为王"。

人们持有货币的目的通常有两种：一种是使自己的货币收益最大化，另一种则是使自己的货币安全最大化。如果有两个同样安全的存款账户，在各种条件相同的情况下，多数人会选择付息最高的那个。同样，如果有两种货币市场基金，多数人也会选择利率较高的品种。由此进一步假设，我们可以创造一种没有利息的无风险资产。假如你认为银行倒闭的风险极小，理性的选择必然是持有高回报的银行储蓄，而不是"零收益"的其他资产。

一般来说，上面两类人都相信，只要他们的货币是安全的（他们对安全的定义是"不会丢失",比如被盗、银行倒闭等)并且在需要消费时可以随时取出来,那么就没有必要去创造什么无风险资产或安全的储值手段。这也许是一种理性的想法。毕竟,为什么要去为一种你既不拥有也不需要而且会丧失价值的东西自寻烦恼呢?

我一度认为,也许我们这个社会根本不需要(或者不想要)稳定的储值手段。即使没有稳定的储值手段,我们也一直过得称心如意,比那些悲观主义者在金本位崩溃时所预言的情况好得多。不知什么原因,尽管通货膨胀一再削弱美元的购买力,人们还是始终相信美元或者美国国债就是"无风险"资产。

那好吧,既然人们不在乎,那稳定的储值手段也许真的无关紧要。如果美联储的量化宽松计划可以推出 4 万亿美元的刺激方案,将来为什么就不能继续推出 8 万亿美元的新方案呢?如果美国政府的负债可以达到 20 万亿美元,今后为什么就不能上升到 100 万亿美元呢?它怎么会就此善罢甘休?政府为何不给我们每人账户上汇入 5 万美元甚至 10 万美元?限度在哪里?货币究竟是什么东西?

我理解人们为什么会认为货币的储值功能无关紧要,但我不希望人云亦云。如果你觉得自己工作越来越努力,但却总是不能出人头地,那是因为你机缘不佳。你的购买力被逐渐盗走,这个问题比保存购买力更加严重。这也许是我们这个社会面临的最大问题。纵观整个人类历史,经济体系的巨大动荡和崩溃都会造成可怕的后果——战火纷飞,生灵涂炭。我认为,当前的经济体系极其脆弱,但我们可以借助一些传统理论并使之与新技术相结合,努力夯实今天的基础,防范未来的灾难和崩溃。

方兴未艾的加密货币

加密货币的脚步声越来越近,它的势头远胜于比特币。成千上万的人在世界各地形成了各种各样的加密数字货币社区。数十亿美元被投入到各种实体、创意和概念中，其总估值高达数千亿美元。如果说货币的储值功能无关紧要，那为什么这些人会对加密货币趋之若鹜？

加密货币包括几类不同的阵营，其动机也大相径庭。

1. **为非作歹者**。罪犯们可以通过难以追溯的方式转移涉及毒品和武器等交易的资金，同时保留其基础价值。

2. **一夜暴富者**。这些人企图趁着新潮捞快钱。虽然这听起来有点轻蔑，但事实就是如此。投机正是资本主义的基石，它直接或间接地促进了大部分（如果不是全部）的社会进步。

3. **去中心化支持者**。这些人相信，新技术通过强化直连，可以减少甚至完全抛开中介，从而提高效率、减少成本。

4. **怀疑论者**。无论是阴谋论者还是诺贝尔奖获得者，他们中都有一些人相信，如果缺乏一种可靠的货币以及可以发挥货币储值功能的强大基础，我们只会创造出一座足以令社会分崩离析的纸牌屋。这个阵营中不乏加密货币、黄金和稳健货币（sound money）的拥护者。他们相信，全球注定要经历一场像当年在魏玛共和国或者近期在津巴布韦所发生的那种恶性通货膨胀。我的一个朋友甚至直言："货币这玩意儿简直就是一堆臭大粪！"

《货币无疆》这本书不会给为非作歹者提供任何东西，对投机者也不会产生什么影响——最多不过是提供一种不同的角度帮助他们提高投机活动的效率。后两个阵营的人——或者像我这样在二者之间寻求真相的人——将会发现，此书对去中心化无风险资产的探究过程妙趣横生。

技术、理论和资本市场

开发一种无风险的储值手段困难重重，因为多数人认为这既无必要也没有需求；而对于那些集知识缺陷与先天性偏见于一身的人来说，本书讨论的某些概念无异于对牛弹琴。我不仅遇到过一些不懂科技的金融理论家，也碰到过很多对货币理论一窍不通的科学家。许多对区块链和加密货币情有独钟的人并未意识到，人们对货币的魅力实际上早已经研究透了，这个古老的话题可不是红迪网（Reddit，一家全球性的社交新闻网）上热炒的八卦新闻。

我们的探讨基于三大支柱：

1. 技术。
2. 理论。
3. 银行业与资本市场的内在运行机制。

本书将为读者介绍一些教父级的人物关于货币的言论，比如诺贝尔经济学奖获得者米尔顿·弗里德曼（Milton Friedman）、弗里德里希·哈耶克（Friedrich Hayek）、欧文·费雪（Irving Fisher）和詹姆斯·托宾（James Tobin），他们所撰写的《货币的非国家化》《最优货币量》《利率、货币、信用和货币理论》等著作充满激进的思想，被许多人视为离经叛道的奇谈怪论。我还要介绍一些重要的概念，其中包括区块链、资产证券化、担保债务凭证（CDO），并试图将它们桥接在同一个框架之中。本书末尾的词汇表和资料来源是为了便于读者快速参阅和深入学习。我希望读者去追本溯源，从而更好地掌握和消化本书呈现的各种要素。

底线：货币即信用，信用即货币

在很长一段历史时期，货币就是黄金，黄金就是货币。然而，随着世界从商品货币时代进入法定货币时代，我们便迎来了一个"十足信用"（full faith and credit）的货币体系。阿尔弗雷德·米歇尔·因内斯（Alfred Mitchell Innes）在《货币信用理论》（*Credit Theory of Money*）一书中认为：货币即信用，信用即货币——它们是一枚硬币的两个面。《货币无疆》旨在应用这一理论去创造一种新型"货币"，使之成为一种可以验证的、尽人皆知的、透明的储值手段。

未来，货币将被去中心化，由社区来管理的货币市场账户具有非营利的机制（就像现在的信用合作社），利用科技手段和资产证券化，通过精细的归类、细分和编组，将借贷人群集中起来，然后引导他们撇开中介，直接与放款人群接触。根据这个信用理论，作为直接交易的副产品，借贷者可以创造一种具有储值功能的货币。这种归类、细分和编组的出发点就是"零"——其本质就是借贷者的成本为零，放贷者的收益也为零。双方之所以能达成交易，是因为他们可以各取所需：一方拥有了纯粹的储值手段，而另一方则以零成本获得了资本（货币）。

这样的事情听起来富有革命性，但它实际上源自一个早已存在的理念。在无风险的情况下从事借入和贷出，是哈利·马科维茨（Harry Markovitz，美国当代金融经济学家，1990 年度诺贝尔经济学奖获得者）"现代投资组合理论"（Modern Portfolio Theory）的基石，是弗里德曼法则（Friedman Rule）零名义收益率（zero nominal return）的支柱，也是哈耶克《货币的非国家化》（*Denationalization of Money*）中无息票证达克特（non‑interest‑bearing ducat）遵循的惯例。这个概念演进过程中唯一值得欣喜的是，今天我们为之注入了一门新的技术——区块链，它为实现无风险、零成本交易的美好愿景提供了巨大动力。区块链——特别是当它与其他科技手段相结合的时候——不仅可以提高社区的管理能力，而且能够给交易带来前所未有的透明度，从而有效地化解去中心化过程中的"信任鸿沟"。区块链将排除万难，使交易臻于完美。

在公平环境下实现借贷民主化

通过去中心化的、直接的、透明的连接方式，我们不仅可以为某个群体创造出更好的储值手段，同时也可以使另一群人享受到极低的利率。这个概念看似简单，实际上却意义深远，它有助于我们尽快实现这样一个愿景：借贷活动完全民主化，政府、企业、民众在同一赛场为了"十足信用"展开平等竞争。实际上，一旦这场竞赛做到公平公正，那些拥有良好财务状况的人群，就能够以比政府（如美国政府这样的"差等生"）更低的利率获得资金。

当唐·吉诃德遇到哥白尼

文艺复兴时期的天文学家和数学家哥白尼曾经揭示出一个彻底颠覆世人认知的真相：宇宙的中心是太阳而不是地球。这个故事讲述了如何用新眼光去看待旧问题，告诉我们应该用逆向思维去分析现存的观念，从而探索真实的世界。

当今世界正面临债务和人口老龄化方面的严峻挑战（详见本书附录 B "纸牌屋"）。这显然不是我个人的危言耸听。在资料来源中"迫在眉睫的危机"部分，我将提供大量参考书目，它们从不同的角度廓清了金融体系面临的巨大潜在风险及其危害，其主题包括危机、崩溃、毁灭、战争、泡沫、破产、恐慌乃至奴役。

尽管有些人并不认为当今全球金融体系是一个彻头彻尾的纸牌屋，但任何一个理性的人都会意识到我们脚下的大地已经开始剧烈震动。我们与稳定储值手段的纽带早已被割断，半个世纪以来我们一直在玩火，旧的体系摇摇欲坠。历史表明，居高不下的债务水平通常依靠经济增长、通货膨胀或者基础货币贬值来合力解决。目前我们看不到有足够的经济增长来应对潜在的挑战。这场挑战极其严峻，不仅美国是这样，世界其他地方如欧洲和日本都面临同样的债务和人口老龄化挑战。数学在这里已经毫无用处。

　　前途充满艰辛。历史教训告诉我们，变化总是突如其来，危机迫在眉睫。对此，全社会的当务之急就是要齐心协力共同探索一种稳定的储值手段——当今世界显然还没有这样的东西。

目　　录

导论 ……………………………………………………………… 1

 货币是什么 …………………………………………………… 2

 作为储值手段的货币 ………………………………………… 5

 金本位的终结 ………………………………………………… 6

 为货币非国家化播下种子 …………………………………… 9

第一部分　基础知识

第一章　货币的演变——一个另类的视角 ………………… 13

 "自由黄金的圣礼" ………………………………………… 17

 国家债务是国民福祉吗? …………………………………… 19

 追寻黄砖路 …………………………………………………… 21

 砸碎金镣铐 …………………………………………………… 24

 "让贬值见鬼去吧" ………………………………………… 27

第二章　货币学原理 ………………………………………… 31

 狭义货币与广义货币 ……………………………………… 33

 货币与信用理论 …………………………………………… 35

 十足信用:货币是政府的负债 …………………………… 37

第三章　银行学概论 ………………………………………… 40

 货币的乘数效应 …………………………………………… 42

 货币即信用,信用即货币 ………………………………… 43

 "不逐利,不赈济,只服务" ……………………………… 44

第四章　货币非国家化 ··· 46

费雪：废除部分准备金制度 ····································· 47

弗里德曼与零名义利率设置 ····································· 48

哈耶克：货币非国家化 ··· 50

第五章　加密货币的崛起 ··· 54

硬币与代币 ··· 56

证券型代币与实用型代币：豪威测试 ··························· 59

稳定币：建立信任和维持稳定 ··································· 61

如何衡量硬币与代币的价值？ ··································· 63

第六章　范本 ··· 68

银行体系并非一切 ··· 70

第二部分　四大支柱——我们的积木

第七章　支柱一——现代投资组合理论与无风险资产 ··············· 77

不断演进的现代资产组合理论与无风险资产 ····················· 81

支柱一小结 ··· 82

第八章　支柱二——货币信用理论 ··································· 84

根据货币信用理论创造货币 ····································· 85

创造交易媒介 ··· 87

支柱二小结 ··· 90

第九章　支柱三——消除信任鸿沟之区块链 ······················· 91

一切皆从云开始 ··· 94

区块链到底是什么？ ··· 96

为什么我们要关注区块链？ ····································· 99

区块链如何工作？ ··· 100

为什么大家会这么做？ ··· 103

谁来维护网络？ ··· 104

区块链的组成元素和生态系统 ······························· 106

协议代币与应用币（或应用代币）共同作用 ········ 110

其他层面 ··· 111

支柱三小结 ·· 113

第十章　支柱四——作为一门"技术"的资本市场 ······· 115

什么是资本市场？ ·· 116

什么是货币市场账户？ ·· 116

什么是货币市场基金？ ·· 119

回购市场的效率 ·· 121

回购协议与我们的第三支柱区块链有何关系？ ········ 123

什么是证券化？为何人们对它抱有偏见？ ··············· 123

证券化的运行机理 ·· 125

次级化的运行机理 ·· 127

通过细分方式规避风险 ·· 128

支柱四小结 ·· 129

第三部分　概念

第十一章　超越时空 ··· 133

从《星际迷航》到死星 ·· 134

"铜片和珠子之类的零碎儿"充当货币 ··················· 136

超越时空的储值手段 ··· 138

第十二章　把所有的积木组合起来 ······························ 140

创造一种公认的储值手段：区块链革命 ··················· 141

一个与众不同的目标：零风险 ·································· 143

重量、质量以及"无风险利率" ······························· 143

千克与样本 ·· 144

对样本的弹性定义 ·· 148

　　　样本的范例···151

　　　汇总梳理···154

第十三章　神经网络来临···156

　　　透视去中心化货币市场·······································157

　　　零的其他方面···160

　　　范式开始转变···161

　　　范式转变：一笔贷款···163

　　　神经网络诞生···165

第十四章　结论···167

　　　应用区块链实现个体层面的证券化···························172

　　　欢迎来到一个全新的世界，凯恩斯先生·····················174

附录A　货币的未来——以信用为基础的社会·····················176

　　　结构上的优越性···178

附录B　纸牌屋···180

　　　债务驱动的幻觉···182

　　　我们的视角必须转变···183

词汇表···187

资料来源···194

作者简介···210

参考文献···211

尾注···224

导　　论

作为惯例，政治经济学家不必劳心费力去研究货币史；更轻松的事情是凭空想象，并通过想象出来的知识去推导出各种原则。

——亚历山大·德·马尔（Alexander Del Mar）

2008 年爆发的那场国际金融危机给整个社会带来了巨大的恐慌，从亿万富翁到工薪阶层都未能幸免。十年来，我们见识了数万亿美元的债务、数万亿美元的货币刺激计划、数万亿美元的赤字以及数不胜数的各种监管规定，然而，我们认为这个世界变得更具备可持续性了吗？孩子们获得平等的机会了吗？社会体系在实质上或者在边际上更稳定了吗？考虑到政府、银行和金融市场的情况，它是否变得越来越不稳定？

你也许怀疑你的国家是否行进在可持续的道路上或者政府是否对财政状况负责任，担心国家的货币发行量和币值稳定，同时还为是否得到公平分配而忧心忡忡。如果你处于社会的中低层，你必然会焦虑各种银行卡堆在你面前，你却没有本钱去追逐自己的梦想，甚至连养家糊口的能力都没有。世界上的贫富差距正以惊人的速度变得越来越大，所有的中产阶层也都感到陷入了绝境。2018 年 1 月 22 日出版的《国际乐施会》（Oxford Internationally）指出："最富有的 1% 人口卷走了上年新增财富的 82%，而全球最穷的那一半人口却几乎一无所获。"假如你不属于那顶尖的 1%，那留给你的很可能就只有痛苦。

即便你属于那最富有的 1%，你也注定难以逃脱财务困境。你有可能会焦虑如何保护你的财富并使之不断增值。现在有数十万亿美元的现金和储蓄面对历史上最低的利率。在史无前例的全球性量化宽松货币政策背景下，为了降低利率、增加货币供应量、提高银行放贷能力和流动性，中央银行大量买入各类证券，证券市场的交易量达到或接近创纪录水平，房地产价格也逼近历史高位。这是一座岌岌可危的纸牌屋，我们不禁要大声追问：什么才能充当安全的储值手段？

货币是什么？

传统上，货币一直是一种安全的储值手段。然而，到底什么是货币呢？大多数人认为，货币就是一种用于购物的东西，它远不限于你口袋里那些有形的现金。如今，使用现金的时候并不多了，当你在支付月供、房租、汽车、手机以及水电费时，基本上不用现金。当你在使用 Venmo（美国的一个移动互联网支付平台）、Uber（优步）、Amazon（亚马逊）、Netflix（奈飞，美国最大的视频网站）、Airbnb（总部位于美国旧金山的一家旅行短租房网站）时，也不需要现金。2014 年，大多数美国人钱包里面的现金不足 50 美元，有一半人携带的现金低于 20 美元；到 2016 年，英国大多数人随身携带的现金不到 5 英镑。大部分 B2B 交易已经实现无现金化。即使是一些大型金融服务公司——比如全球银行巨头摩根士丹利以及华尔街的其他大型投资银行——也基本上实现了无现金化。

如今，无论是收付账单还是出门就餐，我们都已经很少使用现金。如果货币是与我们日常生活息息相关的一系列数字小精灵，那么它的本质究竟是什么？它是如何形成的？它是否安全？我们怎么来衡量它的价值？

货币的典型功能有三项：

1. 价值单位。
2. 交易媒介。
3. 储值手段。

从历史上看，这三项功能的关系密不可分。但今后，这些功能将被独立看待。人们在审视和理解货币的价值单位时，习惯于把它当成本国的货币。大多数美国人认为美元就是他们的价值单位。当他们去欧洲旅行时，如果用欧元买一杯咖啡，他们马上就会将这笔欧元换算成美元，从而弄明白这杯咖啡到底花了多少钱。美元、欧元和日元其实都是度量价值的法定货币：通过它们，相关方的各种债务（如工资）就可以便捷地得以清偿。法律合同通常会指定一种货币为价值单位。如果你借了"3万"用于买车或"30万"用于买房，合同上的货币单位一般为美元、欧元或者英镑。你不会用30万个贝壳或者30万根金条去偿还"30万"抵押贷款。虽然金条和贝壳或多或少都有自己的价值，但用统一的价值单位进行交易可以加快商业活动。

作为交易媒介，货币可用于购物。在此过程中，商人并不在乎你用现金还是支票来付款，他们看重的是尽快把商品卖出去。传统上，小商贩比较喜欢现金，因为可以节省一点交易费用，但如今越来越多的商店和小贩也开始接受非现金付款方式。2018年的一项研究表明，现金只占到商店支付总额的大约13%，有一半的商店预计在2025年前停止现金交易（国际货币基金组织《金融与发展报告》，2018年6月）。现金支付也许会节省一点费用，但商家会遇到存放、携带、管理等各种麻烦，更不用说被抢劫的风险。随着Square这类刷卡器的出现，信用卡交易的费用越来越低，一个完全不依靠现金进行交易的世界已经指日可待。

在发达经济体，大多数人已经主要通过信用卡购物。我的朋友中，虽然不敢说绝大多数，但也有不少人身上平时只携带少量现金，即便我们出门去郊区小镇住上一夜，也只需带一张银行卡就足够。无论使用借记卡还是信用卡，对于我们经常前往的饭馆或俱乐部来说都不成问题，老板照单全收。借记卡和信用卡便捷又安全，我们实在没有必要再冒着丢失或被劫的风险去携带现金。

但是，其他国家的交易情形又是如何呢？在旅行途中，信用卡或借记卡比现金更加方便，因为它们不受出境限制。只需带上一张 Visa 卡，你就可以在洛杉矶机场吃午饭，并且在飞往法兰克福之前在纽约机场吃顿晚饭。你在法兰克福度过一天之后，可以再去迪拜、印度、中国和日本，最后回到洛杉矶。仅凭一张 Visa 卡，你就可以用世界上的各种货币在沿途所到之处尽情购物。正如你可以只带不足 20 美元就去乡下小镇住一宿，你也可以只带一张信用卡周游世界，在任何国家都不需要携带现金。几乎所有国家的每个公民都可以享受到这样的服务。

如今，世界各地都开始流行非现金交易，支付服务成为一个规模庞大且竞争激烈的行业。咨询公司麦肯锡在 2016 年发布的一份全球支付业白皮书中预测，到 2020 年，全球支付行业的收入将达到 2.2 万亿美元，同时告诫说数字化将成为一种颠覆性因素。在 2017 年的一份研究报告中，凯捷咨询公司（Capgemini）和法国巴黎银行（BNP Paribas）发现，从 2014 年到 2015 年，非现金交易额增长了 11.2%；它们还预测，在家庭互联网、非接触式银行卡、穿戴设备以及虚拟现实的驱动下，到 2020 年，全球数字支付规模将达到 7260 亿美元。木星研究所（Jupiter Research）预计，到 2021 年，美国移动支付的规模将达到 2829 亿美元。

这种非现金化趋势也许在中国最为明显。长期以来，中国一直是一个高度依赖现金的社会，直到十年前其信用卡基础设施还非常薄弱。我最近去了中国杭州市一家乡村茶馆，当我试图用现金付账时，店主明显面露难色。他们不想要现金，因为现金不便于存入支付宝系统。在中国，移动支付的规模每年已经达到 5.5 亿美元，大多数小贩已经不愿意接受现金支付。从街头小贩、出租车司机到大型商场，大部分生意都是通过信用卡或者虚拟交易完成，其中最常用的就是微信支付和支付宝，它们使用起来非常简便。任何人只要拥有一部智能手机和一个二维码（一种拥有巨大信息量的超级条码，其中包括可以保证安全收付款的独特印记），就可以完成支付。杭州的一家肯德基餐厅，通过引入一种利用面部识别技术开发的"微笑支付"，顾客甚至连手机都不需要就可以完成支付。像支付宝这样的"超级 APP"，不仅可以处理支付，还可以用于医院预约挂号和货币市场开户。尽管大多数人的二维码都在本人的手机上，但也可以打印出来供其他人扫描。正因为如此，现在连中国街头的乞丐都开始用"扫一扫"来收钱。以"因为信任，所以简单"为口号的支付宝，如今已成为全世界最有价值的公司之一。

得益于科技创新推动下的各种后台转化，现在大多数人都可以快捷安全、毫不费力地进行货币交易。值得庆幸的是，货币作为交易媒介和价值单位的功能依然存在，但我们的社会缺乏一种通用的储值手段，而这正是我们在追求全球繁荣与和平进程中所要寻找的圣杯。

作为储值手段的货币

假设你租了一套公寓，在续签了一年的租房合同后不久，你就继承了 50 万美元。你可能会先把这笔钱搁置起来，等租房合同到期时，用这笔钱买一套房。可是，你该如何储存这笔钱呢？藏在床垫下？存入银行？买入黄金、债券、股票或者比特币？你如何确保这些方式的安全性？

对此，我们首先需要弄清楚何为"安全"？诚然，每个人对安全的理解都不一样，但对我们的研究而言，它至少具有三点含义：一是免予被盗；二是不受金融危机损害；三是购买力不会下降。

从这个角度而言，床垫、银行、黄金、股票、债券或比特币都算不上无风险的储值手段。实际上，绝对安全的储值手段尚未出现。尽管目前货币作为交易媒介的功能已经发挥得淋漓尽致，各种货币的价值单位也界定得非常清晰，但我们却没有一种举世公认的无风险储值手段。每个政府都拥有控制价值单位的各种机制，却对货币的储值手段一筹莫展，它们无法为人们未来的消费提供一个可以安全储存资产的地方，也就是说，货币的最后一种——也是最关键的一种——功能难以真正实现。

所谓安全的储值手段，是指无论用任何价值单位来度量或者通过任何交易媒介来进行，它都是一种标准化的、固定不变的常量。本书的目的就是要探寻并创造出这样一种前所未有的储值手段：一种以市场为基础、具有自我稳定能力、无风险的全球货币。

金本位的终结

纵观人类历史，许多东西比如贝壳、玻璃珠子、盐等都曾经充当过储值手段（古代历史的某一阶段，贝壳在每个大陆都曾充当过货币，甚至在许多社会中与金属货币同台竞争）。但这些"商品货币"最终都遭到摒弃，因为人们发现它们可以被无限量地供给——这样还会有什么价值呢？于是，人们开始寻找一种替代物。人类首先把目光转向黄金，因为我们知道它是一种难以仿造的特殊元素，而且供应量有限。

大约在2500年前，具有标准尺寸及重量的金币和金条开始在希腊、罗马和拜占庭充当交易媒介。此后数百年，人类把黄金作为一种储值手段。在罗马皇帝不断将货币贬值以支付军费和奢靡生活之际，金币成为唯一可以保值的货币形式。凯撒大帝为了黄金而征服别国，哥伦布航海也是为了寻找更多的黄金。美国诞生之初，其货币美元也是以黄金来支撑的。在成为百老汇明星之前，我们国家的第一任财政部长亚历山大·汉密尔顿意识到，货币稳定是一个国家繁荣富强的关键——这一远见卓识一直流行到南北战争前后。

进入20世纪，关于"货币"的定义开始出现急剧变化。20世纪30年代，富兰克林·罗斯福总统着手削弱本国公民将美元转换成黄金的能力，美元不断贬值。与此同时，在部分准备金制度下，人们把钱存入银行，但银行却并不一定把这些钱（或黄金）全部存在账上，而是将一部分贷放出去。各种现象看似令人惊讶，但在历史上其实都有前车之鉴。所有事件聚集在一起，使问题变得日益严重，并导致美国的储备体系风雨飘摇。这些变化使许多学者不仅对美国货币体系的稳定性表示质疑，而且开始思考一个根本性的问题——货币是什么？大约100年前，许多人就曾经预测，一个基础如此脆弱的体系必将分崩离析。

我们看到，崩溃并未迫在眉睫，黄金的国际可兑换性成为维系现存货币体系的最后一根缆绳。从某种意义来说，第二次世界大战实际上进一步强化了美元的地位。战后的布雷顿森林协议将所有其他国家的货币与美元绑定，而美元则可以在世界各地任意兑换成黄金。1971年8月15日，一件在全球金融史上具有划时代意义的事件发生了——美国总统尼克松中断了一档热门电视节目《大淘金》，突然宣布美元不再与黄金挂钩。美国当时持有的金砖只能支持兑换其所印美元数量的大约三分之一。尼克松在电视节目黄金时间宣布的这一消息，将全世界带进了"只能信任我们"（just trust us）的货币供应时代，也为当今全球金融体系的不稳定、低效率和动荡不安埋下了祸根。

1933年6月5日，美国总统罗斯福签署了第192号《众议院联合法案》（*H. J. Re.* 192），规定所有用黄金以及某些硬币或通货来偿还债务的行为均属违反公共政策，这些债务只能以法定货币美元来偿还。该办法实施后，美国公民就不能再用美元去兑换黄金。但美国财政部仍允许外国政府将美元兑换成黄金，以便维持美元的稳定和国际上对美元的信心。由于美元与黄金之间不再自由兑换，美

> 国的金本位制度可以说从此终结。然而，如果考虑到金本位作为一种以黄金为支撑的货币制度（即便这种货币单位不能自由兑换黄金），也可以认为美国的金本位制度直到 1971 年 8 月 15 日尼克松总统宣布美元在国际市场上不再可以兑换黄金那一刻才寿终正寝。美国总统之所以能够终止美元兑换黄金，是因为没有法律规定美国必须用黄金来兑换美元。1971 年 12 月 18 日，总统宣布美元贬值。即便贬值立即生效，但只有国会才有权正式改变美元与黄金的兑换比率。1972 年初，美国国会通过了 92－268 号《公共法案》（*Public Law*），正式批准 1971 年 12 月总统宣布的美元贬值决定。
>
> ——里士满联邦储备银行："黄金与白银"

实际上，美国是在用国家强大的经济实力来为美元背书。进一步而言，是美国政府对公民的征税权支撑着美元。但问题是政府对美元的供应量缺乏明确的控制。政府拥有一台"能力无限的印钞机"，以及一个"不管币值稳定而只顾充分就业的联邦储备体系"——现实情况是，维持充分就业很有可能会与保持币值稳定形成直接冲突。

≫　　　　　双重使命是否奏效？

所谓联邦储备系统的双重使命，是指它同时要追求价格稳定和充分就业这两个政策目标。这样做的结果会怎么样呢？你们不妨自行判断。

1969 年美国的失业率是 3.5%，到 2018 年末大约为 3.8%。1969 年，一个麦当劳"巨无霸"的价格是 0.49 美元，而到了 2018 年末其价格升至 4.79 美元。

我们的货币具有潜在的经济价值，但如果货币的供应量没有限制，那它最终将变得一文不值。如果美联储决定给每位公民发1万亿美元以支持明天的充分就业，势必引发恶性通胀，这些美元也将立即变得毫无价值。第一次世界大战结束后的魏玛共和国就曾经出现过这样的情景。当时德国废除了金本位制度，并大肆印发货币以支付战争费用。20世纪90年代和21世纪头十年的津巴布韦也是如此，穆加贝总统为了筹集第二次刚果战争的军费而疯狂印钞。在魏玛时期的德国，人们甚至把纸马克扔进火炉当柴烧，因为这种货币比木柴还便宜；而津巴布韦人则纷纷抛弃本国货币去抢购美元，随着美元耗尽，该国几乎沦为一个没有现金的经济体。

世界历史上十大恶性通货膨胀

（史上最高月度通货膨胀率）

国家（地区）	货币名称	最高通胀率时间	最高月度通胀率	日均通胀率	物价翻倍所需时间
匈牙利	潘戈	1946年7月	$4.19 \times 10^{16}\%$	207.19%	15.6小时
津巴布韦	津元	2008年11月	$7.96 \times 10^{10}\%$	98.01%	24.7小时
南斯拉夫	第纳尔	1994年1月	$3.13 \times 10^{8}\%$	64.63%	1.4天
波黑塞族共和国	第纳尔	1994年1月	$2.97 \times 10^{8}\%$	64.3%	1.41天
德国魏玛共和国	纸马克	1923年10月	29500%	20.87%	3.7天
希腊	德拉克马	1944年10月	13800%	17.84%	4.3天
中国（国统区）	元	1949年4月	5070%	14.1%	5.34天
亚美尼亚	德拉姆/卢布	1993年11月	438%	5.77%	12.5天
土库曼斯坦	马纳特	1993年11月	429%	5.71%	12.7天
中国台湾	台币	1945年8月	399%	5.5%	13.1天

资料来源：维基百科；斯蒂夫·汉克（Steve H. Hanke）和尼古拉斯·克鲁斯（Nicholas Krus）合著的论文《世界上的恶性通货膨胀》（2012年8月）。

为货币非国家化播下种子

诺贝尔经济学奖获得者费雪等人曾预测部分准备金制度将带来灾

难；而弗里德曼和哈耶克则在苦苦思考一个人类挥之不去的问题——货币究竟是什么？哈耶克构想了一个可以发行"法币"（fiat）的银行体系。企业为了经营就必须持有这种不可兑换的纸币。在1978年出版的《货币的非国家化》一书中，哈耶克主张开展私人货币竞争。他认为，竞争和市场力量背后的"无形之手"将决定谁才是世界上的主导货币。在比特币诞生的40年前，这种想法听起来似乎荒诞不经。但今天，正如大家所看到的，在科学技术的帮助下，我们已经可以按照历史上那些伟大思想家——柏拉图、斯密、费雪、弗里德曼、哈耶克、马科维茨、托宾以及夏普等——的理论和构想去改变货币。

加密货币已经形成一股潮流，参与人数有数百万之众，在投资、证券化和交易方面涉及的金额多达数十亿美元。人们现在可以沿用过去比特币采用过的相同技术去创造无数种供应有限的货币。如果你拥有比特币、非特币（Fitcion）、莱特币（Litcoin）、皮特币（Pitcoin）之类的东西，其供应量真的是有限的吗？硬币与代币、证券型代币与实用型代币之间有什么区别？它们与真正的货币以及超越时空的储值手段有何关系？数十亿美元的价值都取决于这些问题的答案。

比特币的真正价值在于它为我们提供了区块链技术，能够以数字化的方式永久地保障人们对某种物品的所有权，从而实现哈耶克所构想的私人竞争性货币所必备的充分透明。不过，现在我们还可以应用区块链技术将哈耶克的构想提升到一个新的水平。利用区块链技术，通过建立一种彻底去中心化的、自我约束的、非营利性的、自由的市场体系，货币可以彻底商品化——就像玉米和小麦一样。每个人——而不仅仅是政府和银行——都有机会去竞争"十足信用"，并进行安全的、匿名的金融交易，各种信任鸿沟将不复存在。区块链将帮助大家借助新的方式和路径去创建一种去中心化的、安全可靠的储值手段，从而使我们所熟知的银行业、货币和消费信贷发生天翻地覆的革命。

第一部分

基础知识

第一章
货币的演变——一个另类的视角

在常见的论述中，货币有两个不同的含义。我们经常说某人在"挣钱"（making money），此时我们的意思是他或她获得了收入。我们并不是说他或她的地下室有一台印钞机在哗哗地印制美元。在这种用法中，货币是收入或进账的同义词，指的是每周或每年的收入额。此外，我们也经常说某人在他或她的口袋、保险柜或银行账户里面有钱。此时，货币是指一种财产，是一个人全部财富的组成部分。换句话说，第一种用法则是从损益角度来看一样东西，而第二种用法则是从资产负债角度来看一样东西。

——米尔顿·弗里德曼

在人类拥有或者试图拥有一种通用的交易媒介之前，他们彼此之间通过物物交换方式进行直接交易（如两只羊换一头牛，或者用小麦换劳力），但他们没有办法去衡量这些交易物品的相对价值。后来，人类开始寻找一种通用的交易媒介——货币。从贝壳到香烟，人类在漫长的岁月里尝试了无数的东西用于充当货币。然而，古代非洲沿岸地区所使用的贝壳容易破碎和磨损，而且海水可以不断地冲刷出越来越多的贝壳。像这样可以被无限供应的东西，它有何价值可言呢？第二次世界大战结束后，香烟一度也成为货币。诚然，香烟在当时是一种十分稀缺的东西，但它最后也灰飞烟灭（毕竟，香烟的价值是基于这样一个信念：它曾经帮助许多人熬过了一段艰难时光）。

在古代地中海地区，人们首次使用包括黄金、琥珀金、白银、铁和铜在内的金属充当货币。其中一些金属在当地非常丰富且容易获取，因此也没什么价值。在各种金属中，黄金、白银和铜最终脱颖而出，成为人们孜孜以求的珍贵货币。特别是黄金，它以其稀缺性、耐用性、可塑性、抗损毁性（不会氧化或被烧毁）以及精美绝伦等特点，成为金属货币中的佼佼者。古往今来，黄金一直被赋予某种神秘的品质，并因此成为历代国王眼中最珍贵的金属。在《黄金的力量：痴迷的历史》（*The Power of Gold：The History of an Obsession*）一书中，皮特·伯恩斯坦（Peter L. Bernstein）写道，由于各种实用的因素，黄金登上了金属的最高宝座。它具有很高的密度，所以只需一小块就能代表很大的面值，每一片黄金——无论用于耳环、壁画上的光环、马萨诸塞州议会大厦的穹顶、圣母大学橄榄球队头盔上的小圆点，或者深藏在诺克斯要塞（Fort Knox）的金条——都体现出同样的品质。

然而，黄金的稀缺性——我们知道，迄今世界上只有 12.5 万吨黄金——才是决定其价值经久不衰的根本原因。千百年来，多少帝国兴衰存亡，无数人为追逐黄金而命丧黄泉。1972 年，也就是美国宣布放弃金本位制度的第二年，托马斯·哈文（Thomas Hoving）和卡门·戈麦斯 - 莫雷诺（Carmen Gomez-Moreno）在大都会艺术博物馆的公告上写道："如果没有那些主要是为了攫取黄金而发动的战争和侵略，人类历史（实际上的历史有时可以说是反人类的）很可能是另外一副模样。"该博物馆管理员用诗一般的语言讽刺道："人们千方百计将它从地球深处提炼出来，继而又将其中的大多数化为金砖埋藏在银行的地库中。"

公元前 6000 年的新石器时代，人类第一次发现河流冲刷下来的金块，但对于需要依靠战斗而生存的原始人来说，这种金属的质地太软，无法用于制造工具和武器。随着人类生活变得更加轻松以及文化变得越来越精致繁复，黄金的魅力终于显露出来。公元前五世纪，希腊诗人品达（Pindar）称黄金为"宙斯之子，无论蛀虫还是铁锈都不能侵蚀它，但人们的灵魂却早已被这种高贵的占有物所吞噬。"古埃及人认为黄金就像太阳一样，是凝固的火焰，是太阳神拉（Ra）的象征。在青铜器时代（公元前2200—前1100年），埃及人开始使用黄金来充当货币，将其打造成固定重量的小圆环或小圆球用于零散交易；如果遇到大宗交易，那就需要对黄金进行称重。当埃及人的经商路线向南延伸到克里特岛和塞浦路斯时，他们发现那里仍然还在用公牛充当货币进行贸易。于是他们调整自己的黄金货币体系，以便适应当地的"牛本位"制度——但不是用活生生的公牛来交易，而是用一种牛皮形状的铜锭以及一种小金环或一种被称为"塔兰盾"（talanton）的小金球来代表公牛。采矿和冶炼工程师扎伊·杰弗里斯（Zay Jeffries）写道：随着铸币制度在各地兴起，黄金便成为备受喜爱的金属，因为它是一种"美轮美奂的金属，是铂类金属可获取前人们知道的密度最高的物质，很容易加工，难以伪造，稀缺但又不是过于稀缺，经久耐用，可以被分割成小单位却不会遭到损耗，很容易通过称重和化验来估值，每个重量单位都有相应的价值，便于携带和储藏"。

在铸币制度早期，白银和铜与黄金一起使用。但从一开始所有人就很清楚，白银使用久了会变得越来越黑，铜也会因为天气潮湿而锈蚀，因此它们都是等而下之的金属。公元前560—前546年，小亚细亚王国吕底亚（Lydia，今土耳其西北部）最后一位国王克罗索斯（Creosus，古代著名的大富豪）是第一位确定白银价值低于黄金的君主。他发布命令，1个金币的价值等于20个银币——这个金银价值比率对后世的影响长达千年之久。后来波斯人打败了克罗索斯，建立了阿契美尼德王朝（Achaemenid Empire），大流士一世（Darius the Great）开始发行金币"大流克"（darics）和银币"辛克罗"（sigloi）。此后两个世纪中，阿契美尼德的历代国王一共铸造了数百万枚金银币。这些金银币产生了深远的历史影响，从雅典的衰落到斯巴达的腐朽再到西西里亚战争，都可以看到它们的蛛丝马迹。

　　事实上，统治者们很早就懂得如何按照他们的最大利益去操控货币体系。例如，在第四世纪，叙拉古（Syracuse）国王狄奥尼索斯（Dionysius）对他的臣民欠下了大量的债务，于是他强迫每个人交出一枚面值为 1 德拉克马（drachma）的银币，并立即重新在上面打上 2 德拉克马的印记，使其面值翻倍。这就是古代帝王圈钱的伎俩之一。让货币贬值的其他手段还包括掺入其他金属和短斤缺两，甚至将现有硬币裁边熔化后再铸造成新的硬币。千百年来就这样周而复始，货币贬值最终引发通货膨胀。有时候通货膨胀过于严重，国家只得另外发行一套新的货币。许多人甚至认为，罗马帝国的崩溃就是由于持续不断的货币贬值和日益加剧的通货膨胀。

　　罗马人一直使用粗制滥造的青铜或黄铜块作为货币，直到公元前187 年才开始铸造第一批银币。公元前 49 年，当凯撒大帝进入罗马执政后，他做的第一件事情就是（未经元老院同意）发行一套面上印有大象和他自己名字的硬币。随着帝国的不断壮大，为了奖赏那些开疆拓土、建功立业的士兵和雇佣军，同时满足贵族阶层穷奢极欲、纸醉金迷的生活，罗马急需新的黄金来源。于是罗马统治者效仿狄奥尼索斯的惯用伎俩——让货币贬值。这种办法延续了数百年，成为历代罗马统治者的惯例。从奥古斯都（August）称帝的公元前 27 年到伽利埃努斯（Gallienus）上台的公元 260 年，罗马银币的含银量减少了 60%。面对连绵不断的外敌入侵、内部战乱、天灾瘟疫和经济萧条，罗马帝国岌岌可危，伽利埃努斯加快货币贬值，罗马银币的含银量最后只相当于原来的 4%。这些硬币实在太薄，以至于只能单面压印。除了导致通货膨胀，货币贬值还使罗马帝国的购买力大幅下降，并在世界上声誉扫地。

> 　　为了避免自己的黄金遭遇不测或被盗，人们开始把它交给金匠保管，并且把存放黄金的收据作为货币。金匠们很快就意识到，他们手里根本没有必要随时持有足以偿还所有收据的黄金。现代银行业的种子就此播下。

"自由黄金的圣礼"

克里斯托弗·哥伦布（Christopher Columbus）在 1492 年开启的大航海，与其说是为了发现"新世界"，还不如说是为了寻找一个遍地都是黄金的"新世界"——从一开始，大家就对此充满期待。在北美洲登陆后，哥伦布驾驶的平塔号（Pinta）帆船在海地一个小岛上搁浅。他把这个小岛命名为"小西班牙岛"（La Isla Espanola），因为他觉得此岛形似西班牙。他与土著居民友好相处，并用随船携带的红色软帽和玻璃珠子换取当地的棉花、鹦鹉、长矛和黄金。当岛上的一位酋长给了他五个金块和一个金面具后，哥伦布开始相信小西班牙岛是一个天上掉黄金的宝岛。在一封宣布这个发现的正式信件中，哥伦布写道：小西班牙岛象征着"自由黄金的圣礼"。1493 年 5 月，哥伦布结束第一次航行返回西班牙。在巴塞罗那的皇宫里，他将一个浑身佩戴黄金饰品的裸体印第安人以及一群鹦鹉献给斐迪南国王（King Ferdinand）和伊莎贝拉王后（Queen Isabella），以表示他发现的那片沃土和大型金矿绝非虚言。哥伦布向国王许诺还会从他发现的岛屿带回更多的宝贝，随后他于 1493 年 9 月 25 日率领 17 艘帆船再次前往小西班牙岛，去"占领印度群岛及其全部物产（特别是黄金）"。

然而，哥伦布所承诺的要献给斐迪南国王和伊莎贝拉王后一幅关于黄金和香料的分布图完全是子虚乌有。这对卷入此事的所有人来说是一种极大的不幸，而对岛上的土著人来说更是一场悲剧。实际上，小西班牙岛上的黄金非常稀少。1494 年，哥伦布仍然坚称小西班牙岛上到处都是金矿，他之所以不能往国内运送黄金，是因为那些从事采矿的殖民者饱受疾病和饥饿的折磨。由于没有黄金，哥伦布就给斐迪南国王和伊莎贝拉王后献上了一群食人族及其所谓的小妾、几个被阉割的青年以及一些鹦鹉。他还建议卡斯蒂亚家族把这些"贡品"赠送给其他国王用于炫耀西班牙的殖民成就。但运送这批花哨贡品的救援船队立刻告诉宫廷上下那个小西班牙岛根本没有黄金。然而国王和王后仍然执迷不悟，不肯承认自己的投资已经石沉大海。

哥伦布是一个巧言令色的人。通过一封封书信，他使斐迪南国王和伊莎贝拉王后相信小西班牙岛上"有很多大河，里面有大量的黄金"。随着时间的流逝，绝望的哥伦布命令岛上的土著居民每三个月必须给殖民者上交一鹰铃（hawk's bell）金沙，而酋长则按十倍的数量上交。这项命令导致了可怕的后果。汉斯·孔宁（Hans Koning）在《哥伦布传》（Columbus：His Enterprise Exploring the Myth）中写道："一旦这些印第安人把自己身上所有的金首饰都上交完了，他们唯一的希望就是成天泡在溪流里，从鹅卵石中淘洗金沙。这是一项不可能完成的任务，但假若这些印第安人试图逃进山里，殖民者立即就会带着猎狗和火枪予进行追杀，以儆效尤。"短短两年时间，小西班牙岛上的阿拉瓦克人（Arawak）——当时人口估计在12.5万到50万之间——有半数吞服从木薯中提取的毒药自杀身亡。

最终，哥伦布未能向西班牙运回多少黄金，而只是运回一堆奇葩的东西——食人族、亚马逊人以及全身赤裸的印第安人。他给后世留下了一个如何通过金钱和欲望来操纵别人的绝妙范本。"通过承诺带回上苍赐予的黄金和呈献新世界的奇迹，哥伦布制造了一种稀缺性来刺激人们对这两样东西的欲望，"杜克大学教授埃尔维拉·维切斯（Elvira Vilches）在《哥伦布的礼物》（Columbus's Gift：Representations of Grace and Wealth and the Enterprise of the Indies）一书中写道，"那堆华而不实的东西在丰富与稀缺、满足与欲望之间造成了一道裂缝，并产生了一种在类似事物和符号中寻求满足的'隐喻性渴望'。对其他事物的渴求通常与匮乏和失去相关，它们是诱发欲望的有效因素。正如黄金难以寻觅，对'旧世界'而言，'新世界'的奇迹同样求而不得。"

国家债务是国民福祉吗?

哥伦布在北美海滩登陆后的 300 年,美利坚合众国从独立战争的硝烟中崛起并成为一个主权国家。这个新生国家的财政状况一度十分窘迫。新制定的宪法授权联邦政府在独立战争期间发行债券。这些债券在市场上以 10 美分到 20 美分的面额进行销售。1690 年,大陆会议和几个殖民州追随马萨诸塞州,通过印制纸币来弥补税收下滑,使情况变得越来越糟。1774—1779 年,大陆会议发行的大量纸币变得一文不值。震惊之余,美国宪法的起草者们毅然决定禁止这种纸币。

1781 年,乔治·华盛顿手下的美国第一任财政部部长亚历山大·汉密尔顿(Alexander Hamilton)在给金融家、开国元勋罗伯特·莫里斯(Robert Morris)的信中表示,美国的困境形同当年威廉国王统治下的英国——经历 17 世纪的连绵战争,国家所有的硬币(无论金币还是银币)都被消耗殆尽,商业活动备受摧残。汉密尔顿写道:"政府将资源注入银行不失为明智之举,这样可以缓解国家诸多困难。我们同样(甚至为更迫切)需要足够的(交易)媒介。"汉密尔顿堪称世界上最早的宏观经济规划大师,同时也是一位杰出的演说家,他竭尽所能号召大家支持自己所倡导的国家银行计划。

这位财政部长同时认为,"每个政府制定的重要决策都与财政部密切相关"。他相信,保持政府稳定和经济扩张,关键在于建立一个牢固的公共信用基础。对于羽毛未丰的美国而言,货币供应不足是一个最大的问题。于是汉密尔顿大规模发行新的政府债券,并有效促使国债货币化。正如历史学家托马斯·麦格雷(Thomas K. McGraw)所解释的那样,汉密尔顿先于他的时代发现"新的货币供应可通过政府工具轻而易举创造出来,对货币的积极态度反映出对商业发展踌躇满志,这两个因素对于经济增长至关重要"。

1790 年，汉密尔顿提交了他的《公共信用报告》（*Report of Public Credit*），其中谈及他对建立铸币厂的计划——按照白银与黄金价值15：1的兑换比率来铸造银币和金币，同时设立合众国银行（Bank of United States）为政府创收。汉密尔顿给这家银行设定的资本金为 1000 万美元，其中 800 万美元由私人认购（四分之一为金银币，四分之三为年利率6%的公共债），另外 200 万美元是政府从国外借来的现金。他相信，确保正常付息不仅可以提高和稳定债券的价格，同时还能有效驱逐市场上的投机者——他们使投资偏离商业和农业，并加剧硬币短缺。"国债如果不是过度发行，对我们而言就是一种国家的福祉；它将成为我们团结一致的黏合剂，"汉密尔顿写道。"它也可以使政府的征税不必如此沉重，从而促进工业发展。"历史学家唐纳德·斯旺森（Donald F. Swanson）和安德鲁·特鲁特（Andrew P. Trout）写道，汉密尔顿"把他的融资方式实际上视为一种契约：他向国家的债权人保证，税收足以覆盖政府的所有支出，特别是债务的利息。违背承诺招致的惩罚不仅仅是将债务留给了自己的子孙，同时也相当于给子孙后代留下了一个缺乏信用和牢固金融经济基础的国家"。

托马斯·杰斐逊被视为汉密尔顿的政敌，他坚决反对发行国债和设立中央银行。他担心过于依赖纸币不仅会造成经济动荡，还会形成一个长期靠纳税人养活的债权人集团。与汉密尔顿不同，杰斐逊希望用一种无息信用凭证纳税，以此为政府筹集资金。杰斐逊斥责汉密尔顿利用银行作为一种"支配引擎"，从而豢养出一群通过投机、炒股以及其他金融操控来发家致富的"货币贵族"。杰斐逊指出："除了那些有钱可借的人，其他人都没资格进行放贷交易。"

但最终汉密尔顿大获全胜。1791 年 7 月 4 日，当他宣布合众国银行的 800 万美元资本金面向"所有个人、合伙人或政治团体"预售时，认购券在一个小时内就被蜂拥而至的富商、职业投资人、投机者以及政要们抢购一空。哈佛大学、马萨诸塞州银行和纽约州政府均参与了此次认购。合众国银行实现了汉密尔顿的诺言，成为美国商业和金融繁荣的引擎。汉密尔顿的金融革命催生了现代金融体系的一切要素——公共财政与债务管理、稳定的货币统一体、中央银行、商业银行体系、各种证券市场以及更便利的营商制度。1811年，合众国银行特许经营权到期，因未能获得续发特许证而被清盘（背后的原因是，杰斐逊当选总统后发起了一场反对合众国银行的运动，指责该银行遏制了美国经济发展）。

根据汉密尔顿制定的金银复本位制（或称双金属本位），政府承认黄金与白银作为法定货币（**legal tender**）时所存在的固定兑换比率。这一点在其后的一百多年间一直饱受争议。

追寻黄砖路

战争是国家财政的灾难，美国的南北战争也不例外。1861年，随着这场战争的爆发，美国财政部发布了一份前景渺茫的预算报告。银行家们对此惊恐万分，他们认为投资者很快就会对纸币失去信心并开始囤积黄金。同年12月30日，银行停止以纸币兑换黄金，美国政府也随即下令终止国债兑换硬币的业务。这样一来，纸币变成了一文不值的废纸——但合众国的拥护者们依然对其抱有信心。1862年2月，国会通过了第一《法定货币法案》（*Legal Tender Act*），授权政府发行美钞（US Note），这是一种不可兑换的货币，也就是后来俗称的"绿币"（greenbacks）。第一《法定货币法案》规定，公众必须把新发行的纸币作为"良币"。由于对战争耗资金额的估计不断变化，绿币所含的黄金价值也大起大落。尽管如此，大多数人依然相信战后他们的绿币终归能换回黄金。

当然，也有许多人并不完全相信绿币将来能够换回黄金，这也是绿币未能与金币平起平坐的原因。整个战争期间，人们都在囤积黄金，导致黄金的流通金额从 1860 年的超过 2 亿美元急跌到 1875 年的 6500 万美元。1875 年，国会通过法案，宣称将在 1879 年 1 月 1 日前赎回全部绿币，并授权财政部在必要的时候借钱收购黄金作为储备。如此一来，美国实际上放弃了近一个世纪前汉密尔顿制定的金银复本位制，正式实行国际上的金本位制并一直维持到第一次世界大战爆发，黄金的升水也就此消失。

在正式放弃金银复本位制的两年前，国会两院以压倒性多数通过了 1873 年《铸币法案》（*Coinage Act*），列出了财政部将要铸造的各种面值的金银币。不知是蓄谋已久还是临时决定，列表中并未提到汉密尔顿为美国制定的首个银元标准。于是，金银复本位制的拥护者被激怒了。无数农民和工人也群情激愤，他们原本希望以白银和黄金为支撑的美元进一步贬值，以减轻自己的债务负担。有的议员们称该法案为"十九世纪的罪恶""是史上最大的立法犯罪，也是损害美国和欧洲人民福利的惊天阴谋"。

》》 奥兹国的寓言

许多人认为，弗兰克·鲍姆（Frank Baum）1900 年出版的《绿野仙踪》（*The Wonderful Wizard of OZ*，即《奥兹国的魔法师》）就是在批判美国的货币政策，同时也是暗喻当年的平民主义者（Populists）。女主角多罗茜是一位普通的美国女孩，她那双魔法鞋代表着自由白银运动，稻草人代表美国的农民，铁皮人代表美国工人，而那只胆小的狮子就是威廉·詹宁斯·布莱恩（William Jennings Bryan）。故事中有个情节：多罗茜到达奥兹国后无法回家，女巫告诉她，只要沿着黄砖铺的路走下去，就能找到魔法师奥兹所在的翡翠城。后来有很多研究者认为，《绿野仙踪》里的"黄砖路"隐寓金本位制度。

对《铸币法案》的愤怒酝酿了一场平民运动（Populist movement），"来自佩雷特（Platte）河畔的少年演说家"威廉·詹宁斯·布莱恩成为了这场运动的领袖。作为曾经在 1896 年、1900 年和 1908 年总统大选中落败的民主党候选人，布莱恩一直为后世所铭记的是他那场激动人心的"黄金十字架"演讲。他在演讲中抨击了东部银行家和工业家所主张的"硬通货"政策，呼吁按照 16:1 的白银/黄金兑换率无限量铸造银币。布莱恩慷慨陈词："在我们背后，有商人的利益，有工人的利益，更有无数劳苦大众的利益。我们必须通过对话去回应他们对金本位的诉求。你们不应该把带刺的王冠强扣在劳动者的头上，千万不要把人类钉在黄金的十字架上！"

美国政府却不为所动。1900 年，威廉·麦金利（William McKinney）总统用一只崭新的金笔签署了《金本位法案》（*Gold Stando Act*），规定黄金作为纸币兑换的唯一标准，1 美元可兑换 25.8 格令（grain，1 格林等于 64.8 毫克）纯度为 90% 的黄金。白银只能作为代币（token）。《纽约时报》报道称："通过颁布该法案，金本位制度得到明确而有力的支持。"法案还设立了规模为 1.5 亿美元的赎回基金，专门用于赎回绿币和国债；同时授予财政部一项权力——一旦赎回基金规模降到 1 亿美元以下，财政部有权发售债券予以补充。最终，该法案引起了银行信贷大扩张，大量的货币供应促使各家国民银行纷纷去小镇和农村地区开设分支机构和发放贷款——这对即将到来的新世纪产生了深远的影响。

在世纪交替之际，美国经济开足马力一路狂奔，然而，金融体系却不时被货币恐慌所破坏：一方面，商业和农业对货币的需求超过供应；另一方面，个人和银行在货币供应不足的形势下进一步囤积流动性。许多头面人物开始呼吁效仿英国和法国成立中央银行（其实美国也曾短暂拥有过自己的中央银行）。他们认为，中央银行可以通过提供一种"有弹性的"（即根据经济需要随时增减供应量）货币来阻止货币恐慌。

这些呼声很快获胜。美国联邦储备体系于 1913 年建立，其职责是"提供相应手段去防止那些动摇美利坚合众国根基并且危害巨大的间歇性恐慌"。美联储的首要作用是通过满足工商业的流动性需求来维持金融体系和经济的稳定，因此被授权在社会有信贷需求时向银行提供流动性并在经济需要降温时减少流动性。美联储发行的纸币将 100% 由商业票据担保，同时还附加 40% 的黄金储备进行支撑。

通过上述措施，货币恐慌一度得到抑制，但很快又死灰复燃。随着第一次世界大战的爆发，国内国际货币体系毁于一旦。面对大萧条所引发的经济灾难，美联储已经回天乏术。2006—2014 年担任美联储主席的本·伯南克在 2013 年写道："可悲的是，美联储已经无力承担维持稳定的使命。尽管在 1929 年证券市场大崩溃后美联储向金融体系注入了巨大的流动性，但在 1930 年发生的银行业恐慌中收效甚微，全国各地出现的银行破产潮以及随之而来的货币和信贷崩溃成为美国经济衰退的罪魁祸首。"

砸碎金镣铐

20 世纪初，几乎每个现代工业化国家都实行金本位制度。作为世界工商业超级大国，英国一直依靠金本位制度维持自由贸易和保护外国投资。但第一次世界大战爆发后，伦敦的银行停止了信贷流动并开始回收贷款，加之黄金运输中断和黄金市场关闭，英国的金融体系很快陷入混乱。战后的英国，作为金融枢纽的雄风不复存在，世界金融体系百废待兴。战争期间积蓄已久的消费和商业需求以及货币扩张导致通货膨胀在世界各地迅速蔓延。由于缺乏固定的黄金平价机制，各国货币之间的汇率大起大落。

从 1925 年到 1928 年，大多数欧洲国家和美国都追随英国回归金本位制度，以期借此加快经济金融重建。但美联储委员阿道夫·米勒

（Adolph C. Miller）认为此举大错特错。他于 1936 年写道："回归金本位充满困难，而且只有借助美国的慷慨帮助，欧洲和其他国家重新恢复的金本位才能得以维系……无论经济还是金融，世界已经变得支离破碎，很难为金本位制度的正常运行提供必要的条件。"

　　鉴于世界上主要货币的稳定性难以掌控，各国中央银行开始减持外汇储备，代之以黄金储备。全球货币储备中的外汇占比从 1928 年底的 37％下降到 1931 年底的 11％。一时间，利率飙升、银行破产、信贷枯竭以及通货紧缩席卷全球。大萧条期间的英国，在黄金外流、英镑趋弱的困扰下，被迫于 1931 年秋季放弃了金本位制度。后来，纽约第一国民银行行长杰克逊·雷诺兹（Jackson E. Reynolds）将其描述为"就像世界末日来临"。苏格兰原国务秘书托马斯·约翰斯顿（Thomas Johnston）则调侃说："谁也没有告诉我们可以那样干。"当时正在冉冉升起的经济学家约翰·梅纳德·凯恩斯（John Maynard Keynes）指出："只有很少数英国人才不乐意砸碎金镣铐。"大批国家陆续跟随英国放弃金本位制度，最后只剩下美国和一个由少数欧洲国家组成的"黄金集团"还在固守金本位制度——但最终也没能坚持多久。

　　1932 年 11 月，富兰克林·罗斯福（Franklin Roosevelt）当选总统。第二年春季，他上任伊始就立即推动国会通过了 1933 年《紧急银行法》（Emergency Banking Act）。该法案终止了硬币支付，目的在于提升国内物价水平。他利用这部法案以及 1917 年颁布的《与敌国贸易法》（Trading with the Enemy Act），禁止银行支付或出口金币及金砖。此举不仅阻断了国际黄金流动，同时也终结了黄金与货币供应之间的直接联系。通过 1934 年颁发的《黄金储备法》（Gold Reserve Act），罗斯福将黄金的法定价格提高了 59％，并将金币排除在货币体系构成要素之外；所有的金币退出流通领域，经熔化后铸成 27 磅重的金砖，贮藏在肯塔基州诺克斯堡地下三层深处一个固若金汤的穹窿里。不久这里就被建成了美国金库。从此，黄金便成为一种商品而不再是货币。罗斯福还颁发命令，禁止出口或囤积黄金和白银，所有人的金币、金券和金砖都必须换成纸币或银行存款，银行再将实物黄金上交美联储。

这些措施在一批保守派、金融家、政客和学者中激起了轩然大波，有人甚至称之为世界末日。但黄金国有化最大程度上达到了罗斯福的目标。1933年，复兴金融公司成员、罗斯福未来的商务部部长杰西·琼斯（Jesse H. Jones）写道："在1931年终结金本位这一步走出之前，尽管人们充满了悲观预期，但它所引发的情绪不失为一种新发现的自由。我们的货币对外贬值实际上刺激了贸易。"1933—1937年，美国的工业产值上升了60%，批发价格上涨了31%，失业率从25%下降到14%，道琼斯工业平均指数从1932年的最低40点飙升至1937年的200点。

然而就在此时，一种不祥之兆开始笼罩欧洲，第二次世界大战再次将世界金融体系推向混乱的深渊。1944年7月，大战刚刚结束，来自世界44个国家的730名代表齐聚美国新罕布什尔州布雷顿森林地区卡罗尔镇的华盛顿山宾馆，他们在那里召开了为期三周的会议，探讨在战后的废墟中如何重建世界经济。这场"联合国货币与金融会议"构建了一个与金本位十分相似的货币体系——美国将美元与黄金的比价固定，其他国家的可兑换货币与美元挂钩。根据协定，1盎司黄金等于35美元，美国允许其他国家的财政部和中央银行按照这个完全不现实的价格用美元随意与美国买卖黄金，从而使美元成为一种稳定的货币锚。

经济学家米尔顿·弗里德曼写道：此次会议建立的国际货币基金组织旨在促进金融稳定和货币合作，代表们削弱了黄金的作用，要求其他国家只能与美国兑换黄金，并且兑换只能用于外部目的。弗里德曼把这一体系称为"伪金本位，而非货真价实的金本位"，因为美国的黄金持有量与货币供应量之间没有直接关系。弗里德曼和其他几位经济学家预测这套体系注定要失败，而且他们十分肯定地认为，在美国贸易逆差和财政赤字的双重压力下，加之越南战争所消耗的大量资金，布雷顿森林体系在20世纪60年代就会走向崩溃。

> ≫　　　　　　　　　　见票即付

这是 1928 年金本位制度下的一张美元钞票，它被视为"美国钞票"而非"美联储钞票"。如今，上面那句"见票即付"（Will Pay to the Bearer on Demand）已不再出现在货币上。

表 1.1　　　　　　　　　　1840—1970 年黄金价格走势

年份	黄金价格（美元/盎司）
1840	20
1900	20
1920	20
1940	33
1960	35
1970	35

"让贬值见鬼去吧"

从表 1.1 可以看到，1840—1970 年这 130 年间，黄金的官方价格相对稳定。然而，越南战争使美国的通货膨胀率急剧飙升，世界各国不再相信美元还能充当布雷顿森林体系的货币锚。黄金在商品市场上的价格远远超过每盎司 35 美元，国际投机者迫使外国政府以每盎司 35 美元的价格从美国购买黄金然后在公开市场卖出获利。越来越多的西欧国家要求美国用黄金兑换其持有的美元资产。1971 年 8 月，英国委派一个经济代表团亲自到美国财政部，要求兑换 30 亿美元的黄金。这下露馅了，美国根本拿不出这么多黄金。实际上，美国的金砖只够兑付外国人手中美元的三分之一。在 8 月 13 日星期五这天，尼克松总统率领他的 16 名主要经济决策者，乘直升机前往戴维营召开一次绝密会议，商量应对之策。

曾经出席此次高层会议的保罗·麦克卡拉肯（Paul W. McCraken）称此次行动"鬼鬼祟祟"。参会人员被通知带上过周末的衣物，不许告诉其他任何人（包括自己的家人）他们要去哪里，同时也不得与外界联系。直到 8 月 15 日，这些人终于露面并拿出了一个计划。麦克卡拉肯写道："那位曾经信誓旦旦要尊崇自由、按市场规律运行的经济体系的人（以及他的主要顾问们），发布了一项'新经济政策'（NEP），要求对经济生活的各个方面实行严格的政府控制。"（NEP 这个口号和缩写词很快就遭到禁用，因为尼克松的讲话稿执笔人发现列宁曾经在 1920 年使用过该词）。新经济政策关闭了美元兑换黄金的交易窗口，国际经济订单按照浮动汇率定价且具有强制性，在为期 90 天中全面冻结物价和工资。

8 月 15 日晚间，尼克松总统打断了正在热播的电视节目《大淘金》（Bonanza），宣布他已经指示财政部部长约翰·康纳利（John Connolly）停止美元兑换黄金或其他资产的交易。这就是后来众所周知的"尼克松冲击"（据在场的助手们透露，当时围绕是否要中断那档热门电视节目，大家各执一词，争执的时间几乎与讨论那篇讲稿以及研究新经济计划如何实施所花费的时间相当。尼克松本人并不想那样做，但他的助手们极力劝说他必须在周一市场开盘前把演讲传播出去）。于是尼克松走上电视，将他的计划和盘托出。"新经济政策对你们意味着什么？"他问道。"让所谓的贬值见鬼去吧！如果你们想买一部外国汽车或者去国外旅行，市场现状会使你们的美元少买一点点东西。但如果你们像大多数美国人那样只是在美国购买美国制造的商品，你们手里的美元在明天将会跟今天一样值钱。换句话说，这场行动的目的就是要维持美元的稳定。"

批评者们认为，如果货币与黄金联系之间失去约束，美国就会不顾通货膨胀大规模发钞——事实也的确如此。到1974年第三季度，美国的消费价格指数较1971年同期上升了23%。物价在其后11年当中上涨了157%，创下自独立战争以来最高的通货膨胀纪录。福特总统把治理通货膨胀作为国家的当务之急。一年后，经济学家劳维尔·哈里斯（Lowell Harris）写道："如今美国与世界上其他国家一样，正在同一场已经威胁到社会根基的严重通货膨胀做斗争。尽管经济学家和政治领袖们对如何控制通货膨胀意见不一，但他们一致认为通货膨胀已经构成社会的首要问题。"

美国过热的经济终于在1980年沸腾起来，当年的通货膨胀率达到12%，基准利率飙升至21.5%。许多人断定美国已经走到金融灾难的边缘。美联储主席保罗·沃克（Paul Volcker）决心通过限制货币供应量来遏制通货膨胀，并在1980年将利率调至20%左右。但此举却导致了痛苦的经济衰退，失业率上升到接近11%，银行系统也濒临破产。尽管许多人质问这些紧缩措施最终是否会得不偿失，但沃克的计划的确达到了他声称的目的。到1981年底，通货膨胀率下降到9%，然后到6%，最终下降到4%，并在此水平徘徊了30多年。沃克及其支持者们大获全胜——但也为此付出了巨大的代价。经济学家迪恩·贝克（Dean Beker）指出："通过反思我意识到，为了痛击通货膨胀而导致失业率上升到11%，这很难说是我们干得最漂亮的一件事情。它确实起到了作用，但付出的代价也十分惨重。"我们可以用黄金来衡量一种货币购买力的崩溃。正如表1.2所示，一旦与黄金之间的绑定被破坏，以黄金来衡量的美元购买力便一泻千里。

表 1.2   1970—2010 年黄金价格走势

年份	黄金价格（美元/盎司）
1970	35
1990	383
2010	1225

第二章
货币学原理

国民不了解我们的银行和货币体系是一件大好事，一旦他们明白过来，我相信不用等到明天早上就会发生革命。

——亨利·福特（Henry Ford，美国汽车大王）

正如我们在第一章所述，人类文化对货币的痴迷长期以来都是一种决定性的历史因素，货币不仅成为操纵的对象，而且也是无数暴行的罪魁祸首。然而，货币到底是什么？这个问题足以把你送进一个可以立即吞噬掉你的兔子洞（指《爱丽丝梦游仙境》里面的奇幻世界）。罗伯特·列昂纳德（Robert A. Leonard）在《货币与语言》（*Money and Language*）一书中写道："货币与语言都是高度抽象的社会习俗。虽然我们每天都与具体呈现的货币和语言打交道，但它们其实仅仅是作为社会契约而存在；货币与语言就在我们的脑海中——假如你愿意的话。"

当大多数人在谷歌上搜索"货币是什么"时，首先蹦出来的词条是维基百科中的定义："货币是一种在特定国家或社会经济体中被共同接受用于商品和服务支付或者债务（如税金）清偿的东西，它可以是任何物品或可验证记录（verifiable record）。货币的主要功能分别是交易媒介、记账单位、储值手段，有时也充当一种延期支付的标准。任何可以完成上述功能的物品或可核实记录都可以被视为货币。"维基百科还进一步将一个国家的货币供应界定为"通货（currency，包括钞票和硬币）以及在特别定义基础上的一种或多种银行货币（如在活期账户、储蓄账户和其他类型银行账户中的存款余额）。迄今为止，以记录形式保存的银行货币占据发达国家广义货币的最大部分。"我们需要对上述文字中多次提及的"可验证记录"予以特别注意，因为它们对于本书其后几章中探讨的区块链技术至关重要。

我们不妨假设一下：一群外星人从太空某处降临到地球上，并且要求把地球上的所有货币都拿走。即使我们愿意拱手相让，但如何才能顺从照办呢？现在，我们首先假定一个前提：货币就是政府印制的纸币。根据美联储公布的数据，与每天发生的大量金融交易相比，流通中的法定纸币数量其实非常少：2017 年，流通中的纸币总共大约有 417 亿张，其中包括 121 亿张 1 元钞、12 亿张 2 元钞、30 亿张 5 元钞、20 亿张 10 元钞、92 亿张 20 元钞、17 亿张 50 元钞、125 亿张 100 元钞。

我们可以把世界上所有的纸币都送给外星人，但我们都知道，货币不仅仅是纸币。我们还有活期账户、储蓄账户、货币市场以及其他短期存款（如银行本票和存款凭证）。而且还远不止这些。2016 年世界经济论坛估计，全球大约有 7.9 万亿美元的金银储备、7.6 万亿美元的商业不动产投资以及 70 万亿美元的股票投资，它们都属于这个世界上的广义货币或易获得货币。但这还只是货币等式的开始。债务也是货币的一种形式。短期国债可以轻而易举地转变为具有购买力的货币。据估计，全世界的衍生品投资基金规模高达 1200 万亿美元。更加复杂的是，可获得但尚未使用的信用额度也是一种货币形式。即使你活期账户里面没有余额，你也可以将信用卡当作货币照常购物。

纵观当今全球货币市场，称之为复杂多样已不足以描述其本质。最好的表述是：货币是一种幻觉，是一种对话。一旦将其抽丝剥茧，你就会发现它变得越来越抽象和诡异——特别是你将意识到它的完整概念对于我们的社会居然是如此重要。人们时常发现，金融已成为导致人际关系压力的主要原因，甚至是造成夫妻离婚的重要原因之一。一项民意调查结果显示，高达40%的美国成年人认为，对于金钱的迷恋往往甚于对性生活的兴趣。在2013年广泛流传的一份研究报告中，一个心理学研究团队建议，可以把钱紧紧地攥在手里，用于治疗人们对终将死亡的焦虑。他们写道："我们的结论是，除了实用性，货币还具有强烈的心理意义，可以帮助人们缓解心中挥之不去的焦虑。"他们的研究其实是受到了美国人类学家恩内斯特·贝克（Ernest Becker）的启发，他曾经说过："就操控人类心理和社会现实的能力而言，货币在某些方面可以使人从容应对各种不测和事故。"

我们常说：金钱是万恶之源，金钱就是权力；金钱买不到幸福和爱情（或许也能买到？），有钱能使鬼推磨。尽管货币已成为我们生活和心理活动中密不可分的一部分，然而我们至今却没有给它做出一个公认的定义：货币究竟是什么？它由谁来监管？经济学家杰弗里·英格姆（Geoffrey Ingham）写道："货币是迄今为止'社会技术'创造出来的最重要的成果之一。但作为一个极具研究价值的对象，货币却一直被现代经济学和社会学领域的权威或主流学派所漠视。"

狭义货币与广义货币

在经济学家们围绕货币构成所展开的论战中，最大的一道界线就是划分狭义货币（容易转化为现金的货币）和广义货币（通常包括类似货币的一切有价值的东西）。论战已经持续了数百年之久——甚至可以追溯到两千多年前古希腊哲学家亚里士多德那里，他声称"货币相当于我们的担保人；身上只要带着货币，我们就可以得到自己想要的东西"。17世纪的经济学家赖斯·沃恩（Rice Vaughan）在1675年写道：货币是一种担保品，它可以保护人们免遭"人性腐败"的侵害，从而使他们有信心在一物换一物（quid pro quo）的基础上进行各种交易。

狭义货币的支持者（或功能主义者）总是喜欢引用18世纪英国哲

学家大卫·休谟（David Hume，也是最早支持狭义货币论的学者之一）的名言："恰当地说，货币不是一个商业对象，而仅仅是一种可以用于促进人类商品交换的工具。它不是交易的车轮，而是可以让车轮运转更加顺畅的润滑油。"

这一观点更著名的支持者也许是 18 世纪的经济学家亚当·斯密（Adam Smith），他将货币比喻成一条让所有产品通往市场的必由之路。D. H. 罗伯逊（D. H. Robertson）在其 1922 年出版的《货币论》（Money）一书中写道："没有人会愚蠢到去吃一条路，但人们却总是奇怪自己吃不到钱。他们为自己这个精巧的发明而欢欣鼓舞，并对它寄予厚望。"

1800 年，随着纸质法币开始取代金银币，英国经济学家博纳美·普雷斯（Bonamy Price）拓宽了货币的定义。他指出："除了硬币，其他东西也可以用于购物——一张印有承诺字样的纸片往往可以跟金币（sovereign）一样轻松购物。假若拥有者关注伦敦金融城的流言蜚语（无论是在账房还是通过每天的报纸），货币之谜会变得更加晦涩。他会听到关于货币的各种传闻：一会儿充盈一会儿又紧缺，但实际上这个国家的金银却没有增减一盎司；物价时涨时跌，但商店或仓库里用于交易的货物一点也没有变化。对世界的各种新感知从四面八方不停地涌入他的脑海里，就连银行分类账簿中的各种划线都可以被视为货币。"

在 19 世纪后期，只有贵金属硬币才是"真正的货币"这一认识逐渐被一个更加宽泛的概念所取代，从而为米歇尔·因内斯（A·Mitchell Innes）1913 年出版的《货币信用理论》（Credit Theory of Money）铺平了道路。他在书中断言，无论买或卖，都是为了信用而进行的商品交换，它们的价值一方面取决于债务人通过向债权人偿还等值的所欠债务从而使自己从债务关系中解脱出来的权利，另一方面也取决于债权人接受对方这笔还款以抵偿欠债的义务。这一理论假设，我们每个人彼此之间互为债务人和债权人，而银行作为清算机构，可以把我们的债务和债权集中起来，并使之相互冲销。因内斯写道："因此，在实际生活当中，一切良好的信用都可以偿还任何债务。"因内斯相信，一旦整个社会的债务和债权可以配对冲销，每个用支票购物的商人以及每个发行票据或签发汇票的银行，实际上都是在发行货币。他写道："当前关于货币这个话题的所有错误观点中，最有害的莫过于赋予政府具有垄断货币发行权的特殊职能。"

因内斯追根溯源，将功能主义的局限性归咎于亚当·斯密。他认为，斯密"依据的仅仅是荷马史诗和亚里士多德的只言片语以及某些原始部落旅行者的记载"。斯密曾经援引苏格兰人用钉子、纽芬兰人用干鳕鱼充当货币的例子，但实际上，苏格兰村民是把原材料和食物卖给制钉人，以抵偿他们购买钉子所欠下的债务；而纽芬兰的渔民把干鱼卖给商人是为了换取各种生活补给品。因内斯写道："稍加思索就可以看出，基础商品并不能充当货币，因为根据假定，商品交易的媒介必须是被社会所有成员一致接受的东西。按照这个逻辑，如果渔民用鳕鱼来偿付补给品，那么商人也同样必须用鳕鱼来偿付鳕鱼。这显然十分荒唐。"因内斯继续指出，斯密以为自己发现了货币，其实他只是发现了信用。而信用实际上好过黄金，因为它是一种别人在将来可以偿还给你的商品或价值。

货币与信用理论

1912 年，也就是因内斯发布《货币信用理论》的前一年，奥地利经济学家路德维希·冯·米塞斯（Ludwig Von Mises）出版了《货币与信用理论》（*The Theory of Money and Credit*）。该著作的某些核心思想有助于我们掌握货币的基本概念，特别是认识到稳健货币（sound money）的重要性。

引领 19 世纪货币学说和政策的稳健货币原理是古典政治经济学的产物。它是 18 世纪社会哲学所推动的自由计划的重要组成部分，并在其后一个世纪被欧美最富影响力的政治党派发扬光大……如果意识不到设计稳健货币是为了使之成为保护公民自由、防止政府巧取豪夺的利器，那么就不可能领悟这个概念的真谛。从意识形态来看，它与政治制度和人权法案属于同一层次。如果说追求宪法保障和人权法是对国王们横征暴敛的一种反抗，那么提出稳健货币的初衷就是对君主们降低铸币成色的一种不满。随着时间的推移，在经历了美国大陆货币、法国大革命时期的纸币、英国限制兑换时期（指1797—1821年英格兰银行停止英镑兑换黄金）的教训之后，人们逐渐认识到政府可能对货币体系造成不良影响，于是稳健货币概念得到反复推敲并日趋完美……因此，稳健货币的理念体现在两个方面：一方面全力主张由市场来选择一种共同使用的交易媒介；另一方面坚决反对政府干预货币体系的企图。

米塞斯继续解释货币在财富管理中的作用或意图。

所谓的储存货币，实际上是使用财富的一种方式。鉴于未来的不确定性，人们将自己的财富或多或少地以一种便于转变使用方式的形式储存起来，不失为明智之举。这有助于人们做到有备无患，将来一旦急需购买某些商品时便可以毫不费力地通过交易获得。

他还讨论了货币供应量的问题。

我们必须认识到，从经济学角度来看，并不存在"闲置货币"这回事。所有的货币，无论是在储备系统的还是自由流通的（即根据需要处于不断倒手过程的），其实都同样在发挥货币的功能。社会上囤积的货币，是无数个人财富的汇总，并不是什么游离在外的货币。

米塞斯又给我们提供了一个基本的观点："货币"必须是一种稳健

的资产，人们可以据此储存财富以备不时之需；"社会上囤积的货币，是无数个人财富的汇总"。法定货币除了可以实现这一目标之外，还应该具有另一个长远的动机。

十足信用：货币是政府的负债

有趣的是，就在因内斯出版《货币信用理论》那一年，美国成立了联邦储备银行。假如因内斯及其追随者今天死而复生，看到我们前面关于货币的讨论，他们绝对会万分惊奇（甚至是惊恐）。如今，美联储只需开出一张"自我签发"的支票，就可以通过发行国债创造出大量的货币（如果你我可以仅仅凭借自身的良好信誉而没有其他东西做担保就签发支票，我们很可能就会面临牢狱之灾）。国债属于附息货币类债务，而货币从本质上来看也是货币体系对公众的一种负债（对此大家一定要弄明白）。1950 年，麻省理工大学（MIT）的土木工程师爱德华·肖（Edward E. Shaw）在其专著《货币、收入与货币政策》（*Money, Income and Moneytary Policy*）中写道："货币体系可以创造和毁灭货币——扩大或紧缩货币供应量。它就像一座货币工厂，可以制造新的货币债务用于购买资产，或者清偿自己欠下的非货币债务。它同时也是一座货币焚化炉，可以通过处置资产或增加非货币债务来减少货币债务。"

在过去几十年中，我们看到的货币体系更像是一座货币工厂。自从1917 年美国总统和财政部被授权发债借钱以来，联邦债务的法定限额大约被提高了 90 倍，从 1940 年的 490 亿美元提高到 2000 年的 5.95 万亿美元。根据美国债务时钟（USDebtClock. org）显示的数据，到 2019年底，美国国债会飙升至 21 万亿美元（实际上超过了 23 万亿美元）。尽管债务持续不断涌入货币体系，但美国政府并未积极采取措施予以阻止。当美联储通过常规的"公开市场操作"买卖国债时，同时也刺激了对政府债券的更大需求，进而需要更多的货币去认购债券。这就形成了一个只能越旋越高的循环——直到有一天它实在难以为继。这也是令许多经济学家夜不能寐的噩梦。为了防止这种"十足信用"的崩溃，美国政府采用了一种闪烁其词的会计方式来编制债务报告——如果一家上市公司的财务总监胆敢尝试这套把戏，他立刻就会被送进大牢。

他们的手法其实很简单，美国财政部将权益保障项目——其中包括在 2017 年就高达 14.1 万亿美元的社保资金缺口以及 32.5 万亿美元的医保资金缺口——从资产负债表中摘出来。经济学家劳伦斯·科特利可夫（Laurence Kotlikoff）和斯科特·伯恩斯（Scott Burns）在 2012 年就曾经预言，这些势必"导致激烈的经济动荡，因为美国政府为了偿还金融债务而与经济规律和数学常识进行的斗争将是徒劳的"。科特利可夫估计无资金准备的债务接近 210 万亿美元，而美国债务时钟却仅显示为 126 万亿美元，政府报告所说的 46.7 万亿美元则更是混淆视听。目前美国政府持有的黄金（价值为 3000 亿美元）以及土地（价值为1.8 万亿美元）远不足以覆盖其债务。实际上，美国政府总共拥有的 3万亿美元尚不足以偿还其债务的 2%。伦敦金斯顿大学经济学教授史蒂夫·基恩（Steve Keen）在 2015 年发表于《福布斯》杂志上的一篇文章中断定："由此可见，看似高大上的美元，其背后并没有得到黄金或其他任何东西支撑，它就是一种会计把戏而已。"

这足以让我们所有人彻夜难眠。正如兰德尔·雷（Randall Wray）在《信用与国家的货币理论：论因内斯的贡献》（*Credit and State Theories of Money：The Contributions of A. Mitchell Innes*）一文中所指出的那样：如果考虑到政府有权发行货币，那它就不存在债务。他写道："当它印制钞票或者说创造货币的时候，它不用做任何事情，只需承认那种形式的货币可作为纳税工具即可。但这也导致了一个问题：由于缺乏约束，政府推升通货膨胀的积极性远高于维持价格稳定的兴趣。这一点不仅反映在政府的政策和行动上，而且更体现在长期以来的物价变化上。"

M1 和 M2

　　货币供应与银行账户的关系有多密切以及货币供应如何在银行体系中发挥作用，在美联储根据两类"货币"来监测美国的货币供应量这个办法中体现得十分明显。M1 是指可以直接促成交易而无须转换的货币，比如现金和旅行支票。M2 包括 M1 以及其他一些容易转换成 M1 的东西，比如储蓄账户、货币市场基金（汇集了大量的投资者保证金并确保投资安全）、大额存单（CDs）等，它们经常被统称为"准货币"（near money）。

史上关于货币的各种俚语

　　Dough, jack, spondulics, rhino, simoleans, mazuma, gingerbread, kale, moss, long green, salt, dust, insect powder, tin, chink, blunt, brass, dibs, chips, beans, rocks, clinkers, plunks, horse nails, iron men, mopuses, bucks, bones, wad, oof, ooftish, yellow boys, thick'uns, shekels, barrel（political）, velvet（gained without effort）, palm oil（bribe）, the needful, the ready, the actual, corn in Egypt, plum（＄100000）, grand（＄1000）, monkey（＄500）, century（＄100）, pony（＄25）, tenner（＄10）, ten spot, fiver, five spot, cart wheel（silver dollar）, bob（shilling）, tanner（sixpence）, two bits（quarter）, moolah, greenbacks, fin, sawbuck（＄10）, double sawbuck（＄20）, two bits（25 cents）, four bits（half dollar）, six bits（75 cents）。

第三章
银行学概论

我深信……银行机构比蓄势待发的军队更加危险。

——托马斯·杰斐逊

我们不应该拥有一个如此脆弱、给经济造成这么多风险的银行体系。

——蒂姆·盖特纳

我们的国父之一托马斯·杰斐逊（Thomas Jefferson）认为，银行业天生就是一种危险的行当，因此自己很难对其抱有信任。倘若杰斐逊能够看到如今的全球银行体系——200年后美国财政部部长蒂姆·盖特纳（Tim Geithner）称其为危害经济的脆弱的纸牌屋——他一定会大为震惊。自从人类学会彼此之间循规蹈矩开展交易活动以来，银行业就给人留下了狡诈与无知、尊贵与卑鄙的复杂印象。在人类世界的每个文化中，银行业都是一种制度性支柱。从最早的文明开始，银行就以某种形式开展业务，它可以说比大多数宗教更加古老而且通常更受人尊敬。在古代的美索不达米亚，为宫廷和寺院采购商品而发生的欠债被记录在可携带的泥板上面，这些债务需要附加利息（有时是复利），利率高低取决于农艺水平。在8世纪的中国，出现了一些专门替人保管贵重物品的柜房，它们所开具的收据最终也像货币一样在市面上流通。到了9世纪，一些无良店主发现他们可以开出比实际寄存物更多的收据，从而发明了银行业最重要的一个原理，即众所周知的"部分准备金制度"（fractional reserve）——著名经济学家穆瑞·罗斯巴德（Murray Rothbard）对这项制度予以了严厉抨击，称之为一种"挪用式的盗窃"。

在欧洲，银行业不断进化，从最初一些威尼斯犹太人坐在贫民区的桌椅前招揽生意，发展到财大气粗的意大利美第奇家族建立起世界上第一家地方性银行系统。在此过程中，部分准备金制度一直得到沿用。进入17世纪，包括瑞典中央银行（Riksbank）和荷兰的威索尔银行（Wisselbank）在当时都是著名的街道银行（Lanebank），它们借出去的钱总是超过了替别人保存的金属货币。

罗斯巴德解释说，在部分准备金制度下，银行不是向存款人借钱并保证将来归还，而是保证会根据存款人需要随时归还。银行显得十分脆弱，因为它们的债务是随时随刻需要准备偿还的，但其资金却并非随时充足。罗斯巴德写道："银行从稀薄的空气中创造出新货币，而不是像其他行当一样通过提供服务得到货币。总而言之，银行从一开始就面临破产，但只有当客户们起了疑心并发生挤兑时，其破产的风险才昭然若揭。其他任何行业都没有经历过挤兑，不会因为客户们决定拿回属于自己的财产而在一夜之间破产，更不能创造出一种子虚乌有的新货币——一旦遇到真正的检验，这些货币就会烟消云散。"

17世纪末，财政拮据的英国王室终于意识到银行是个赚大钱的行当。它一不做二不休，为了给战争融资，直接于1694年成立英格兰银行，政府原有的债务一下转变成银行的股份。1742年，这家史无前例的中央银行被授予部分发钞垄断权。之所以称它为"史无前例"，是因为它从根本上改变了货币和银行的定义。对此，英国经济史学家尼尔·弗格森（Niall Ferguson）在《货币的升华》（*The Ascent of Money*）一书中做了如下解释："货币从此不再像16世纪西班牙人所理解的那样，是一种由经过采掘、熔炼后的贵金属铸造而成的硬币。如今，货币代表着银行的总负债（储蓄和准备金）。而信贷，简单来说就是银行的总资产（贷款）。诚然，这些货币中还包含一部分黄金（尽管其中越来越多地被放在中央银行的金库里面），但大部分货币就是这类被视为法定货币的钞票和辅币，与之相伴的还有那些仅体现在存款账户报表中的无形货币。"

在更具反叛精神的美国，在经历了数十年此起彼伏的金融恐慌、金融危机和银行破产之后，于1913年成立了具有中央银行性质的联邦储备银行，自此它也成为一个备受争论的对象。作为一家中心权威机构，美联储主要通过每周从一群有实力的私人交易商那里购买政府债券作为抵押，然后向其他银行发放贷款。如果美联储想鼓励银行从自己那里多借一些钱，它就降低利率（也就是众所周知的再贴现率）；反之，如果它希望放缓贷款节奏，就提高利率。根据1913年颁布的《联邦储备法》（Federal Reserve Act），法定存款准备金率从21.1%降到11.6%。此举使银行系统突然间可以轻而易举地创造出较从前多一倍的货币——到1917年，美国所有银行的货币供应量翻了一倍。随后几十年，以数量分析为基础的金融工程频繁用于调整存款准备金率。

货币的乘数效应

银行持有的准备金低于其负债（即存款）的部分，按照今天的说法就是货币。我们通常都会不假思索地认为，只要把钱存进银行，"钱就保存在银行"，因此也就万无一失了。然而，你的这种储蓄行为其实是把钱贷给银行。就像所有的贷款一样，你存在银行的那笔钱也许安全，也可能不安全。银行会把你存入的钱又贷给其他人，它扮演的角色就是一个金融中介。银行不必特意单独为你保管那笔钱，你拥有的不是对那笔特定资产的专门索偿权（claim）。相反，储户拥有对银行的整体索偿权。因为银行对外的贷款要多于吸收的存款，银行系统创造的"货币"将超过中央银行最初创造的货币。

赋予中央银行创造和发行货币的特权，也理所当然地使之有能力刺激通货膨胀。一旦银行以低于自然利率发放贷款刺激经济，就会导致经济的全面扩张——包括信用扩张和物价上涨。当大量廉价货币唾手可得，企业就会进行再投资，从而引发通货膨胀。在此过程中，物价不断上涨，货币的购买力持续下降。

部分准备金制度更是对上述情形推波助澜。该制度使基础货币供应量成倍增加，相当于银行可以把新吸收的存款不断叠加在准备金之上——我们称之为货币的乘数（money multiplier，MM）。还记得前一章我们介绍过的 M1 和 M2 货币供应计算方法吗？在这里，M 被定义为银行全部存款准备金乘以货币乘数再加上流通中的现金，或者表示为 M = 流通中的现金 + （银行存款准备金总额 × 货币乘数）。通常情况下，通货膨胀每年增加 1% － 3%。但如果人们对物价上涨产生了恐惧，并不断自我强化涨价的预期，就会引发恶性通货膨胀，导致物价彻底失控，通货膨胀率飙升至 70%、80%，乃至更高。此时，货币基本职能中的储值功能和价值单位都将彻底失效。

从本质上来说，通货膨胀是在惩罚那些存钱的人，并鼓励人们负债以便将来用贬值后的美元偿还。通货膨胀降低了几乎所有人的生活标准。"显而易见，通过印制新货币来填补赤字，获益的是政府以及先期得到新货币的那批人，而蒙受损失的是那些最后接手新货币或者一无所有的人——靠养老金和固定收入度日的人群，"罗斯巴德在《银行业的秘密》（*The Mystery of Banking*）中写道。"货币供应扩张导致通货膨胀；但如果更进一步剖析，通货膨胀的本质其实是政府和那些先期得到新货币的人为了自己的利益而使社会大众无形中承受巨大的税负。导致通货膨胀的货币供应增长堪称一种致命且隐蔽的税收形式，极少人能明白物价为什么会不断上涨。"

货币即信用，信用即货币

1913 年，经济学家米歇尔·因内斯在《银行法杂志》（*Banking Law Journal*）上提出了他的信用理论：卖买行为就是一种为信用而进行的商品交换，它独立于任何金属的价值，只依赖于债务人还债的义务和债权人得到支付并接受清偿的权利。他认为，信用是最先存在的交易媒介，一切其他形式的交易媒介都不过是信用的映射。因内斯写道："信用，也唯有信用才是真正的货币。货币单位是衡量信用和债务的一种抽象标准。它容易出现波动，唯有创造信用和债务的规律得到遵循，货币单位才能保持稳定。"

因内斯的同行米塞斯应用这一理论去捍卫自己的观点：人类文明将彻底抛弃狭隘的货币，最终建立一种"纯粹的信用"体系。米塞斯写道："如果对信用体系完全不施加人为的限制，如果发放信贷的每家银行都采用相同的程序，那么，彻底停止使用货币将只是一个时间问题。"

"不逐利，不赈济，只服务"

奠定我们基础的另一个因素是信用合作社（credit union），它向我们证明了银行并非一定是逐利机构。信用合作社最早源于 19 世纪 50 年代出现在德国的合作银行或"大众银行"（people's bank）。20 世纪初，美国最初出现的一些农业组织希望获得不用担保的贷款，而绝大多数金融机构对这种需求都予以拒绝，于是德国式的合作银行开始在美国应运而生。在信用合作社，人们基于共同的纽带结合成一个团体，他们也许在同一家公司工作，因此可以把对彼此掌握的信用状况作为"抵押品"。信用合作社的成员可以获得低息贷款，他们同时也是合作社的所有者，因此，如果不能偿还贷款就会有损其信誉。

1909 年，圣玛丽合作信用社（St. Mary's Cooperative Credit Association）在新罕布什尔州的曼彻斯特市开业。当时，信用合作社运动的守护神就是菲林地下商场（Filene's Basement）连锁店的创始人爱德华·菲林（Edward Filene）。菲林在印度旅行期间发现，一些农村合作社把农民的零星存款汇集起来，并将其作为小额贷款发放给合作社的成员。菲林认为这是一种极其有益的模式。正如东南信用合作社联盟（League of Southeastern Credit Union & Affiliates）所描述的那样，这场运动的使命与那些企业巨头迥然不同："信用合作社运动源于一个简单的理念——人们通过汇集大家的积蓄并贷放给邻居和工友，可以同时改善自己和他人的生活水平。信用合作社运动的理念是'不逐利，不赈济，只服务'。"这场运动薪火相传，如今每三个美国人当中就有一人依靠他们当地的信用合作社打理财务。

　　信用合作社是一个值得关注的重要模式，但它在2008年的房贷危机中也未能独善其身。由于过度发放次级住房抵押贷款，美国两个最大的信用合作社轰然倒闭。正如阿龙·克莱恩（Aaron Klein）在《美国银行家》（American Banker）杂志上所言，这是"一个触目惊心的警示，即便是在非营利性的信用合作社领域，追逐更大的投资回报也会诱发冒险行为"。

第四章
货币非国家化

我认为可以毫不夸张地说，人类历史基本上就是一部通货膨胀史；这些通货膨胀通常由政府推动，并且是为了政府的利益。

——弗里德里希·哈耶克

最近的一次巴黎之行，我一天之内去了两家博物馆。巴黎圣母院的考古地下室是一处杂乱无章的考古挖掘遗址，它为人们观察从高卢-罗马时期（公元前27—公元14年）到12世纪巴黎人的生活风貌提供了迷人的视角。我漫步在这座位于圣母院正门广场下面的地下室，仔细辨识2000年来建筑和文化演进过程中留下的各种遗迹，此时我被博物馆中以钱币为主的大量展品所震撼。金币不仅在数百年中扮演了货币的角色，而且还帮助人们鉴定不同时期的历史事件。它们的兴衰反映了历史的变迁。

接下来我参观了奥赛博物馆。毫无疑问，这里收藏了全世界数量最多并且也是最优秀的印象派和后印象派画作，其中包括莫奈、马奈、雷诺阿、塞尚、高更和梵高等大师的杰作。当他们的作品齐聚一堂展现在你眼前时，你就会清楚地看到雷诺阿对莫奈产生了多大的影响。实际上，所有的这些艺术家相互借鉴，共同掀起了印象派运动并促其不断向前发展。这些画家坚定地捍卫了前辈们留下的宝贵遗产，直到毕加索出现，他用越来越狂放的立方主义、超现实主义和现实主义风格撕裂了印象派柔软的线条。

在巴黎期间，我有足够的时间在咖啡馆里消遣。我一边啜着意式浓咖啡，一边重温哈耶克 1976 年出版的经典著作《货币的非国家化》。哈耶克呼吁让私营机构发行竞争性的货币，这一观点曾经（现在依然）被视为毕加索一般的激进。但是，正如毕加索是从莫奈那里演进而来，哈耶克的思想也是以前辈经济学家的成果为基础的。其经济理论的渊源可以追溯到经济学之父亚当·斯密——他在 18 世纪就主张发行私人货币。其他人还包括欧文·费雪——他率先站出来斥责部分准备金制度是一个骗局；诺贝尔经济学奖获得者米尔顿·弗里德曼——他呼吁废除美国联邦储备银行，让货币增长遵循自动调节规律，而不是任由中央银行控制利率和供应量。

令人惊奇的是，弗里德曼居然预见到加密货币的来临。1999 年，也就是比特币出现前的很多年，弗里德曼就曾说过："有一件现在被人忽视但它很快就要出现的东西——可靠的电子现金（reliable e-cash）。通过这种工具，你可以从互联网上转移资金，从甲方转到乙方，从乙方转到甲方，而甲乙双方彼此都不需要认识对方。"

费雪：废除部分准备金制度

大萧条是美国历史上最严重的史诗级经济衰退之一，它促使当时的经济学家痛定思痛，围绕这场衰退的原因著书立说，探索如何阻止这样的悲剧再现。20 世纪 30 年代，在大萧条最严重的时候，包括耶鲁大学教授欧文·费雪在内的一群美国顶尖经济学家发表了一项货币改革建议，这就是著名的"芝加哥计划"（Chicago Plan，因为这群经济学家中有多位来自芝加哥大学）。他们呼吁实行全额准备金制度（100 percent reserve），要求准备金百分之百覆盖银行存款，从而使银行体系的货币与银行的信贷功能分离开来。费雪认为，应废除银行信贷忽松忽紧和银行创造货币供应的制度，银行不再为了创造货币而被迫增加债务，从而大大降低公共和私人债务。这样就可以从源头上更好地控制商业周期性波动，防止出现银行挤兑。作为20世纪初美国出类拔萃的经济学家，费雪指出，美国的活期存款从1929年的220亿美元下降到1933年的140亿美元是"萧条的根本原因"；而活期存款在1937年重新增长到230亿美元则是"复苏的根本动力"。他认为，只要商业银行可以通过放贷和投资来吞吐货币，这样的跷跷板就不可避免。因此，他呼吁"直接废除银行部分存款准备金制度"。费雪写道，在全额存款准备金制度下，"银行的任何行为都丝毫不能左右流通中的货币（circulating medium）"。最初，费雪建议政府渐进地发行银行债券，让全国的货币供应量每年增加5%，最终促使"政府的货币功能与银行的贷款功能……彻底分离"。

费雪等人曾与罗斯福总统联系并提交上述计划，据说美联储对此也很重视。然而，在强大的银行利益面前，这些经济学家毫无胜算，部分准备金制度继续沿用至今——尽管它备受争议。这种"只能信任我们"的金融体系，使得银行只需将一部分存款作为准备金，同时把其余部分以令人愤慨的高利率贷出去。对此，许多批评家们呼吁进行一场"芝加哥计划"式的改革。

2012年，加罗米尔·本内斯（Jaromir Benes）和米歇尔·库姆霍夫（Micheal Kumhof）在国际货币基金组织的一篇工作论文中写道：保持货币和信贷数量的独立，可以直截了当地控制信贷增长，因为这样一来"银行就再也无法像现在这样通过放贷活动去为自己筹措资金（即吸收存款）——当下没有哪个行业享有如此大的特权。相反，银行应该变成一种纯粹的中介机构（许多人认为现在的银行是一种中介机构，其实这是一个错觉），依靠从外部筹资然后形成自己的放贷能力"。

弗里德曼与零名义利率设置

米尔顿·弗里德曼被公认为20世纪下半叶最杰出的美国经济学家。弗里德曼虽然没有直接师从费雪，但在芝加哥大学读研期间（他的一生大部分时间都在芝加哥大学度过），其思想深受费雪影响。跟费雪一样，弗里德曼认为通货膨胀的原因在于货币供应量远超经济产出。他同时断言，货币供应下降是导致大萧条的罪魁祸首。"正当全国各地的银行纷纷倒闭之际，美联储提高了贴现率——这是它向银行贷款所收取的利率，"弗里德曼1973年接受《花花公子》采访时表示："此举导致银行破产急剧上升。我们也许在30年代遇到了一次经济回调，但如果没有美联储釜底抽薪，我们就不会经历如此大规模的经济衰退。"

20世纪70年代，通货膨胀在美国肆虐，弗里德曼将其归咎于货币宽松导致的"过度需求"。他一生花了大量时间搜集资料去论证美联储独断专行货币政策的失败。他认为，货币供应扩张如果能保持一种稳定和公开的速度，并且与实际产出增长过程中的融资需求一致，那么物价稳定是可以做到的。布莱恩·多尔蒂（Brian Doherty）在《米尔顿·弗里德曼：纪念20世纪最有影响力的自由主义者》（*The Life and Times of Milton Friedman：Remembering the 20th Century's Most Influential Libertarian*）中写道："弗里德曼那些看似枯燥的科研著作中充满了生动的自由主义者思想。他认为，政府稳定价格的努力——无论是通过财政政策还是货币政策——注定要失败，因为货币对经济活动的作用存在一个漫长且多变的滞后效应。任何试图用增减货币供应来医治经济顽症的办法，其效果不是要么姗姗来迟、收效甚微，要么操之过急、适得其反。美联储不停地增减货币供应，其效果无异于扬汤止沸。"

1969年，弗里德曼提出"弗里德曼法则"（Friedman Rule），将名义利率设置为零，这样社会上持有货币的边际效益就会与生产货币的边际成本相等。弗里德曼相信，最优的政策可以避免用货币来刺激经济，并有助于消费者更加便捷地开展交易活动。根据弗里德曼法则，名义利率等于实际利率加预期通货膨胀率。如果实际利率为2%~3%，中央银行就应该想办法按照这个比率相应减少名义货币供应量。

弗里德曼的理论后来被称为货币主义（monetarism）。正如"芝加哥计划"一样，货币主义在饱受抨击的同时，也拥有无数狂热的信徒。弗里德曼于2006年去世，《华尔街日报》称他"在美国乃至全世界范围内改变了关于政府在管理国家经济中的作用这个话题的争论重心"。文章指出，弗里德曼关于政府不可能借助高通胀来维持低失业率的理论"至今仍被包括美联储在内的大多数中央银行奉为圭臬。它帮助美国战胜了20世纪70年代的通货膨胀，并开启了90年代至今的低通胀和低失业率并存的时代"。

哈耶克：货币非国家化

在20世纪七八十年代的"经济学论战"中，理论界百家争鸣，有保守的，也有激进的，但弗里德里希·哈耶克在《货币的非国家化》中的观点也许是最为极端的。他在此书中提出："一旦每个人都能从那个普遍默认的信条——一个国家必须由其政府独家供应专门的货币——中解脱出来，诸多之前我们没有研究过的问题就会不断涌现。"正如文艺复兴时期哥白尼用"太阳中心说"取代"地球中心说"从而使天文学和自然科学发生了一场颠覆性的革命，哈耶克关于货币中心的激进理论也开启了一场具有里程碑意义的对话。

哈耶克指责政府垄断货币发行导致经济萧条与失业频频发生，主张私人企业也可以发行货币供大众选用，这些货币可以在公开市场上以浮动兑换率相互交换或者与某些商品进行交换。"在研究货币史的时候，我们往往会情不自禁地感叹，在长达两千多年的漫长岁月中，为什么人们居然能够一直容忍政府享有一种用来盘剥和欺诈他们的特权，"哈耶克写道。"这种现象只能用一个神话来解释，那就是政府的特权是天经地义的。这个神话是如此的根深蒂固，以致从古到今的专家学者们都未曾提出质疑。然而，这个亘古不变的信条的合法性一旦遭到怀疑，它的根基很快就会显得脆弱不堪。"

与弗里德曼和其他许多经济学家一样，哈耶克对尼克松总统宣布放弃金本位制备感震惊。他一向对美元不抱信任，称其为"摇摆不定的锚"。他写道："任何锚定物都胜过政府随意操控的货币。"哈耶克跟亚当·斯密一脉相承，他相信，正如其他商品生产一样，私人机构更适合发行稳定通货（stable currencies），因为那样对它们自己的生意最有利。"我们所期望的良币不应来自政府的仁慈，而是应当依靠发钞银行出于自身利益有节制地提高自己所发货币的接受度。唯有如此，幸福的时光才会降临，"哈耶克写道。

哈耶克称政府垄断货币的发行和控制权是"所有货币罪恶的根源"。他相信，创造稳健货币（sound money）需要依靠消费者和生产者的价值观、喜好以及知识，而不是政府。简言之，哈耶克坚信，货币可以而且也应当由相互竞争的私人机构来发行。哈耶克还拓宽了"通货"（currencies）的内涵：不仅包括纸币和其他各种"手头持有的货币"（hand to hand money），同时还包括"银行资产负债表中的支票以及其他具有类似作用的交易媒介"。哈耶克认为，如此一来"就可以创造条件，将控制货币数量的责任赋予这样一些机构——它们为了自身利益，既要使自己的货币得到广泛接受，同时又要对其予以控制。"

这一主张可谓惊世骇俗，因为人们理所当然地认为政府控制"法定货币"（legal tender）是天经地义的事情。哈耶克写道："这是中世纪的思想残余，认为货币的价值必须由国家赋予，否则货币就会一文不值。"但从严格的法律定义而言，"法定货币"就是一种债权人在接受他人偿还时不能拒收的货币。哈耶克的结论是："如果我们希望拥有自由的企业和市场经济……我们就必须用自由竞争的私人发钞银行去取代政府的货币垄断特权和国家货币体系，除此之外别无选择……我们过去一直被劣币所控制，那是因为私人企业没有机会为我们提供良币。"

哈耶克通过一张精彩的图表，向人们展示了 1959 年至 1975 年期间，大约50个国家的政府如何通过破坏或降低纸币的价值从而削弱了人们的购买力。在这段时期，智利、乌拉圭、阿根廷、巴西、玻利维亚、韩国以及越南等国的人民经历了购买力急剧下降的痛苦。他们的货币在自由市场上对美元的汇率贬值了99%。与此同时，由于美元与黄金脱钩后国际市场黄金价格猛涨，这些货币相对于黄金价格也大幅贬值，导致人们的生活成本激增——在智利，物价上涨幅度高达11318874%。自由市场上的黄金价格从1950年的35美元/盎司上升到1975年的141美元/盎司。在美国关闭黄金窗口后，美元的价值迅速崩溃；80年代美国实行的高利率和减税政策，使美元的价值有所恢复；但在货币泛滥的整个90年代，美元的价值降低了80%以上。

哈耶克描述了一个愿景来说明创造稳定货币的可行性：一家大型瑞士股份制银行宣布发行无息票证或钞票，并开立以"达克特"（ducat）为货币单位的活期账户。这些无息票证或钞票通过短期贷款或与其他货币兑换而流入公众手中。达克特可以以一篮子货币或商品为基准（尽管哈耶克认为这没有必要），同时银行宣布它将控制达克特的数量以确保其具有持续稳定的购买力。

哈耶克的设想是，私人货币有动力去捍卫稳定的储值功能，而世界上的其他东西相对于这种稳定的内核都会贬值。在哈耶克描述的世界里，确保货币价值的稳定，是发行银行的首要卖点，尽管货币的预期价值取决于公众在多大程度上愿意持有它们。维持一种货币的价值需要随时调整其流通数量，"肆无忌惮"地增加货币供应将导致其回流银行的速度超过公众持币意愿的增长。

哈耶克写道："公共货币的信用基础其实与今天私人银行的信用基础没有多大区别（在美国，这种信用基础就是政府的存款保险制度）。如今人们相信，银行为了维持自己的生意，必然会做出妥善安排，让储户们可以随时随刻把存款转换成现金提出来。尽管他们知道，一旦每个储户都在同一时间涌到银行去提取自己的存款，银行是没有足够的现金可以拿出来兑付的。同样的道理，在我前面提出的方案中，银行的管理者深知他们的生意需要依靠牢固的信任，因此，他们会始终控制住达克特的发行数量，使其购买力一直保持大致稳定。"

为了维持公共信用，哈耶克建议银行有必要在报纸上发布资产负债表，向公众提供透明的信息。应当将最新的商品价格和汇率信息通过计算机不停地运算，再根据计算结果做出每天的借贷或外汇买卖决策。哈耶克认为，金融报刊的严格监督可以促进发钞银行之间保持激烈竞争。但这其实是哈耶克理论中的一个破绽，因为现在人们再也不会相信银行自吹自擂式的报告了（早在20世纪70年代，人们对政府的信任尚胜过对新闻媒体的信任；但如今，几乎所有的人对这两者都失去了信任）。谢天谢地，他们依然选择跟"法定货币"美元不离不弃。

如果失去透明性和信用，哈耶克的设想就难以立足。但他在1976年撰写《货币的非国家化》时，计算机才刚刚问世。时过境迁，当我撰写《货币无疆》时，如今的计算机不仅可以实现微秒级（micro second）的充分透明，而且可以做到彻底去中心化。

第五章
加密货币的崛起

如果我们能够把加密货币解释清楚，那么它对自由主义者的观点将产生非常大的吸引力。不过我更擅长的是密码而不是文字。

——中本聪

2008 年，数字世界发生了一起重大事件。正好在股市崩盘后的一个月，有人用中本聪的化名发表了一份白皮书——《比特币：一种点对点的电子现金系统》（*Bitcoin*：*A Peer-to-Peer Electronic Cash System*），提出了一种"纯粹的点对点电子现金"。该系统可以使相关各方绕开金融机构，直接在线上完成支付活动。中本聪描述了一个由许多节点（计算机）组成的网络来运行比特币协议。该网络通过哈希算法（hash，也叫随机散列算法）对匿名公钥之间发生的交易加上时间戳（timestamps），并将它们合并到一个不断延伸的基于随机散列的工作量证明（proof-of-work）链条，从而创造出一个永恒的、不可篡改的交易记录。时间戳服务器将对一个包含交易信息的区块（block）加上时间戳并在网上进行广播。比特币网上的每个节点都能接收到这些信息，然后就开始在自己的区块中寻找一个具有足够难度的工作量证明，这一过程被称为"挖矿"。最先找到工作量证明的节点将向其他节点广而告之，其他节点将利用哈希算法接受这个区块，并仿照前面的节点在该链条上创造出新的区块。作为对发现工作量证明的奖励，获胜的节点将得到一枚新铸造出来的"比特币"，从而将一种新的货币形式率先投入到流通领域。

　　对于那些初次接触比特币、区块链以及工作量证明等概念的人来说，这些术语听起来形同天书。如果是这样的话，大家可以先别纠结于这些专业术语，我们将在本书后面的章节破解这些概念。

　　2009 年，中本聪向密码学家霍尔·芬尼（Hal Finney）发送了一组基于他自己的运算法则得出的晦涩密码，并称为比特币（Bitcoin）。从此比特币成为现实。在程序员改进后的开源系统中，比特币最初的交易价格只有几美分。2011 年 2 月，比特币的价格攀升到 1 美元左右，4 个月后一度飙升至将近 30 美元。随后的 2011 年 7 月至 2012 年 2 月，比特币的价格稳定在 8.16 美元附近。比特币问世后，各种山寨的加密货币纷纷涌入市场。到 2015 年，市场上交易的加密货币超过 500 种，市值大约为 48.9 亿美元。比特币独占鳌头，拥有 85.6% 的市场份额，市值甚至超过了许多国家的流通货币。

　　创造新比特币的方法全靠数学控制，供应量以一种预先设定的、有限制的速度增长，最终不超过 2100 万个。"矿工"给链条每增加一个区块，他们就会获得 25 个新比特币。预计到 2140 年，所有的比特币都将被挖光。"由于不受中心权威机构的控制，比特币以一种事先决定的可知速度被创造，任何出于自我利益的个人和实体都不能够改变这一点，"乔纳森·特尔平（Jonathan B. Turpin）于 2014 年在《印第安纳全球法律研究杂志》（Indiana Journal of Global Legal Studies）上写道："中央银行惯用的量化宽松和其他机制都不复存在。比特币系统对众人的吸引力缘于其稳定性和可预见性。"

　　比特币的数量被限制在 2100 万个，数量有限成为比特币的"锚定物"（tether）。这是货币史上前所未有的特殊概念，也是比特币的一大贡献。人们需要给自己的货币提供锚定或支撑——正因为如此，当美国突然解除美元与黄金的锚定走向"十足信用"时，有如此多的人感到震惊和不满。比特币的锚定概念令人兴奋。比特币最早的拥护者、脸书温克莱沃斯孪生兄弟（Facebook Winklevoss Twins）中的泰勒·温克莱沃斯（Tyler Winklevoss）认为，比特币的基本原理决定了它比黄金更加可靠，因为在赋予黄金价值的九大基本属性比如稀缺性、耐用性和便携性等方面，比特币都可以"媲美甚至全面击败黄金"。泰勒表示："我们视比特币为未来最伟大的社交网络。"

毫无疑问，作为世界上第一个加密货币，比特币大获成功——对某些人而言也充满诱惑。2017 年末，也就是距中本聪写下第一组密码不到十年，比特币出现了人类历史上幅度最大、速度最快的资产升值，从最初的 0.003 美分上涨到 2 万多美元（90% 的比特币交易都属于投机性质）。但并非每个人都如此振奋。《纽约时报》专栏作家安德里安·陈（Adrian Chen）在 2013 年写道："鼓吹者们声称比特币代表着货币的未来。但我认为这一现象仅仅是发生在当前的一场数字大淘金。"

硬币与代币

数字货币分为两大类——硬币（coin）和代币（token）。硬币的主要特征是可以借助区块链技术使其数量得到控制。比如，比特币的数量就被限制在 2100 万个。人们对比特币存在的潜在顾虑是，除了人为赋予的价值外，它没有任何经济价值。它不具备内在的价值，仅仅就是一种限量供应的单位，这也是人们认为它有价值的唯一原因。这并非毫无理性。黄金至少还有一些内在的经济价值（尽管也比较有限）。数千年来，人们赋予黄金价值并视为"货币"，其实并不是因为它具备内在的经济价值，而主要是因为它的供应量有限。

设计硬币没有其他特殊目的，仅仅就是为了使之作为一种限量的储值工具。硬币运用区块链技术来创造透明性，并且以去中心化的方式专注于履行收付功能和创造有限的供应量（就像比特币一样）。所有的网络活动均围绕硬币本身来展开。

代币则有所不同，当人们把硬币和代币归入同一类加密货币时，就容易出现一些混淆。读者诸君如果跟我一样，那很可能早就在使用代币了。我用代币在芝加哥使用迪威共享单车（Divvy Bike）、在纽约使用城市共享单车（Citi Bike），有时还使用代币进入某些计算机系统。我使用代币（一种门禁）从前门进入我的办公楼，然后再用另一个代币进入办公室，我还用不同的代币开启我家里的电梯。代币更是经常充当电影院和运动会的门票。各式各样的代币在本质上都是相同的——就是一种独特的使用权或访问权（access rights，因此 token 也被称为"令牌"）。

比如以太坊（Ethereum）这类区块链平台就是为了创造和推广代币而设立的。以太坊官网显示，受比特币及其背后区块链技术的启发，建立以太坊就是为了使智能合约或应用"完全按照程序运行，彻底排除审查、欺诈或第三方人为干预的可能"。

以太坊可以让使用者达到以下目的：

1. 设计和发行自己的加密货币。

2. 创造出可以交易的数字代币，它可以充当流通货币，可以代表一种资产，可以行使实际的股权，还可以作为会员证，等等。

3. 确保所有流通的代币被控制在一个固定的数量范围，或者按照程序化的规律波动。

4. 创建一种限量供应的可交易代币、一个可以发行货币的中央银行、一种谜语般的加密货币。

这看起来简直太酷了。如果限量供应就是一种价值（如同比特币那样），而以太坊又能够让大家使用同样的技术创造出某种限量供应的东西，这样我也可以创造一种以自己名字命名的硬币——"汤姆币"（tom-coin）。实际上，为了理解以太坊的原理，我曾经与朋友合作创造出一种"凯文币"（kevincoin）。不过，我们创造出的数字代币并没有投入使用，也没有什么商业目的，我们只是想试试能否创造出某种限量供应的加密货币。我们假设，比特币凭借限量供应2100万个就值1000亿美元，那如果我们的凯文币限量供应1000万个，其价值就应当高于比特币。

》 区块链大行其道

在比特币蒙受"欺诈"之名数年后的2019年2月，摩根大通（J. P. Morgan）的首席执行官杰米·戴蒙（Jamie Dimon）宣布，该银行已经推出"摩根币"（JPM Coin）。这是一种用于大宗支付即时结算的数字代币在智能合约成交后，摩根大通将运用区块链技术以闪电般速度完成资金划转。

摩根大通区块链项目负责人乌马尔·法鲁克（Umar Farooq）告诉CNBC电视台记者："世界上现存的任何东西都可以转移到区块链上。区块链将成为交易的支付方式。坦率地说，区块链技术的运用是没有止境的，任何拥有分布式账本的公司或机构都可以使用这项技术。"

值得注意的是，摩根币中的"硬币"（coin）一词的含义令人费解。摩根币实际上是一种用于提高转账速度的代币，并为底层区块链技术提供了使用权。

当然，市场上也不乏与比特币争夺份额的其他加密货币。比特币成名不久，Alt-coins就横空出世。2015年，正在交易的加密货币超过了500种。到2018年，市场上的加密货币共有1600多种，市值接近2690亿美元。该市场的总市值最高一度触及8300亿美元。经过2018年的大幅调整，到2019年3月，市场上仍然有2100多种加密货币，总市值在1400亿美元左右，其中比特币的市值大约为710亿美元。市场并未赋予所有加密货币同样的价值。排名前20位的加密货币占据了89%的市场份额，显然这是一个"头重脚轻"的市场。有人估计，比特币95%

的财富掌握在4%的持有者手中；更令人惊异的是，94%的比特币持有者为男性。正如雷利·鲍勒斯（Nellie Bowles）2018年在《纽约时报》上所指出的那样："这里只有少数几个赢家，除非他们输个精光，否则今后他们总会不断兴风作浪。"

那么，为何我的凯文币一文不值而有的加密货币却价值数千万、数亿甚至数十亿美元？我们之所以从来没有将凯文币上市、出售或分销，那是因为它仅仅是个尚未完成的试验品。但是，假如我们再往前走一步，将它像比特币那样在全世界推广，结果会是什么样子呢？它将价值几许？当数十亿美元涌入几乎没有监管的加密货币市场，监管者将面临以下几个关键问题：人们购买的究竟是什么东西？它到底给持有者做出了什么样的承诺？

加密货币供过于求

在加密货币兴起之前，世界上存在数百种货币。随着加密货币成为新的解决方案，如今世界上拥有大约2100种各式各样的"货币"，几乎平均每天就会冒出一种新的货币。这样的局面具有可持续性或者符合逻辑吗？

最终的局面将是二选一：要么全世界充斥着无数的货币；要么这个世界上的每个人、每个企业或每样资产均绑定某种特定的货币，而该货币又汇集在一个众所周知的、具有公认储值功能的中心货币周围。我并不认为这两个概念是相互排斥的，实际上，我认为它们就是一回事——一个硬币的正反两面。这一点我们很快就能看到。融合乃是大势所趋。

证券型代币与实用型代币：豪威测试

代币大致可以分为两类：证券型代币（security token）和实用型代

币（utility token）。这里所谓的证券，指的是像股票那样的投资证券（为了使这种区分更加明晰，我将证券型代币称为证券/投资型代币）。两者之间的区别由豪威测试（Howey Test）来确定。豪威测试缘于1946年美国最高院法官弗兰克·墨菲（Frank Murphy）判决佛罗里达州一起果园土地买卖纠纷案件时所确定的准则，果园的主人叫威廉·豪威（William Howey）。这场官司需要判断投资合同是否属于证券；如果是，则需要到美国证监会（SEC）注册并服从其监管。墨菲写道：

> 符合《证券法》的投资合同是指一个人将资金投资到一个共同的企业时所签订的合同、达成的交易或方案。其目的仅仅是从发起人或第三方付出的努力中获得预期的利润。至于在该企业的股份是否能够通过正式文件或企业使用有形资产所支付的名义利息予以证明，则无关紧要……如果上述测试得到确认，则该企业投机与否、其变卖的财产是否具有内在价值，均无关紧要。

通常，人们在谈到豪威测试时，有四个要点需要特别予以强调。对于某一类代币而言，投资者要么希望能够赚取买卖差价，要么为了分享项目、平台或企业的利润。而对另一类代币来说，它们存在的唯一目的就是要有实用价值。它们没有内在的经济价值，没有股权，也没有与企业利润相关的直接或间接参与权。这些代币的主要作用就是为了帮助人们进入它们所支持的去中心化社区，并参与社区的治理和运行。

但此事逐渐变得复杂起来，因为早期的互联网参与者难以抑制逐利或升值的渴望。20世纪90年代后期，我曾经用100美元买了一个实用型代币——一家新俱乐部的VIP卡。持有它就不需要排队，还可以免服务费。如果俱乐部一直开张，这个VIP卡的使用权就非常超值；而一旦俱乐部关张，其使用权就变得毫无价值。我没有权利从俱乐部获利，我仅仅拥有俱乐部的使用权——对我而言这就是价值。我对俱乐部的贡献对我自己有益，其他人做出的每一份这类贡献都会增加俱乐部持续经营的可能性。随着俱乐部的生意风生水起，它的使用权也身价倍增。我用100美元买来的VIP卡很快可以卖到200美元、500美元。如果我没记错的话，这张VIP卡的价格最高达到1000美元（但现在这个俱乐部已经关张，它的使用权也变得一文不值了）。后来我在一家瑜伽馆也有过一次同样的经历。通过一次针对首批会员的特价促销活动，我获得了该瑜伽馆的不限次使用权。同样的概念被大量应用于健康俱乐部、乡村俱乐部以及其他各种组织。

俱乐部与实用型代币有很多共同之处。我们不妨设想一下，上面那家俱乐部决定把经营决策权外包给代币持有者，这就很像实用型代币在一个去中心化组织中的情形：

1. DJ节目单通过民主投票决定。

2. 没有拉客的托儿，没有主持人，甚至连酒保都没有。那些帮助俱乐部打理和维持秩序的人所得到的报酬就是可以免费进场的代币。

3. 任何人在进入（或被赶出）俱乐部以及享用俱乐部的美酒之前，其行动都必须得到大多数会员的验证。

4. 所有会员的行动都将受到监视和验证，以便决定他们是否有资格获得免费入场的代币。

稳定币：建立信任和维持稳定

泰勒·温克莱沃斯孪生兄弟从比特币开始就一直沉迷于加密货币，后来发展到与他人合作创办了数字货币交易平台——双子星信托公司（Gemini Trust Co.）。该公司在2018年末推出了世界上第一个受监管的稳定币（stabecoin）——双子星币（Gemini dollar，GUSD），并以1:1的兑换率与美元挂钩。他们宣称自己的使命就是"打造未来的货币"。泰勒·温克莱沃斯解释说，他们兄弟俩都认为稳定币是"传统银行与加密经济之间所缺失的纽带。"双子星信托公司的博客上写道："双子星币是世界上第一个受监管的稳定币，它利用区块链技术，融合了美元的信誉和价格稳定性，并且置于美国监管部门纽约州金融服务部（NYDFS）的监督之下。在去中心化技术的推动下，稳定币正变得越来越受人欢迎，因为它消除了加密货币存在的某些缺点——比如在信任和波动性方面存在的问题。"

双子星币并不是第一个与美元挂钩的加密货币。加密货币领域最早的大项目之一泰达币（Tether）也是绑定了 1 美元的价值。稳定币具有诸多优势，它允许人们建立真实的钱包，如同开立了匿名、安全、去中心化的银行账号。一个加密货币如果能够始终保持与 1 美元等值，这就是它的价值所在，因为这样人们就可以通过它以数字化的方式存钱或转账，从理论上说这种方式也是安全的。稳定币存在的一个问题是，它需要依赖第三方来保存货币。

稳定币如何保存？保存在哪里？如何确保它的安全性？毋庸讳言，这正是泰达币一直面临的挑战。温克莱沃斯兄弟将发行的双子星币置于监管之下，从而有效地解决了这个问题。他们指定美国著名的金融服务与银行控股公司道富银行（State Street）作为双子星币的托管方，并且聘请 BPM（BPM Consulting and Auditing）作为自己的咨询与审计公司。从理论上讲，这种稳定币的持有者应该拥有较高的安全感，因为它指定了一个独立的托管方来保管资产，同时还有一个独立的第三方在随时见证这些资产被保管在那里。

然而，仍然还有一个更深层次的问题：如果稳定币的收益率为零（即不付利息），且背后支撑的资产是美元（而美元本身就是一种没有任何财产支撑的无担保债权），那么稳定币究竟有什么实际价值呢？它真的能够保持稳定吗？

如何衡量硬币与代币的价值?

事实证明,一种缺乏真实经济价值且无限量供应的货币是没有社会价值的。数千年来,社会关注的是限量供应的货币,比如物物交换和商品货币——它们是金本位制的源头。后来我们发展到"十足信用"货币,这是一种无限量供应的货币,其背后的担保取决于政府将来能否用税收进行偿付。这些货币所派生或虚构的价值主要来自人们对货币发行人潜在经济价值的信任。

与比特币结伴而行的是区块链,这种技术使我们能够创造一种限量供应的东西。如今,各种毫无经济价值的货币层出不穷,它们只基于一个事实——限量供应,而限量供应本身是谈不上任何价值的。同样,从长远来看具有经济价值的东西如果无限量供应也将变得毫无价值。社会追求的目标是既限量供应又具有经济价值。

至于稳定币,由于它锚定的对象(如美元)从长远来看毫无价值,这就意味着它本身最终也是没有价值的。就短期而言,稳定币也许可以对许多交易起到促进作用——就像移动支付平台比如 Venmo 一样,多数都是为了达到合法目的。但也有一些人难免会利用稳定币安全、匿名、便捷的特点从事非法交易。关于如何在社会上防范洗钱和其他违法行为,我将在后面简要阐述,但这的确是一个值得单独探讨的大课题。

证券/投资型代币

某些代币将具备长期价值。具有讽刺意义的是,如果一家中心权威机构比如美国证监会认为一种代币属于证券,它理所当然就无法通过豪威测试,这就意味着持有者投资的是一家合营企业并且期待从其他人的努力中获利。但这种"背书"可能会成为一大利好,因为人们据此意识到有一些代币其实颇具长期价值。投资逐利性创业公司有助于推动产品和服务创新，实际上我们今天享用的各种伟大产品和服务都得益于最初的风险投资。

一个富有挑战性的问题是，证券/投资型代币与许多其他形式的投资（如投资股票和初创企业）在投资回报特征方面没有明显的差别。虽然这些投资具有实际价值，但它们未必是一种稳定的价值形式。因此，这些投资远远谈不上"包赚不赔"。

2019 年之前募资的代币，有不少现在还未盈利，也没有收入，它们的商业计划面临巨大的开支。某些计划纯粹是纸上谈兵，甚至都谈不上是真正的商业计划，连经营团队都没组织起来。有少数代币处于灰色地带运作，批评者们认为根本看不到其盈利的路径。有的代币干脆就是一种骗局。形形色色的商业计划处于监管之外，就像当年美国"狂野的西部"，到处弥漫着投机气氛。

这些代币跟初创阶段的推特（Twitter）一样吗？现在判断其长期规模大小以及潜在的货币化机会为时尚早。但无法证明其发展前景也未必是件坏事，很多科技创新在初创阶段都面临同样的情况。各种投机性投资一直是新药研发和生物技术发展的推动力量，互联网、社交媒体甚至工业革命的初创阶段都曾得益于投机性投资。监管者指出，很多投资者并未充分理解代币存在的风险，有些投资风险可能会超出他们的承受能力。鉴于很多代币都基于虚无缥缈的商业计划，我们很难反驳监管者的观点。有些代币的确是在过度投机。

我相信，社会最终会按照世界上其他投资的风险/收益标准来判断投资型代币的价值。在这个世界上，有数不清的天使投资和烧钱点子让人难以看到其获利的那一天，更看不懂其盈利模式。有估测显示，97%以上的初创公司未实现盈利，我预计投资型代币的情况跟这类似——但我猜测它们的失败概率甚至会更高。如果有 1% 的证券/投资型代币能够存活 10 年的话，那就已经出乎我的意料了。

令人不解的是，有些投资项目虽然号称追求更多的透明度和能见度，但实际上它们在这两方面却不及许多公共投资项目。与市场上的竞争对手相比，那些透明度欠佳的代币就应该折价而不是溢价交易。

实用型代币

实用型代币与前面我提到的去中心化俱乐部类似，只不过规模也许更大而已。虽然在某些情况下它们具备更远大的商业目的，但多数情况下它们与俱乐部的共同之处超出人们的想象：今天冒着较大的风险去获得一些蝇头小利，明天也许就消失得无影无踪。

在这个领域，估值相当困难，因为这是一个全新的天地。用传统的方法去给一家企业估值，通常是预期收入减去预期支出，从而估算出该企业未来一个时期的预期利润。这个预期利润要考虑未来一段时间的增长率以及其他各种因素，从而确定企业当前的价值。

实用型代币与传统企业没有太多共同之处。有些代币平台根本就没有预期收入，也许本来就是非营利性实体。为了持续经营和维护，它们必须不断烧钱。实际上，它们之所以能够存在，全靠志愿者——社区的贡献者——的努力，这些人的贡献是不计报酬的。那些需要付出成本的平台有的是靠自有资金来覆盖运维成本，有的借助外部资本来支持，有的则是兼而有之。没有收入、没有利润、没有支出并且有可能用自己的货币来处理收支账目，这样一种东西会有什么价值呢？更为复杂的是，有的代币与某些营利性实体联系密切或者直接附属于这些实体，但却不参与后者的利润分配。

在这里，传统的估值模型没有用武之地，因为代币的价值既可以无穷大，也可以为零。假如一种代币很难转移到其他平台或网络（"迁移成本"特别高），同时网络参与者获得的价值较高，那么这些代币的价值可能就水涨船高。如果提供服务所得到的奖励——就像从比特币挖矿活动中得到的报酬——很高，那势必会有更多的用户参与到网络维护工作中来。如果价格跌落到低位，或者任务很难执行，那就很少有人愿意去参与相关工作。如果可以轻而易举地更换平台提供方，那用户们就会不断"跳槽"。

从理论上讲，代币之间存在一种自然的拔河比赛，这跟电力、有线电视、移动通信等行业的情况颇为相似，但代币市场的竞争更加激烈，而且较少有垄断。即便是网络有价值，但附属于该网络的代币就有价值吗？那倒不一定，实际情况并非都是这样。要说清楚其中的原因，就必须更好地领会区块链生态中的不同构成因素。

≫　为新共和国而创造的新货币

我们假设要缔造一个名叫美国的新国家，它设有财政部和一名部长。我们将发行自己的货币，其背后的担保物可能是某种资产（如黄金），也可能仅仅是一种权力（如我们有权向居住在境内的居民或者与美国开展贸易的国家征税），也可能两种担保方式同时具备。如果这个国家提供的价值高于税负的价格，人们就会接受这种货币并同我们开展贸易。如果税负太高而我们国家提供的价值又太低，人们就会弃它而去。为了使新货币具备价值，我们必须提供令人信服的价值，确保其安全可靠。

政府的功能与实用型代币的功能极为相似，它们都依靠人们对其内在价值的信任安身立命，不应当相信这个而怀疑另外一个。它们都面临同样的规模问题，二者都形同一种自我实现的预言——也许大获成功，也许一败涂地。如果把实用型代币重构为一种向网络人群征税的能力，就像一国政府向其民众征税的那种能力，这样我们就很容易看出二者之间拥有许多共同之处，尽管不是完全相同。

这对于估值有什么意义呢？我相信，这些代币中有一部分肯定非常有价值，因为它们的网络具有价值。然而，虽说它们可能会具有价值，但并不意味着我相信它们是一种"无风险的储值手段"，这是两码事。这两个概念需要分开单独探讨。《货币无疆》不准备讨论各种加密货币（包括硬币、证券/投资型代币、稳定币以及实用型代币等）的社会价值，我们要探讨的是一种储值手段在多大程度上可以做到无风险。

第六章
范　本

几乎可以肯定地说，社会正义的最基本要义就是为全人类提供充足的食物。

——诺曼·博洛格

20世纪90年代，就在苏联解体后不久，我曾经在圣路易斯州的华盛顿大学上学，在那里结识了一位来自俄罗斯的朋友。有天晚上我俩去喝啤酒，其间聊到了俄罗斯发生的那场历史事件，这是一次非常有趣的交谈。的确，无数人都在兴奋地期待着苏联解体后会给俄罗斯带来各种新的机会和自由，但他们也对这个国家如何推行资本主义充满了各种疑虑。许多俄罗斯人对资本主义的理念依然心存恐惧。

当时，我这位俄罗斯朋友难以理解，作为给民众提供生活必需品的食品店，为什么会交给唯利是图的公司来经营。"如果这些店主说'我们不卖牛奶和鸡蛋了'，那该怎么办？如果这些店主串通一气把牛奶价格抬高到20美元一加仑，那又该怎么办？他们完全可以通过减少商品供应来哄抬物价啊。"这位朋友百思不得其解，那副样子令我感动。

随后我们开始讨论从经济学课堂上学到的知识，如果像苏联那样控制物价，实际上会助长价格，并导致产品质量下降。不仅仅是生活在俄罗斯的人没有意识到这点，实际上很多人可能都没有意识到，资本主义可以用较低的成本提供更多的选择。

就像每一个善良的爱荷华人那样，我向俄罗斯朋友耐心地解释说，美国的食品体系完全是去中心化的，它几乎可以抵御任何冲击。我们的食品体系其实很像互联网（我当时没有给他打这个比喻，因为那时绝大多数人都没听说过互联网），互联网就是被设计成可以经受住核打击的。一旦这个系统的某个部分瘫痪了，马上就会有别的部分填补进来取而代之。同样，即便我的家乡艾奥瓦州最大的农场破产，或者生产基地坐落在我们镇上的那家食品生产巨头桂格燕麦片（Quaker Oats）倒闭，都不可能对食品店的任何商品价格造成冲击。2013 年我在芝加哥时，我们小区的本地连锁店多米尼克（Dominick's）关张后，全食（Whole Foods）的一家分店马上搬进来。同年，当女主人牌（Hostess Brands）连锁店的一个网点停业后，一家投资公司很快就接手并将 Twinkies 奶油夹心蛋糕摆上货架。

但我们的金融体系却是反其道而行之。2008 年国际金融危机来袭，美国的许多银行濒临倒闭（或者说已经"技术性破产"），美国财政部和美联储迅速拿出 7000 亿美元成立应急基金，随后又增加数万亿美元援助资金，为这些银行纾困。对于这种"大而不能倒"的做法，想必大家都还记忆犹新吧？

从那以后，美国的银行业变得更加集中，惊人的集中！如今，美国前五大银行（摩根大通、美国银行、富国银行、花旗银行、合众银行）控制了整个银行业 15.3 万亿美元资产中的 44%。正如马特·泰比（Matt Taibbi）2013 年在《滚石》杂志上所揭示的那样："这是一个彻头彻尾的谎言，是政府精心炮制并兜售给美国人民的一个弥天大谎。政府告诉我们，纳税人正在积极参与经济重振并将世界从金融灾难中拯救出来（记住，这只是暂时的）。结果却事与愿违：政府迫使美国纳税人持续地盲目支持一种缺乏治理、没有监管、高度集中的新金融体系；而这样的体系却只会助长贪婪和不平等，最终导致金融大崩溃。"

美国的食品体系不可能得到 2008 年"问题资产纾困计划"（Troubled Asset Relief Program）那样的救助。该计划被国会草率签署以拯救被次贷危机冲击得摇摇欲坠的整个金融体系。而我们的食品体系也根本不需要这样的救助。不像金融服务业，食品体系的杠杆率很低且高度去中心化——二者截然相反。

银行体系并非一切

我清楚地知道，历史上曾经发生过无数次农业危机——我认为这些危机的罪魁祸首要么是货币贬值或通货膨胀，要么是债务问题——政府也曾介入"救助"农民。我也知道，政府给美国农民的补贴达到了天文数字。人们对这些救助的必要性及其利弊一直争论不休。我认为，虽然美国的食品体系并不完美，但它那套"从农场到餐桌"所形成的食品网络，可以为我们提供很多经验与教训。

美国的食品体系给我们提供了充分的选择余地。来自各个生产商的产品被有效分类和标准化处理后批量出售。如果覆盆子的价格因天旱上涨，人们就会选择吃别的浆果或水果。去中心化的体系始终具备替代品和冗余量，你可以把它看成一个水桶。如果你从水桶的中间取出一些水，其他的水马上就会填补空缺，根本不会存在长期性的结构空洞。哪里有需求，产品供应就流向哪里。如果消费者偏好发生转移，生产商就会立即调整产品结构。

商品化促进了平等竞争。同一质量的某种商品可以在市场上以相同的价格出售，无论其生产商是谁。商品可以全球发售。商品的生产成本加上储存和运输费用就构成了市场价格，这是放之四海而皆准的规律（如果政府不用关税或补贴进行干预的话）。大型生产商具有规模经济的优势。小生产商则拥有更佳的产品质量。然而，在一个去中心化的体系中，你怎么知道农民给市场提供的玉米是好还是坏？为了解决这个难题，人们创造了带升降装置的谷仓（grain elevator）。在此之前，农民都是把谷物装袋后出售。这对生产商和买家都不方便。这种谷仓便于买卖双方进行批量交易。从收货、验货、称重、等级划分到谷物储存一条龙完成，然后收购商将分好类的谷物放入集装箱批量运输。这种办法极大地提高了市场上农民和收购商的交易效率。

在艾奥瓦州，农民收割玉米后，就送到谷仓去称重、分类并做质量鉴定，然后烘干，使之符合相关标准后再批量出售。这比每个农民拉着一袋袋玉米去桂格燕麦片公司询问人家能不能买点自己的粮食要有效率得多。桂格燕麦片公司得到的好处是，它可以直接提出质量和特点要求，并通过列车运载所采购的玉米。公司不在乎玉米是谁生产的，也不需要知道生产玉米的人是拥有 200 英亩还是 20000 英亩土地的农场主，只要玉米符合自己提出的规格就行。

这种 19 世纪后期就出现的"技术"，在与其他新兴技术比如铁路运输、集装箱和机械化农业等结合后，催生了第二次农业革命（第一次是从狩猎和采集野生作物，发展到耕种和维护），其基本特征是产量大幅增长、市场范围随着交通条件改善而不断拓展——其效果犹如"一加一等于三"。

这场革命的关键在于，它并非由某一种技术引起爆炸性增长，而是由多种技术相互融合而推动的进步。在这场革命发生之前，某些技术也许看起来毫不相干。比如，火车最早就是用来拉煤和载人的，跟农业能有什么关系呢？

一旦机械化农业把升降谷仓与铁路运输结合起来，农作物的产量就开始迅速上升。这也是全球粮食供应和生产格局出现重大变化的基础之一，也为诺曼·博洛格（Norman Borlaug）领导的绿色革命提供了舞台。作为"绿色革命之父"，博洛格在 1970 年被授予诺贝尔和平奖，以表彰他使超过 10 亿人口免予饥饿。博洛格的主要贡献是培育出了一种抗病虫害且高产的小麦品种。当这个品种与耕种、收割、分级、储存和运输等方面的先进技术相结合后，巴基斯坦、印度和墨西哥等国家的小麦产量得到极大提高，从而增强了全球的粮食安全和稳定。

≫ 来自全球食品行业的启示

全球食品行业呈现的某些重要特点，值得金融服务业重视和借鉴。

农业生产拥有数千个供应端，呈现出去中心化特点。 食品生产行业发端于农民。在美国，养猪、养牛以及种玉米的农场主有好几千。假如某个农场主破产，你餐桌上并不会因此缺少牛奶。即使出现100个农场主破产，你照样有牛奶喝，只是价格会高一些。干旱和洪涝会定期影响粮食价格，但你依然可以吃上牛排加土豆和一杯牛奶。

生产商和消费者可以自由选择。 你可以随便走进一家食品店买10盒"果味卵石"（Fruity Pebbles，一个果味麦片品牌）或者蔬菜、牛奶以及各种肉类食品。同样，一个农场主也可以选择只种玉米、大豆或者饲养奶牛。买什么和生产什么悉听尊便。

食品体系对消费者而言效率极高。 食品店的采购拥有很大的选择余地，通常其息税前利润率不足3%。消费者在享用食品时也有很多选择，他们既可以在家吃饭，也可以去饭馆用餐。

食品体系的基础在于初级商品。 根据投资百科（Investopedia）的定义，初级商品是"一种可以与同一类型的其他商品相互交换的基础性物品……之所以说初级商品是基础性物品，那是因为它们是种植或从自然状态中精选出来的，并被处理成最小包装供市场出售——生产商没有给它们增添任何附加值。尽管生产商之间在质量上略有差异，但经过鉴定后的初级商品均非常相似，不管它们是谁生产的。同等级的所有初级商品在价格上也差不多，并且可以互相交换"。粮食初级商品被运到中心化的节点（如升降谷仓或屠宰场），在那里经过分类、标准化处理、定级、包装后，出售给桂格燕麦片或ADM（美国最大的粮食加工企业之一）这类生产商，加工后再运送到各地的食品店。

价格随行就市，在强大的市场力量驱动下不断走低。 当玉米价格低迷而豆类价格居高时，农民们就会根据行情变化多种植豆类，从而导致豆类供应增加、玉米供应减少。此举又会打压豆类价格并推动玉米价格回升。消费者看到玉米价格过高，就会改吃青豆。市场上对高价商品的需求降低之际，供应却在增加；当人们对低价商品的需求增加时，供应却在减少。市场的力量巨大且具有自我调节机制。

市场总是存在。当农民种植玉米时，他们并不知道买家是谁，会卖到多高的价格。他们唯一有把握的是消费者需要玉米。通常情况下，他们不会把玉米直接销售给终端消费者，而是卖给一个粮食收购中心。收购中心把这批玉米与从其他生产商那里收购来的同等质量的玉米放在一起。这种批量处理的方法对买卖双方都很便利。

监管和政府干预相对较少。在世界各地，食品店和餐馆为消费者提供一种最基本的服务。仅仅在美国，就有 36571 家超市和 660755 家餐馆在向人们供应食品，它们受到的监管相对宽松，行业管理主要依靠检查。

关键的基础设施容易被取代。尽管美国的食品领域有一些行业巨头，但如果有必要，它们所扮演的角色和生产设施将轻而易举地被其他实体接管。假如桂格燕麦片公司破产，它那些设施却可以不用搬家。债权人会接管工厂，或者自己经营，或者转手给一家有经营能力的企业。

美国食品体系拥有的以下特点是银行体系所缺乏的：去中心化、丰富的选择、高效便捷、以初级商品为基础。因此，可以说它为金融体系提供了一个完美的范本。全球食品体系（从农场到餐桌）的运行规则可以很容易地应用到金融市场、银行业以及货币发行。我们的金融系统监管严格、中心化、高度集中，同时透明度有限、准入门槛高、杠杆率高、交易对手风险巨大。

如果我们拥有的是一个去中心化的金融体系，生产者和消费者可以自由选择，监管宽松，政府较少干预，那情况会如何？如果我们拥有一个透明的金融体系，产品价格随行就市，关键基础设施可以迅速高效地被接管，那情况又会如何？果真如此的话，消费者的成本将会降低并形成正反馈闭环（positive feedback loops），金融体系将变得更安全、更透明，可以给消费者提供更多的选择。世界各地的金融"杂货店"的利润率将大幅降低——只有2%而不是20%（甚至更高）。

本书的重点是探讨一种新技术的贡献如何导致爆炸性的变化，实际上这是完全可能的，因为我们已经处于各种新技术相互融合并即将出现裂变的前夕，这与20世纪美国农业所经历的技术交融十分相似。区块链就是这场革命的催化剂，但它的形成不仅仅是立足并且依靠之前的技术基础，而且还得益于一个由许多互为补充的技术组成的强大生态系统。

第二部分

四大支柱

——我们的积木

第七章
支柱一——现代投资组合理论与无风险资产

信心的流通胜过货币流通。

——詹姆斯·麦迪逊（James Madison，美国第四任总统）

我们暂且停止探讨，也不用急于把这些碎片拼凑起来，首先还是来回顾一下到目前为止本书介绍过的知识吧。

在第一章我们了解到，1971年尼克松总统宣布美元在国际市场上停止与黄金相兑换，从此美元就只能依靠其背后强大的美国经济来支撑，或者说成为一种"十足信用"货币。虽然我们的货币具有潜在的经济价值，但它却没有任何实际的价值，因为它的供应量可以是无限的。这种"只能信任我们"的货币体系带来的动荡不安和效率低下，导致当今全球金融体系极其脆弱。

在第二章，我们分析了"十足信用"的弊端，因为它缺乏锚定物，从而导致美元飘忽不定。我们看到，货币不过就是一种虚无缥缈的幻觉，或者说是关于通货与美元的空谈。我们知道了狭义货币与广义货币的区别——前者很容易转变成现金，后者则是跟货币类似的任何东西。我们还学习了米歇尔·因内斯的《货币信用理论》。该理论认为，我们每个人都互为债务人和债权人，如果整个社区的债务和债权可以相互配对抵消，每个用票据购物的商人以及每个发行钞票的银行家实际上都是在发行货币。

在第三章，我们研究了部分准备金制度以及它如何使银行变得脆弱不堪。银行信誓旦旦地声称自己可以根据储户们的要求随时兑付他们的存款。可一旦发生挤兑，它们就难以招架。我们还看到，政府为了刺激经济，授权中央银行以低于自然利率的贷款来创造和发行货币，从而导致通货膨胀率上升，因为银行可以以金字塔形式在准备金之上逐级叠加新的存款。我们还介绍了信用合作社，在这里，人们基于共同的纽带（如工作地点或较高的教育背景）、为了共同的利益而形成一个非营利组织。

在第四章，我们介绍了诺贝尔经济学获奖者们令人耳目一新的设想——剥夺中央银行对货币的控制权和创造能力。欧文·费雪的"芝加哥计划"呼吁，通过实行全额准备金制度，使银行体系的货币与银行的信贷功能分离开来，从而更好地控制商业周期性波动，防止银行挤兑，消除银行负债。米尔顿·弗里德曼也指责美联储给国家经济带来了很多灾难——其中包括大萧条；他同时建议以一种稳定和公开的速度增加货币供应，从而确保物价稳定。"弗里德曼法则"（后来成为著名的货币主义理论）提出了零名义利率，他认为这样可以避免用货币来刺激经济，并有助于消费者更加便捷地开展交易活动。弗里德里希·哈耶克则更进一步，他谴责政府垄断货币发行，从而造成周期性的经济衰退和失业；他主张私人企业也可以发行货币，并在公开市场上以浮动比率相互兑换或者与某些商品进行交换。哈耶克坚信，私人货币有动力捍卫自身稳定的储值功能，而世界上的其他东西相对于这种稳定的内核都会贬值。但我们看到，哈耶克愿景中的最大障碍是，公众不再相信银行资产负债表的透明性。

在第五章，我们了解到加密货币的兴起以及比特币的形成。我们发现，世界各国都在积极寻求一种安全透明的储值手段，它具有去中心化特点，可以摆脱政府的控制。我们也讨论了硬币与代币、实用型代币与证券/投资型代币的区别，还介绍了稳定币。

在第六章，我们分析了美国去中心化的食品体系如何为金融体系提供了一个完美的范本：高效运转，选择丰富，以初级商品为基础。我们看到了多种技术的融合推动了绿色革命。这个体系中有一种带升降装置的谷仓，它可以使称重、定级、归类、细分和编组等工作一并完成，从而有助于某种初级商品的生产商和采购商进行批量交易。

上述各章旨在为理解我们的愿景奠定基础。经过前面的铺垫，我们现在就要开始介绍组成无界货币（money without boundaries）的积木——四根支柱，它们将构成理解无界货币形成过程的框架。这是一种超越时空、可以作为稳定储值手段的去中心化货币。我们将创造一种"绝对的安全性"——没有欺诈，没有债权人风险，也没有盗窃。这些基本要素包括以下内容：

1. "无风险资产"的概念以及无风险利率基础上的借贷行为。

2. 如何通过借贷活动在私人之间的点对点交易中创造无风险资产和私人货币。

3. 区块链技术：它是什么？它有什么用处？它的工作原理是什么？

4. 货币市场与资本市场的内在机制：它们是什么？它们是如何运行的？

一旦我们把这些想法搭成一个框架，就可以将它们融会贯通，从而勾勒出去中心化、点对点无风险资产的大概模样。虽然我的目标是从一个浅显易懂的框架开始，但最后还是要逐步深入到一些涉及理论、技术和资本市场的复杂话题。有些读者或许已经对"再回购协议"的内在机制耳熟能详，但他们却从未听说过什么是"哈希"；也有些人专注于超级计算机如何导致"共识"消亡，却对现代投资组合理论一窍不通。

无论你通晓"金融"（fin）还是科技（tech），或者两者都未涉足，我们都可以为了一个共同的目的坐在一起：创造一种稳定的储值手段。

随着对一些关键概念的逐步挖掘，我们就会看到一幅宏伟的画卷；如果读者希望了解更多的细节，也可以关注书末的"资料来源"。坦率地说，我自己也没有十足的把握将这些概念融会贯通，对此我将在第三部分进行讨论。但我深信不疑的是，我们在第二部分要研究的这些支柱肯定会融为一体。

我们业已看到，中心化的银行业以及政府垄断货币所锚定的东西仅仅是一句"只能信任我们"，这样的机制导致金融体系如同浮萍浪梗。许多有远见卓识的人为寻求一种更好的体系付出了毕生精力，如今新技术的出现终于可以使他们的梦想化为现实——但是我们仍然需要准确界定本书试图构建的体系。为此，我们不妨再介绍几位诺贝尔经济学获奖者，看看他们是如何借鉴费雪、弗里德曼和哈耶克的学说去寻找一条更好的路径的。正如印象派画家一样，这些经济学家在费雪、弗里德曼和哈耶克的基础上，建立并发展了彼此的学说。

≫　　　　　　　　　谁是先驱者？

最近参观巴黎奥赛博物馆时，我在一个展览前流连忘返。其间，我脑子里一直在琢磨，这群印象派画家中，到底是谁启发了谁，又产生了什么样的结果。这是一个令人兴奋的念头，但它不是本书的重点。我很少关心谁先来后到，或者谁启发了谁——这是其他书的话题，我宁愿把精力放在研究经济学界的一场激进运动。在弗里德曼和哈耶克之前，马科维茨、托宾、夏普都提出了关于无风险利率的观点，但他们主要研究的是资产组合和投资，而很少关注"货币"。我相信他们是从不同的视角观察同一个问题。我就好像是一个DJ调音师，要把这些诺贝尔奖经济学大师们的观点融合在一起。在我看来，其著作之间的相互关联和依存并非是不言自明的，需要我们去梳理和发掘。关键在于，我们要站在"巨人的肩上"为一场真正的革命运动奠定坚实的基础。

不断演进的现代资产组合理论与无风险资产

1952 年，哈利·马科维茨和他的一群同事提出了"现代资产组合理论"（Modern Portfolio Theory）。该理论认为，一个资产组合是否有效，取决于其能否在一定风险水平上取得最佳预期收益。因此，每一组风险资产都可以根据"有效边界"（efficient frontier）进行精心设计，从而在任何风险水平下均可提供最高的收益率。马科维茨是第一位将风险引入研究领域的经济学家，在此之前，人们关注的几乎全都是收益和回报。马科维茨指出，将一组互不相关（即价格不会同起同落）的资产放在一个组合里，可以降低投资人的风险，同时又不会对其金融收益产生太多的负面影响。50 年后，马科维茨在一篇与人合著的论文中写道：现代资产组合理论"提出了一个全新的术语，它如今已成为投资管理领域的基本范式"。

20 世纪 60 年代，威廉·夏普继承和发展了马科维茨的理论，并使之成为自己"资本资产定价模型"（Capital Asset Pricing Model）的基础，该理论主要研究金融资产的价格形成机制。夏普认为，投资者可以通过一个借贷组合和一个最优的风险证券组合来决定自己的风险敞口，这些组合是基于投资者对不同证券未来前景的判断而不是投资者对风险的态度。在"资本资产定价模型"中，风险可以被转移到资本市场，经过市场上的买卖和估值，风险资产的价格得到不断调整，从而保持资产组合决策的连贯性。夏普比率（Sharp Ratio）表明，一位投资者持有的风险资产波动性越大，其获得的预期收益也越高。夏普采用无风险收益率（或理论上的零风险投资）来确定投资者所承受的风险是否得到相应的补偿。

后来，詹姆斯·托宾通过一种新的方法将无风险资产与风险资产组合在一起，进一步提升了夏普比率的有效性。他把自己的理论称为

"分离定理"（Separation Theorem），以区别于马科维茨将整个资产组合分为风险资产和无风险资产的方法。托宾认为，投资者应该明确自己的风险偏好，这种偏好可以通过马科维茨的现代资产组合理论得到满足。他们可以划分出两个资产篮子：一个用于满足流动性需求，另一个用于获得风险收益。"你可以选择同样的风险资产组合，无论你对风险有多么厌恶，"托宾写道。"如果你想改变资产组合的风险程度，可以通过调整安全性资产与风险资产的相对数量予以实现，而不是改变你持有的风险资产之间的比例。"托宾指出，从无风险收益率散发出来一条直线，处于这条直线正切点上的风险资产组合就是最优风险资产组合，也叫作市场资产组合，所有投资者持有的无风险资产权益和市场资产组合都基于他们的风险容忍度。无风险资产和市场资产组合将共同决定资产组合的预期收益和风险，从而使借贷双方可以按照一种无风险利率进行交易——这一观点将现代资产组合理论向前推进了一大步，并成为我们无界货币的又一根基础性支柱。本书的目的是尽量不要过于技术化，重要的是理解无界货币所依据的理论基础。

支柱一小结

无界货币的一个重要基础就是理解多位诺贝尔经济学奖大师们的下述观点：

1. 应该存在某种无风险资产。
2. 人们应该能够按照无风险利率进行借贷活动。
3. 人们不应该既是借方又是贷方（而应当只是其中的一方）。

上述观点已经存在了半个多世纪，而如今我们却生活在这样一个世界：

1. 无风险利率并不存在——实际上，这个世界早已偏离而不是接近这个目标。

2. 人们也不能按照无风险利率开展借贷活动，并且无论借方还是贷方通常都面临损失——借款人通常要付出远高于通货膨胀率的利率，而存款人得到的利率通常又低于通货膨胀率。

3. 大多数人既是借方也是贷方。他们持有的现金只能获得很低的利率，而他们背负的债务却要付出很高的利率。比如，他们的活期账户上有5000美元存款，同时在信用卡上也有5000美元的透支。他们从活期账户中一无所获，却要为信用卡透支付出15%的利率。人们既当借方又当贷方这种低效的资金配置模式，每年总共要增加数百亿美元的社会成本。

新技术将使既有的理论相互融合，从而创造出一个崭新的世界。

第八章
支柱二——货币信用理论

当民众都可以为钱而投票的时候，共和国离末日也就不远了。

——本杰明·富兰克林

我们首先还是回到马科维茨现代资产组合理论中的"有效边界"吧。从概念上来说，任何单一资产都有风险，同时任何单一资产也都会有收益。根据现代资产组合理论，考量风险与收益不是分别基于单一的资产，而是将不同的资产通过一种有效的方式组合起来，创造一种可以让特定风险产生最高收益的边界。这并非天方夜谭。凡是投资就会有风险，有的风险高，有的风险低。同样，凡是投资也都会有收益，有的收益为正，有的收益为负。当然，我们的目标是尽可能以最低的风险去争取最高的收益。

假设世界上只有三种投资，我们可以用一个图表去描绘它们的风险与收益（见图8.1）。

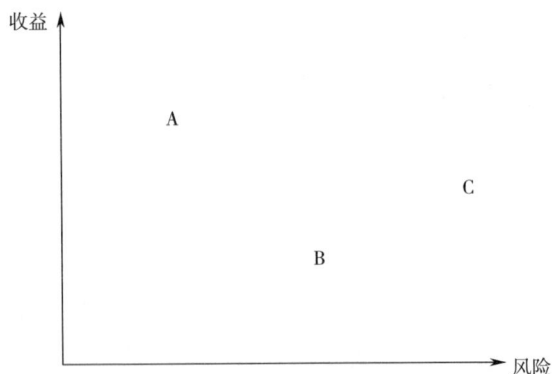

图8.1 A/B/C 三种潜在资产

在这个简单的例子中，投资 A 用一个单位的风险就获得了最高的收益。因此，我们就没有理由选择投资 B 和投资 C，因为它们需要承担很大的风险却只获得较少的收益。

根据货币信用理论创造货币

我们不妨从一些简单的设想开始。世界上持有的唯一资产就是投资 A，我们称为"风险性"投资。我们进一步假设，世界上没有通货膨胀，所有投资绝对安全——没有欺诈，没有信用风险，也没有盗窃（经济学带给你一件好玩的事情就是，它通常从一种假设开始，然后将假设应用到现实世界——我们现在就要如法炮制）。

人们生活在这个世界上，要么通过工作获取收入——按"货币单位"计酬；要么通过上面所说的"风险性"投资存储其财富。除了这种风险资产，人们没有其他任何方式存储货币。他们的"货币"要么立即花掉，要么转化成某种价值忽高忽低的东西存储起来。风险投资的年均收益率可达到10%，因此社会上的人往往忽视其中的风险。但因为这种投资是有风险的，这个"平均数"具有欺骗性，它并不意味着每年都有10%的收益率，不同年份的收益高低起伏。实际上，这些投资的收益率犹如在每年12月31日靠扔一颗骰子来决定。如果骰子上面的数字显示为1，那么风险资产的收益率下降30%；如果骰子上面的数字显示为2、3、4、5、6，则风险资产的收益率上升15%。

我们假设有两个人，他们把自己所有的货币都投资于这种风险资产。其中，一个人成天提心吊胆，希望自己的投资更安全、更稳定；而另外一个投资者却不满足于现有的收益率，她想获得比现有风险资产更高的收益率。他们对资产价值的看法为什么会如此截然不同？其原因也许是，他们当中一位是70岁的老翁，只想安安稳稳地过好退休生活；而另外一位则是40岁的女士，渴望赚到更多的钱，并愿意为此承担更大的风险。

　　两位投资者判断他们的风险资产值 1000 个货币单位，并且决定进行一次私人交易。在这个协议中，70 岁的老翁将自己一半的风险资产卖给 40 岁的女士。作为交换，这位 40 岁的女士给老翁一份特殊形式的欠条，并以自己的全部资产作为抵押。这份欠条就是一笔抵押贷款，背后的抵押物就是她持有的风险资产。不仅如此，它还是一种即需即还的欠条。那位 70 岁的老翁可以随时要求女士用一定数量的货币单位清偿这笔交易。如果这位 40 岁的女士手里没有货币单位，她就必须将风险资产转卖给其他人以获取货币单位并支付给老翁。

第一天

　　一旦交易达成，他们两人持有的资产立即出现以下变化：

40 岁女士	70 岁老翁
拥有价值 1500 个货币单位的风险资产	拥有价值 500 个货币单位的风险资产
欠 70 岁老翁 500 个货币单位	拥有 40 岁女士 500 个货币单位的欠款
净值（持有资产 - 债务）：1000 个货币单位	净值（持有资产 + 债权）：1000 个货币单位

　　此后两年，他们赶上了"好年景"，其风险资产每年增值 15% 左右。

40 岁女士	70 岁老翁
拥有价值 2000 个货币单位的风险资产	拥有价值 650 个货币单位的风险资产
欠 70 岁老翁 500 个货币单位	拥有 40 岁女士 500 个货币单位的欠款
净值（持有资产 - 债务）：1500 个货币单位	净值（持有资产 + 债权）：1150 个货币单位

　　两人皆大欢喜。70 岁老翁不仅拥有了更多的担保资产，而且还实现了升值；那位 40 岁女士的净资产更是大幅增加。

　　然而，如果遇到糟糕的年份情况又会如何呢？他们的风险资产可能会连续两年下降 30%。

40 岁女士	70 岁老翁
拥有价值 735 个货币单位的风险资产	拥有价值 245 个货币单位的风险资产
欠 70 岁老翁 500 个货币单位	拥有 40 岁女士 500 个货币单位的欠款
净值（持有资产 − 债务）：235 个货币单位	净值（持有资产 + 债权）：745 个货币单位

70 岁老人对风险资产的安全性感到担忧，并拿着欠条向那位女士讨债——这是当初双方约定的一项条款。这位 40 岁的女士要么将手里的资产出售给其他人，要么将 500 个货币单位的资产还给老翁。

40 岁女士	70 岁老翁
拥有价值 235 个货币单位的风险资产	拥有价值 745 个货币单位的风险资产
净值（持有资产 − 债务）：235 个货币单位	净值（持有资产 + 债权）：745 个货币单位

请记住，人们对风险资产的需求是源源不断的，因为这是人们唯一可以存储其货币的地方。我有理由断定，那位 70 岁老翁不会卖掉他的风险资产，而是会选择重新持有，就像汽车或住房贷款一样。随后，他可能会另找一位 40 岁女士（或者一群 40 岁女士），重新上演那种交易，继续追寻安稳的储值手段。

创造交易媒介

我们假设他们的投资一切顺利，双方都对其持有的资产以及他们签订的协议感到满意。然而，有一天 70 岁老翁突然打算享受自己的退休生活了——他想买一些商品。由于退休后不再有收入，因此他要么卖掉自己的风险资产，要么要求 40 岁女士偿还那笔欠款。

70 岁老翁决定不出售他的风险资产，于是他用当初那张 500 个货币单位的欠条，从 40 岁女士那里换回了 500 张钞票。每张钞票可以兑换一个风险单位。如果人们用一个风险单位去购买一块面包，那就要付给店主一张 1 个单位的钞票——这种钞票可以随时在任何地方流通。后来这种钞票就变成了可以充当储值手段和交易媒介的货币。这些创造私人货币的个人独立于任何政府机构，并且拥有全额抵押物。

　　现在，我们花点时间将上述私人货币与最初的美元作一番比较。美元最初是一种可以兑换黄金和白银的不记名债券。上面的私人货币与最初的美元结构相同，只不过它通过私人之间的交易而产生。这种情景看起来很像 20 世纪 20 年代的美国。回想到我们美元钞票上曾经印着的那句"见票即付"，那时的美元可谓是一种值得放心持有的资产证明。

　　1928 年金本位制下的美元被认定为"美国钞票"（United States Note），而不是"美联储钞票"（Federal Reserve Note）。如今的美元再也看不到"见票即付"的字样了。

1923 年版的 5 美元钞票、银票，上面有林肯总统的肖像

金本位制下 1928 年版的 1 美元钞票

现在我们创造了新的钞票，它同样以一种资产为担保。这种资产不是白银，而是一种始终代表着价值的资产；它是一种可以用于工资报酬和生意买卖的货币单位。这种资产比白银更优秀，因为它可以按照社会估值随时交易。某种资产的价值只要不跌破安全边际，资产所有权的价值就会始终被社会承认。如果这种所有权是无风险的，那这笔资产也就是安全的。

》 追求平衡

这部分的关键在于理解对某种风险资产的所有权可以创造一种无风险资产。这个概念并不是说所有借出的资产都是无风险的，也不是说所有的风险资产都是在同等条件下形成的。我们前面列出的投资结构仍然存在风险——特别是还存在信任鸿沟和估值差异，它们容易导致协议破裂。因此，知道风险资产的索偿权是可以清偿的并且了解它的估值至关重要。在这点上，你可能（也应该）产生很多疑问，而且其中一部分尚无答案。我们将一边消化这个概念，一边探讨这些问题。需要记住的重点是，交易双方可以达成一项零成本的借贷，从而轻易地改变风险/收益的结果，同时那笔借出的资产可以分拆为一种由私人发行且有担保的货币。

支柱二小结

在一个充斥着各种风险资产的世界里，部分投资者会千方百计寻找一种无风险资产。目前，这个世界上并不存在无风险资产，但它将来会出现。建立一个有人愿意购买风险资产的市场，买卖各方可以达成私人交易，确保对风险资产（相当于一笔贷款）的索偿权，这几个条件组合在一起，就有可能创造一种无风险资产。只要风险资产的价值大于索偿权的价值并且假设没有损失或赖账风险，那么，无论如何，对那笔资产的索偿权就可以是无风险的。

这个索偿权可以拆分成一个个单位。由于这些单位可以按照一种持续稳定且众所周知的价值流通，因此它们又可以进一步细分成限量供应且具有公认经济价值的单位。

第九章
支柱三——消除信任鸿沟之区块链

信任，但必须验证。

——罗纳德·里根

当尼克松政府决定让美国脱离金本位制的时候，绝大多数人都显得无可奈何。美国乃至全世界的人只能乖乖地看着那句印在美元上的承诺——"可以在美国财政部或者任何联邦储备银行兑换合法的货币"（it is redeemable in lawful money at the United States Treasury or at any Federal Reserve Bank）从此消失（译者注：这句话中的"lawful money"是指可以与黄金和白银自由兑换的货币）。他们被告知只能信任美国政府能够用"十足信用"来支持其"法定货币"（legal tender）的承诺。美国财政部解释说："美联储钞票不能与黄金、白银或其他任何商品自由兑换，其背后也没有任何支持物予以担保……这种钞票本身没有任何价值，而是仅仅用于支付。换句话说，由于美联储钞票是法定货币，它们将由美国经济中的所有商品和服务来'担保'。"

脱离金本位制，意味着美国政府将在"十足信用"社会中与任何私人货币发行者展开竞争。政府失去对货币的控制权，从而为哈耶克勾画的愿景开辟了道路。我们从此可以拥有非国家化的货币！任何人都可以创办银行，发行达克特，并且可以在报纸上刊登资产负债表以供消费者判断它们是否比政府更值得信赖。这件事非同凡响！但正如我们在第五章中所讨论的那样，哈耶克的梦想存在一个严重障碍——信任鸿沟。

在银行和报纸都存在强烈造假动机的情况下，人们怎能相信其财务报告真实准确呢？当然，哈耶克也许会说：这正是我们拥有审计机构的原因。但审计机构也未必靠得住，当年安然（Enron）和世通（World-Com）这两家企业的造假事件，曾让投资者损失了数十亿美元。大家知道，安然和世通可都是聘请了审计机构的。

无可否认，哈耶克的构想具有远见卓识，他的愿景充满了希望。但信任鸿沟是一个严重的硬伤。正如我们之前所谈到的，如今全球金融体系被大约30家"大而不能倒"的系统重要性金融机构（SIFI）所把持，呈现出严重的中心化特征。在这样的背景下实施哈耶克的构想无疑困难重重。我不知道你们怎么想，但对我来说，SIFI意味着一旦其中某一个机构倒闭，就有可能导致整个金融体系崩溃。面对这样的现实，我们怎么能够信任当前金融体系的稳定性呢？然而，我们却一直难以摆脱这样一个危机四伏的体系。

我们再来看一下农业领域参与各方所构成的大规模去中心化体系，其运行方式与金融体系截然相反。我们的食品体系由全国（甚至全世界）各地的农民构成，他们按照共同的标准种植和饲养各种农产品（玉米、大豆、牛、猪等应有尽有）。这些商品被以极高的效率归类、细分和编组，完全不依赖于任何中心化的生产商。尽管像康尼格拉（Congagra）或ADM这类行业巨头一旦破产也会给整个体系造成震动，但日趋中心化的肉制品行业无疑是一场道德和环境灾难，因此美国的食品体系没有必要形成系统重要性生产商（SIP）或系统重要性农场（SIF）。即使威斯康星州的某个奶牛场——甚至是大型工业化奶牛场——破产倒闭，人们也不必为第二天的牛奶发愁。

2008年雷曼兄弟破产，险些导致全球金融体系崩溃，并引发了一场潜在的灾难性现金和信贷危机（此外，美国人的终身收入平均损失了7000美元）。当时我在金融行业有各种客户关系，因此可以用一个内部人士的眼光来审视这次灾难——它比大多数人所看到的情况要可怕得多。危机爆发后，许多零售商对银行和信用卡公司失去了信任，开始考虑在店里贴上告示——"只收现金"。他们担心自己一直依赖的那些用"塑料卡片"付款的金融中介会突然倒闭。一些小业主因融资无望而被迫停业。一家大型银行的高管甚至告诉我赶紧从 ATM 中把所有的现金都取出来，能取多少就取多少。可见他已经被吓得张皇失措。

2008 年爆发的国际金融危机表明，我们的金融体系恰似一架直升机而不是飞机，它已经变得不堪一击。飞机有备用系统和冗余动力，最重要的是它有一对机翼，即便是某个系统失灵，它仍然可以继续飞行一段时间。而直升机则大不相同，它的螺旋桨一旦停止工作，那你就必死无疑。你不可能通过滑翔或滑行进行紧急着陆，而是直接坠毁在地。这就是我们建立的金融体系，也是哈耶克等人极力抨击的体系，它的支柱就形同直升机螺旋桨——这居然就是我们所信任的东西。这纯粹是一种盲目的信任。当你在星巴克刷手机付款时，你绝对不会去思考这套支付体系是如何运行的，但是你相信 Visa 会把款付给星巴克，而 Visa 又相信你会清偿信用卡账单。在这个体系中，有无数的人相互信任，从而使"直升机的螺旋桨"保持不停地旋转。然而，假如 2008 年美国政府不出手干预，金融体系恐怕早已摔得粉身碎骨。

≫　　超级英雄来救援！

我们的金融体系已沉疴难愈，面对其中的疑难杂症，区块链技术的出现令人豁然开朗。它就像一位超级英雄，拨开迷雾，靡坚不摧，为去中心化货币带来了一线曙光。你想创造一种透明的达克特吗，哈耶克先生？拯救美国的超级英雄来啦！完全去中心化的点对点货币市场会是什么样子？区块链可以用于资产登记、身份管理、欺诈防范以及合规管理，同时还可以提高去中心化社区的管理水平；有助于各种合同和协议（包括货到付款）的自动或强制性完成；所有交易均在一个分布式的、安全可靠的、获得许可的、不可篡改的环境下进行。但我们首先需要弄明白的是，这项新的核心技术到底是什么？它如何成为无界货币的又一个重要支柱？

一切皆从云开始

20 世纪 80 年代，当我还是一名少年的时候，我家厨房里放着一部独立的台式计算机。我喜欢成天捣鼓它，用它写作文并通过与之连接的打印机打印出来。但如果我想与其他人分享计算机里的文件，就必须把它们拷贝到一张软盘里。我家的计算机无法与其他计算机交流，不过我老爸办公室的台式计算机可以通过一台中央服务器与其他计算机联网，它们可以互相发送电子邮件和分享信息。这种"中心化的服务器 + 网络"模式正是后来互联网的先驱。互联网诞生于 20 世纪 80 年代，但当时只有 1.4% 的美国成年人得以使用。

冷战时期美国最负盛名的智库兰德公司创造了互联网，旨在解决一旦发生核战争美国政府部门之间的通信问题。1964 年，兰德公司的工程师保罗·巴南（Paul Banan）构想了一套去中心化的网络系统，这种网络"从一开始就被设计成具备超越其自身的可靠性"。按照巴南的设想，即使在多处遭受打击，分布式网络也可以通过不同的备选通道维持运转；可以把信息拆解成许多分散的碎片发送出去并在一个终端重新整合，从而提高系统的可靠性以及通信线路的使用效率。互联网的应用直到 20 世纪 90 年代才真正开始普及，其标志性事件有两个：一个是1990 年加拿大麦吉尔大学开发出世界上第一个搜索引擎 Archie，另一个是 1991 年英国物理学家蒂姆·伯纳斯-李（Tim Berners-Lee）发布了万维网（World Wide Web）代码。正如大脑与思维之间的区别：互联网（internet）由无数的线缆和计算机组成，而网页（web）则包含着大量的信息。

另外一个重大技术突破是云计算，这是一种可以作为公共服务设施的算力（computing as a utility），它对互联网的影响甚至超过互联网本身。在云计算环境下，甲方可以把计算需求外包给乙方，由此获得数据库的使用权并通过互联网收发电子邮件。这一概念实际上源于人工智能之父约翰·麦卡锡（John McCarthy），他在 20 世纪 60 年代就预测，未来的计算任务可以像水电气那样交给公共服务设施来完成。随着通信网络的快速发展以及企业和个人对信息系统的需求逐步增加，麦卡锡的构想在 2007 年开始付诸实践。2008 年，迈克·米勒（Michael Miller）在其著作《云计算：改变在线工作和协作方式的网络应用》（*Cloud Computing：Web-Based Applications That Change the Way You Work and Collaborate Online*）中写道，云计算给我们带来的最大影响在于它改变了信息存储和程序运行的方式。"程序运行和数据存储不必依托于单个的台式计算机，所有的事情都可以托管给'云'——一种由许多计算机和服务器组成并可以通过互联网进行访问的云状体，"他解释说。"云计算可以帮助你在世界各地使用你的应用程序和文件，从而摆脱台式计算机的束缚，同时也便于身处异地的团队成员们通力合作。"米勒将云计算比喻成电力系统的解决方案——农场和企业停掉自己的发电机而改用电力公司供电系统后，其费用得到大幅降低。在 2009 年《学校多媒体与互联网》（*Multimedia & Elnternet @ Schools*）杂志上发表的一篇文章中，玛丽·安妮·贝尔（Mary Ann Bell）描述了这一过程："借助云计算，你可以通过计算机、智能手机、平板计算机以及其他电子设备接入互联网。这样一来，整个互联网就都成了你的计算机！"

需要承认的是，当我第一次听说云计算时，并没意识到它与我有何关系，不知道它能为我解决生活中的什么问题。不过，很快我就发现了它的好处。我是一名超级音乐发烧友，外出旅行时，车上经常带着一个装有一百多张唱片的 CD 盒。我每次泊车后都担心有人会偷走我的唱片，而且我似乎总是忘了带上自己想要播放的那张唱片（它们夹杂在我家书架上存放的数百张 CD 当中）。我还记得，念高中的时候，我时常想，要是能够随心所欲播放自己喜欢的歌曲该多爽啊。我开始梦想云计算这样的东西，尽管我从来没想到过后来会出现声田（Spotify）、奈飞（Netflix）和谷歌这类基于云的服务。如今，我可以通过自己的声田账户随时选听数千首歌曲，也不用担心别人会偷走我的 CD 唱片。即使我的手机丢失或者被盗，我仍然可以享受自己喜欢的音乐。云计算意味着我实际上可以随时随地拥有自己需要的一切东西，没有丢失或被盗的风险。你们想想，这是多么神奇的事情啊！

区块链到底是什么？

"云计算"这个概念最初对我而言可谓艰深晦涩，因为我把它想得太过复杂了。如果我把注意力集中在它能为我"做什么"而不是"如何做"，那么它理解起来就容易多了。"云"可以使我们根据需要遥控自己存储的资料，比如可以保证我随时随地听到自己喜欢的歌曲。这是一个了不起的理念。它是如此的强大，你理所当然会好奇它是如何工作的；而一旦它进入实际应用，很可能就会像我们的手机或汽车防抱死制动系统（ABS）一样——我们成天使用着这些技术，却不关心它们背后的工作原理到底是什么。我们主要关心的是它们究竟能做什么。

在讨论区块链时也应如法炮制，我建议一开始不要把它想得太复杂。区块链的理念其实很简单，它就是为了解决人们交易过程中遇到的最大难题——信任鸿沟。今天，我们的基础设施、法律体系、通信系统和经济活动大都面临这样一个事实——人们彼此之间缺乏信任，而且我们也有充足的理由互不信任。然而，一旦有了区块链，我们就可以建立无限的信任关系。这就是区块链的作用——增进人与人之间的信任。

"做什么"的神奇之处一部分在于"如何做"，二者之间的差别看起来相当微妙，但实际上却大相径庭。区块链之所以能增进信任，那是因为它具有去中心化的特点。如果你面对一个中心化权威机构，它一定会存在背信弃义的动机。这个中心化权威机构也许是古代的店主，他们可能会发行价值超过其手中财产的票据；也许是国王和皇帝，他们会将手里的黄金熔化并降低其成色；也可能是一些政府，它们会发行大量号称可兑换白银的"不记名国债"，但实际上手中根本没有足够的白银。诸如此类的失信行为不胜枚举。中心化权威机构一贯滥用其手中的权力。有了区块链的帮助，我们就不再需要中心化权威机构，这就是信任纽带得以形成的部分原因。

去中心化的另一个好处是，交易双方不再需要中介。这样不仅会提高交易速度，而且有助于降低系统成本和冲突。交易的效率可以大幅度提升。总之，区块链有可能创造出更多的信任和更高的效率。

增进信任有助于解决以下这类问题：

● 我的西红柿生产商说自己的产品是有机的，我的皮鞋所用的动物皮据说是符合动物保护道德规范的，但对于这些说法我难辨真伪（我无法相信农场主、食品店主或制鞋公司的说辞）。

区块链可以在产品供应链的每个环节都建立百分之百的信任。

● 我的信用卡（银行账户）信息被泄露。

区块链可以打造一个确保你身份信息安全的社会。你就是你，每个人对此都百分之百坚信不疑。

● 投票人不踊跃，选举舞弊频现。

区块链可以帮助你建立一个不能被随意操纵的选举系统，每投一票才会计数。

● 在一个由中心化权威机构（托管人、产权公司）管理的纸质系统里，我们无从知道一个买家或卖家是否真正拥有他们想要买卖的潜在财产（如住房、汽车或投资等）。

区块链则可以帮助你清清楚楚地洞察买卖双方的财产所有权。

- 我想掌握自己的所有健康数据，但同时希望只有在我允许和需要的情况下才能使用这些数据。

区块链可以通过强制实行《健康保险携带性和责任法案》（*Health Insurance Portability and Accountability Act*，HIPAA）来满足你的愿望。

- 如果一个人不相信自己死后家人会忠实地执行遗嘱，也不知道该相信谁作为受托人。

区块链可以百分之百地执行他的遗愿，确保他希望的结果如实披露。

- 我想让遛狗人——仅仅是遛狗人自己——在某个时间进到我家里。

区块链可以创造一把百分之百安全的钥匙，你可以让这把钥匙在使用时做到百分之百的安全，并能够控制其使用权。

- 我有的时候希望与他人分享数据，但前提是要对我有利，我要控制局面并知道谁在分享、分享什么、何时分享。

区块链可以帮助你实现安全的、匿名的数据分享。

- 我想汇款给我的孩子们，我希望这些钱只能到达他们手里，并且也只有他们才能收到。

对区块链可言，这简直就跟玩儿似地，眨眼间就完成了。

区块链可以绕过政府的某些功能，同时也会强化别的一些功能。例如，政府不相信你会提供全部的纳税信息。而在区块链环境下，你的每一笔交易都毫无掩饰地向政府报告，你被彻底绑定，因为这些记录是不可篡改的。政府必须相信你，因为你没有办法欺骗政府。

消除信任鸿沟是一个劲爆的想法。马克·安德里森（Marc Andreessen）是世界上第一个商业化网上浏览器网景（Netscape）的共同创始人，当他在2008年了解到区块链的作用时不禁大喜过望。"他替我们解决了所有的问题，"安德里森在谈到区块链的匿名发明者中本聪时说道。"无论这个人是谁，他都该获得诺贝尔奖——他真不愧为天才。这个发明太了不起啦！这是一个互联网一直需要却始终未曾有过的分布式信任网络。"

"'无须信任'（trustless）意味着在计算机网络上进行的每一笔价值交换都将接受验证、监视和强制执行，整个过程不需要由大家信任的第三方或者中心机构出面——这在历史上堪称首创，"特雷沃·基维亚特（Trevor Kiviat）在《杜克法律杂志》（*Duke Law Journal*）上撰文解释说。"因为区块链是一种可以用于认证和检验的技术，故而能使小额交易和产权验证更加顺畅；因为它是可以编程的，故而能使许多符合条件的智能合约得以实现；因为它无边无际、畅通无阻，故而能够为价值单位的交换提供一个廉价且迅捷的基础设施。"梅拉妮·斯万（Melanie Swan）在其著作《区块链：新经济的蓝图》（*Blockchain：Blueprint for a New Economy*）中称区块链为"个人的互联网"（Interent of Individuals），它可以成为"机器经济（machine economy）时代的赋能货币"。

> 　　一种颠覆性技术的宗旨就是要帮助人们以及某个（或某些）行业的企业大幅度改善既有的做事方式，使之变得更便宜、更便捷、更优质。
>
> 　　　　　　　　　　　　　　　　——零对冲网站（zerohedge. com）

为什么我们要关注区块链？

安德烈·安东诺普洛斯（Andreas M. Antonopoulos）在《掌握比特币：开启数字加密货币之门》（*Mastering Bitcoin：Unlocking Digital Cryptocurrencies*）中表示，比特币不仅仅是一种数字货币，而且是一个信任网络，它可以为货币之外的许多东西奠定基础。唐·塔普斯科特和阿历克斯·塔普斯科特（Don and Alex Tapscott）在他们的著作《区块链革命：比特币背后的技术如何改变货币、商业和世界》（*Blockchain Revolution：How the Technology Behind Bitcoin Is Changing Money，Business and the World*）中预测，区块链将不再需要首席执行官信誓旦旦地对公众保证自己公司的账户一切正常，它还会杜绝各种人为的错误和欺诈（再见啦，会计师和审计师）。任何人——股东、管理机构、公民——都能够检查公司的账本。这些账本每隔十分钟就自动更新，人们可以放心地建立彼此的身份信息并相互信任，从而能够在没有第三方认证的情况下交易和兑换货币。区块链还可以让我们妥善保管自己的重要数据，防止银行、政府和认证公司"为了商业利益或借口国家安全侵害我们的隐私"。作者以一种乌托邦式的热情拥抱这项崭新的技术。"我们可以拥有自己的身份信息和个人数据。我们可以相互交易，创造和交换价值，而无须让那些强势的中介机构来充当货币与信息交换的裁决者，"他们写道。"数十亿原本被排斥在外的人立刻就可以融入全球经济……我们可以改变财富的分配方式——财富创造被置于首要地位，无论是农民还是音乐家，世界各地的人都能根据贡献大小，充分享受到自己所创造的财富。"

区块链的应用领域十分广泛，从财产登记、仓储、交易，到金融、经济、货币、实物财产，再到投票权、声誉和健康数据等无形资产，几乎无所不及。这些应用有助于后来者挑战原有的颠覆者，甚至有可能取代 Airbnb、Uber 这些既有的中心化平台。它可以帮助店主们在采购之前掌握产品的来龙去脉；同时还能够自动完成与交易相关的所有合同和协议，包括货到付款。

区块链如何工作？

我们举个最简单的例子。假设你的一篇日记加密后被数千台计算机复制并保存，以后每增加一篇新日记，都将经过复制后发送到所有的计算机。

一切都进行得有条不紊。新增的日记都会被验证并加入区块链；网络则通过将旧日记与其他数千台计算机中的复制文件相对比，不断确认原有日记未被篡改。区块链仅仅是通过许多验证和加密节点创建众多副本。

如果大家想进一步研究这个话题，可以参阅本书后面的"资料来源"。区块链专业媒体《数字货币电讯》（*Cointelegraph*）曾经发表一篇题为"区块链工作原理：入门指南"（*How Blockchain Technology Works：A Guide for Beginners*）的文章，在此我将对其中的精彩论述做点深入分析：

- 区块链是一种日记或包含交易信息的电子表格。
- 每次交易都产生一个哈希。
- 一个哈希就是一串数字和字母。
- 交易按照发生顺序依次录入（顺序极为重要）。
- 哈希不仅依赖交易，而且依赖之前交易所产生的哈希。
- 交易过程哪怕出现一点点变化，都会产生一个全新的哈希。
- 所有的节点都可以通过监测哈希确保交易未被改动。
- 如果一笔交易通过了大多数节点的认证，它就会被写入一个区块。
- 每个区块都会参考前面的区块，并共同组成区块链。
- 当一个区块链在众多计算机上有效散布后，每台计算机都会保存那个区块链的副本。
- 这些计算机被称为节点。
- 区块链每十分钟就会自动更新一次。

为了加深大家的理解，我还要对上述总结加上一些评论。

- 一个哈希就是一组代码——它看起来就像一组毫无意义的数据。其典型样本如下：219711e62645a21f2742ada2c6f2a900。

● 所谓"节点"，就是网络上的一台计算机——一切拥有 IP 地址的网络设备都可以成为节点。

● 每个节点（计算机）都能够存储信息。

● 所有节点可以形成树状结构分布的许多小组——因为它们画出来就像一棵树。

● 同样，这些节点（计算机）中的数据可以成为众多的哈希，并且也可以组成相似的树状结构。因为该结构由拉尔夫·默克尔（Ralph Merkle）于 1979 年发明，故被称为"默克尔树"（Merkle Tree）。

● 由于数据散布在许多计算机当中，这些"默克尔树"可以作为一种相互制衡（check and balance）的手段，以确保数据的纯洁。

● 数千台计算机（节点）分布在世界各地，它们同时工作（或协作或共谋——取决于使用者的意图）以验证网络（区块）上的一切新活动，确认旧交易（旧区块）完好无损。

● 新活动（新交易）由一个包含两个步骤的竞争过程予以验证，我们称之为工作量证明。竞争的赢家将获得一笔奖励。

步骤一：一个节点必须解决一道难题/谜语。

步骤二：解决方案需要得到网络上其他节点的验证。

》》 区块链的弱点：依赖性和共识攻击

区块链存在诸多依赖性和弱点。正如升降谷仓需要铁路、云计算需要较高的网速和带宽，区块链技术的某些方面尚处发展过程之中，它依然严重依赖于现有的技术生态系统。假设一下，如果我们在远离公路、港口和铁路的地方建造一个巨大的升降谷仓，它必然毫无用处；再假设一下，即使人们可以随心所欲地在网上观看世界上的全部电影，但你却只有一台配备拨号调制解调器的黑白电视。因此，一场技术进步的洗礼就可能弱化现存的整个生态，并导致原有的技术消失——磁带录像机（VCR）让位于激光影碟（LD），LD 又逐步被 DVD 所取代……同样，区块链也并非战无不胜的技术。短期而言，它需要依赖生态系统的进步；长期来看，超级计算机的进步将弱化现有的信用保护方式。

然而，区块链面临的最大挑战却来自它自身的一个强项——"问题—解决—验证"过程需要通过一个去中心化的投票活动来实现。如果每个人都同意，那就会达成一个共识。为了操纵投票结果，有人会控制大部分投票权。该过程在区块链工作原理中既是一种明显的强项，同时也是一个潜在的弱点，对那些规模较小且刚刚起步的项目来说尤其如此。如果一个新增数据被改动（欺诈），各个节点都会发现并予以拒绝。然而，一旦有人控制了 51% 的网络节点（投票权），他们就会造成一种该网络其他参与者不愿看到的结果。对于那些希望创造新区块链的人来说，这无疑是一个巨大的挑战。区块链的力量就在于网络规模和覆盖范围所发挥的作用。

区块链的上述弱点已经众所周知，各种各样的解决方案也层出不穷：（1）建设一个规模庞大的网络；（2）权益证明（proof - of - stake，由网络上的随机群体而不是大多数人来决定投票结果）；（3）将其他网络用于大型的既有区块链；（4）建立交叉参照的区块链（也叫作公证）。

就我们的研究而言，这项弱点实际上无关紧要。我们无意创造一个新的区块链，仅仅是借助区块链技术罢了。根据讨论需要，我们不妨假设潜在区块链技术的力量与社会上任何时点最强大的区块链势均力敌。为了改变潜在的记录，你必须控制全世界大约 51% 的算力。

为什么大家会这么做？

接下来一个顺理成章的问题就是：为什么人们会耗费时间和算力去替别人做好事？区块链结构中的一个关键环节是对破解谜语的人进

行"奖励"。对于那些完成计算和验证的人，网络将提供某种形式的鼓励。以比特币为例，如果你参与了计算活动，你就会得到一枚比特币，这一过程被称为"挖矿"。

如果一种货币的供应量已经明确，那么网络无须依赖挖矿而是通过参与者的共识也可以维持。参与交易验证的人可以获得潜在的货币作为参与网络的报酬。如果网络参与者认为这些货币有可能保值甚至升值，他们就会齐心协力开展工作。因为他们的活动并不创造新的硬币，就技术而言他们不是在挖矿。从概念上来说，它与挖矿非常类似，重要的是，这两种系统都使网络参与者有机会获得有价值的奖励。

> ## 投机者与矿工

投机者与那些实际从事挖矿工作的人，这二者之间的关系十分复杂。投机者是指那些拥有加密货币却没有在网络上付出任何劳动的人。他们持有货币，是因为自己认为它们会不断升值。拥有（或需要）货币的人越多，货币的价格必然看涨。价格越高，就会有各种各样的人参与到加密货币的底层工作。然而，一旦投机成本过高，潜在的交易成本也会相应增加。这种现象将导致市场追涨杀跌，从而使价格大幅震荡，变幻莫测。正是由于存在这种推拉效应（push - pull）和潜在波动性，任何代币或硬币都不可能成为无风险的储值手段。它们也许会有价值，有的甚至还会非常有价值，但要成为一种无风险的储值手段或无风险资产，就必须与所有的投机活动彻底决裂。

谁来维护网络？

如果有一种激励机制或报酬促使人们做某件事，并且这种报酬具备全球公认的价值，那么世界各地的人就会夜以继日地开着计算机一心一意挖矿。我认识一些人专门向这个行当推销设备（既有硬件也有软件），从而让其他人可以在自己的客厅里（这样连卧室都省下了）支上一台计算机并联网，专心致志验证区块链上的每笔交易——前提是他们所获得的各种形式的硬币或代币能够支撑挖矿过程中所需的设备和电力成本以及自己的工作辛劳。如果耗电成本低于价值回报，那么，对于世界各地的任何一个网民而言，挖矿都是一件有利可图的事。

区块链可以随时查看网络上的所有数据和记录，以保证它们安全无损、不被篡改。打个比喻来说，它们就好像随时随刻被 1000 名士兵、1000 名特工、1000 只警犬以及 1000 名会计师严密监控，从而可以做到万无一失。

网络同样也在验证新的交易活动。对在区块中公示的新交易而言，它必须额外经历一个类似于上大学、加入俱乐部、带薪实习、参加联谊会那样的特殊程序（不过一旦加入就可以终身有效）。这个程序就是解答一道数学题，主要就是问你：这笔交易是否属于本区块？一旦这个问题得到解答——老天保佑你——它还必须经过网络上其他成员的验证。就好像让所有的士兵、警犬、特工都来检验你的学生证。判断某样东西的归属并不容易；一旦获得承认，验证它是否属于本区块就比较容易了。

最后，区块链能够自动完成与交易相关的所有合约和协议，包括货到付款。你不仅可以告诉那些士兵、警犬、特工和会计看管好你的日记，还可以让他们监视新的活动（只允许好人进来，防止坏蛋闯入）并给它们排序。通常按照以下格式写上诸如此类的话："假如此事发生，那就如此这般地做吧。"例如，"警犬，如果有坏人跳进栅栏，那就当场抓住他，等着士兵来把他逮捕。"在区块链中，例子可能是这样："当我死后，请在我的孩子们长到一定年龄时把这笔钱交给他们。"

区块链的组成元素和生态系统

到目前为止，我们在讨论区块链时，都是将其视为一件单独的"事物"或者一组计算机连在一起后所产生的现象。实际上，区块链包含诸多元素，这一点跟互联网十分相似。为了进一步了解区块链，我们将分析它的构成元素，以便更好地理解其生态系统。

私有链与公有链

不要以为区块链仅仅只有一种模式。你也许听说过"内联网"和"互联网"这两个不同的术语。它们都可以通过同样的基础技术来构建，听起来感觉也差不多，其核心理念也相同。其根本差别在于谁拥有访问权。内联网只允许自己的成员访问其网站，而互联网则是世界各地的每个人都可以通过浏览器进入其中。人们对这两种结构的网络褒贬不一，这取决于他们的意图、目标受众以及用途。私有链和公有链所面临的情况同样如此。

利用现有基础设施还是重起炉灶？

建立一个属于自己的区块链会面临诸多逻辑性挑战。例如，假设你只是希望在自己死后让合约立即自动生效，那就无须为此目的单独建立一个属于自己的区块链；你可以租用一个区块链，或者说得更准确一些，就是在现有的区块链上建立一个自己的区块链。

在第五章我们讨论了实用型硬币与实用型代币的区别。我们提到了以太坊，按照其网站的说法，它可以赋能智能合约或各种应用程序，"它会按照编程精确运行，不会出现欺诈、审查和第三方干扰"。我们发现，其特点之一是能够"创造一种可交易的数字代币。这种代币可以当作货币使用，也可以代表一种资产或实际股权，还可以充当会员证，总之它无所不能"。

以太坊是一种协议——我们不妨把它视为底层协议。许多技术都有底层协议。比如，TCP/IP 是互联网的底层协议，SMTP 是电子邮件的底层协议，VOIP 是互联网语音传输的底层协议。利用以太坊区块链，你就不必去创建自己的自动生效的合约，而是可以在其他人的底层协议或区块链上运行这个合约。有许多区块链都可以充当协议，或者作为建立各种去中心化应用的基础。

我们不妨把它比喻成汽车与高速公路。汽车在高速公路上才能飞奔。如果没有汽车，高速公路就无用武之地，更不会令人兴奋；但如果没有高速公路，汽车的性能也难以充分施展。换言之，Instagram 就是一款依托互联网运行的应用程序（APP）。Instagram 集中精力在公共互联网上开发软件（一种应用程序），并不需要为了开发自己的应用程序而去建立一个互联网。如今，任何人都可以在互联网上开发一款应用程序；同样，每个人也可以利用各种协议在一个公有链上开发自己的应用程序。许多人相信，将协议开发外包其实意味着更低的技术风险、更低的商业风险以及更低的执行风险。

专属还是开源？

假设你想造一辆汽车。你需要具备外壳、内饰、发动机、变速器、车轮、电子设备以及其他配件。你可以从头到尾一手包办——自己制作外壳、内饰、发动机、变速器以及车轮。这些配件又包含许多细分零件，以至于你不得不开办一个养牛场以便生产皮革。无论在现实世界还是数字世界，这样的生产模式早已销声匿迹。在现实世界里，你可以从这家公司挑选轮胎，从另外一家公司购买内饰，当然也许会自己动手设计制造汽车的外壳。

在软件领域，世界各地的许多人通过分工合作，创建了一个"精选软件"图书馆。他们认为这种开源软件运行效果更好，而且可以免费使用。然而，免费其实是一种误导。假设所有配件都可以免费获取，你可以从货架上随便挑选组装汽车所需的各种配件，但整合这些配件依然需要技巧，而这并不是免费的。

中心化还是去中心化？

为了制造汽车，像丰田、福特、宝马这类中心化产业霸主都会雇用一个设计团队来决定各种配件的最佳搭配，同时还有一个装配团队负责在生产线上把各种配件组装起来。同样，CNN 和福克斯这些中心化传媒巨头也是将各种内容过滤、整合、编辑加工后发送到用户界面（电视节目或网站）。

另一种路径就是像维基百科那样，成为一种"免费的百科全书，由使用它的人共同撰写"。根据维基百科网站介绍，"任何人都可以对几乎每一页进行编辑——我们鼓励大家勇于参与"。这个理念在某些人看来十分可怕，而在其他人眼里却极其有效。维基百科堪称去中心化进程或去中心化应用的典范。

我们如何保证维基百科不会遭到破坏？会不会有人在上面胡言乱语或者发布一些恶意的东西？如何保持它的品质和诚信？针对这些担忧，维基百科制定了一套社区治理的规则。正如其网站所言："发现不足之处并予以改进（例如，纠正拼写和语法错误），为提高可读性而重新改写，增加内容或删除非建设性言论。如果你希望增添新的事实，请尽量提供参考材料以便使其得到验证，或者把它们提交到文章的讨论页。对争议性话题以及维基百科主页的更改通常应当事先进行讨论。"

与维基百科一样，许多社区正在遵循相应的治理规则，围绕共同的愿景和理念，齐心协力建设各种去中心化项目。一般而言，他们的工作方式与汽车的设计和组装团队类似，就是把不同的开源代码整合在一起，创造出一个去中心化的应用（decentralized application）——我们称之为 DApp（发音为两个音节：D-App）。

目前，去中心化应用尚处于发展阶段，还存在不少争议，其定义通常包含以下几个方面：

- 代码是开源的并可以自主管理。
- 使用区块链储存交易记录和数据，提供"无须信任"的互动，并且可以避免任何一个故障点。
- 使用加密代币作为交易媒介，奖励那些在网络上成功验证交易或提供服务的用户。
- 通过加密算法产生代币。

去中心化应用包括三大类：

- 第一类是拥有自己区块链的去中心化应用，比如比特币。
- 第二类是利用第一类的区块链建立的去中心化应用，这些应用就是一些协议，需要代币才能发挥作用。例如，比特币的 Omni Layer 就是建立在比特币区块链上的一种数字货币和通信协议。
- 第三类是利用第二类的协议所建立的去中心化应用，包含更多的协议，同样需要代币才能生效。例如，SAFE Network（一个开源的去中心化数据存储和通信网络）就是利用 Omni 协议发行安全币。

≫　超级账本：开源式区块链

来自科技、金融服务、商用软件以及咨询领域的众多大型企业和实体，比如 Linux 基金会、IBM、英特尔、思爱普（SAP）、摩根大通、富国银行（Wells Fargo）、埃森哲（Accenture）等，它们共同启动了一个伞形项目，旨在合作开发开源式区块链以及相关工具。这个项目被称为

"超级账本"（Hyperledger），或者"超级账本工程"。

IBM 对此项目做了如下描述："超级账本参与各方旨在开发、部署和使用一些透明、可信、互通的企业区块链。为此，IBM 选择'超级账本架构'（Hyperledger Fabric）作为 IBM 区块链平台的基础。我们正在依托一个开源式区块链创造附加值，这样各行各业就能够在区块链征途上竞相驰骋。"IBM 进一步表示，加入超级账本联盟的公司已经达到 250 个，并且贡献了超过 3600 万行代码。

协议代币与应用币（或应用代币）共同作用

当我们在以太坊平台上创造凯文币时，有一个系统可以使用两种不同的硬币（或代币）相互合作。由于"硬币"（coin）和"代币"（token）这两个术语容易混淆，我们将其分别称为协议代币（protocol token）和应用代币（App token）。

我们之前提到的凯文币只是一种建立在以太坊底层协议上的应用代币，而以太坊则是使用自己的协议代币。这种应用代币的存在方式及其交易的记录、登记和编辑方式，均依赖于协议代币——底层区块链以太坊。

我们假设有 100 种不同的凯文币，它们都建立在一个协议上。由于有很多用户需要利用这个协议来创造应用代币，协议的价值就会水涨船高；而凯文币则无人问津，因为它既无市场需求，也没有任何潜在的经济价值。然而，如果我们创造一种附属于凯文币的证券型或投资型代币，就可以把公司 25% 的利润分配给凯文币的持有者。这无异于点石成金，凯文币不仅拥有了潜在的价值，而且可以媲比世界上其他任何一种投资。因为，此时它的价值与其附属公司的价值已经绑定在一起。

如果我们想在另一个协议之上创造一种实用型代币，那情况又会如何呢？我们可以创造一个虚拟世界，在这里凯文币被视为有价值的货币（以我们的虚拟俱乐部为例），它也许是一种使用权或某个游戏中的一种特权——但它缺乏直接有形的经济权益或价值。通过这种方式，凯文币可以变成一种建立在一个底层协议上的应用协议。

我们的系统可以分为三个层次：

1. 应用；
2. 应用协议；
3. 底层协议。

在这个框架下，应用程序的用户可以使用或受益于基于区块链的应用程序，却不需要做与底层应用程序相关的工作。同样，"工人们"以及"投机者们"可以投资、加盟或者效力于他们认为有价值的网络（他们认为自己的投资或劳动终将获得回报）——这与他们是不是底层应用程序的用户无关，也有别于底层区块链协议的维护工作。你可以有不同的用户，访问不同的平台，追求不同的利益，大家出于不同的动机一起完成基础性工作，并共同获得一种极致的用户体验。

其他层面

通过一部手机，你可以很快下载并连接不同的应用程序。众多应用程序通过同一个设备——手机为你提供便利。这些应用程序有的是独立的（如手机自带的简单计算器），有的虽然是独立的但需要从其他地方获取数据（如天气预报应用程序）。最终，各种应用程序可以融为一体。

Instagram 之所以运行流畅，那是因为它集成了手机内置的相机应用程序。Instagram 既不需要创建底层硬件（相机），也不需要开发驱动软件（相机应用程序）或保存照片的相册（这项功能可由一个独立的应用程序比如 iPhoto 来完成）。重要的是，这些不同的应用程序可以相互结合或者彼此"交谈"。不同的应用程序通过所谓的应用程序界面（API）整合起来，从而使硬件、软件、操作系统以及网络系统实现相互"交谈"并分享数据。

这些为数众多的界面都是标准化和通用的。例如，Instagram 并非唯一可以拉入照片的应用程序，因此我们无须重起炉灶，而是可以利用开源（或自定义）软件以及标准化（或自定义）应用程序界面的组合来创建各种桥接。同理，我们也有无数的标准化通信协议，其中许多都能够与开源软件相互作用。

有些桥接需要一次性单独使用。例如，我想上传一张照片到 Instagram 并予以发布。也许我以后还要发布另外一张照片，但在此之前，我并非一定需要那个桥接。其他的桥接更具有动态性。例如，像 Mint.com 这类预算软件每天都从多个来源（你的开户行、信用卡和退休计划等）提取数据。这些数据全部汇聚到一个信息处理界面，从而为用户提供实时更新的个人财务画像。Mint.com 从你的开户行接受信息以及 Instagram 接收照片的过程被称为"呼叫"（call）。Mint 呼叫你的开户行，开户行做出回应；Instagram 呼叫你的相册，相册也会做出回应。由于呼叫是一个事务性的、日常的或实时的过程，因此数据也可以同步得到更新。这种交互性提高了区块链协议的功能和益处，它有助于强化验证、信任和安全，并促进用户之间以及系统之间的相互协作。

接下来你还想知道自己是不是应该信任某人或某事，你可以通过各种信息来源对其进行检测、验证，然后确定其可信度。如果你的回答是肯定的，而且你对各种信息来源都感到放心，那么区块链很可能就是解决信任问题的有效途径。假若如此多的信息来源依然让你对区块链在消除信任鸿沟方面的作用没有信心，那就另当别论了。

支柱三小结

区块链旨在消除信任鸿沟。它可以确保数据安全，能够决定谁拥有使用权，还可以用于执行合约。区块链可以使所有与交易相关的合约和协议（包括货到付款）自动生效。一旦交易各方达成条件，网络上就会留下编码，并按照各方约定的条件执行订单。区块链可以使合约执行成为一种预先确定的现实。它之所以有这样的功能，是因为它会奖励那些网络参与者（即合约的执行者）——只要他们参加就会得到奖励。区块链不会只用一个执行者，那样做会导致风险和激励冲突。相反，它会发动成千上万名执行者，为主要的执行者创造奖品，同时也给那些检查和验证主要执行者所作所为的参与者提供一些小奖励。假如奖品的价值超过执行合约所产生的成本，这个专门执行合约的市场就会兴旺。

作为世界上历史最为悠久的信息技术跨国公司，IBM 在自己的网站上这样介绍区块链："区块链对于商务的作用，就像互联网对于通信的作用。区块链为执行各种交易提供了更好的方式。这是因为：（1）它是分布式的；（2）它是有权限的；（3）它是不可篡改的——即便是系统管理人员也不能删除交易。"

区块链技术可以根据个人喜好进行聚合或解构。一方面，它可以是一种从底层逐步建立起来的协议或应用程序，就像为特定用户群而建立的内联网。另一方面，它可以完全外包给生态系统中的其他供应方，应用程序中需要定制的任何需求都可以做到分散和开源，通过标准的或自定义的应用程序界面与其他几乎所有的系统实现交互。这种在不同应用程序之间共享信息的能力，意味着区块链的各种应用以及各种代币在某个特殊利基领域（niche）都具有一技之长。有的应用程序擅长于支付，有的擅长于身份验证，还有一些可能在安全存储方面有独到之处（如数字钱包和数字保险库），有的针对财产确权，有的专门用于资产代币化。每种应用程序的功能不一定非得面面俱到。这一点在网上和你的手机上都很清楚，但这个简单的道理对于许多刚刚接触区块链的人来说还有些不明就里，他们以为区块链的每样东西都需要从头发明创造。其实大谬不然。

除了上述特点，区块链还可以推动去中心化和开源结构，在相关领域独具所长，能够创造不同的权限，可以在垂直堆栈中进行使用。这些能力意味着区块链的规模能够以前所未有的速度不断拓展，其结果将彻底颠覆传统的互动方式和商业模式。虽然区块链能量强大，但它不能包治百病。它只能解决网络内部存在的数据信任鸿沟问题，区块链之外的数据仍然需要遵循传统的验证程序。

第十章
支柱四——作为一门"技术"的资本市场

在我们看来，衍生产品就是一种大规模杀伤性金融武器，它们都暗含着潜在的致命危险。

——沃伦·巴菲特

迄今我们已经介绍了四个支柱中的三个：无风险利率的概念；基于货币信用理论，对他人资产的有担保债权可以创造货币；消除信任鸿沟的区块链。我们的第四根支柱是现代资本市场的构建与发展。

技术并非只是有形的设备。它们也包括知识产权、业务流程以及方式方法创新。例如，产品组装线就是一种新流程、新技术和新的生产方式。虽然我们的金融体系还存在诸多问题，但它依然是先进技术和新方法（先进业务流程）的缩影。这些新流程可以使你在自己的国家几乎不用携带现金，出国旅游也只需带一张信用卡。它们使绝大部分人常常能够以很低的利率获得信贷用于日常开支、教育、住房和经营。虽然技术进步比比皆是（屏幕越来越大，速度越来越快，功能越来越多，而价格却越来越便宜），相对而言金融服务的进步似乎更加微妙，但长期来看这个领域的进步却更为显著。我说的是什么意思呢？在今天的金融市场，几乎所有的东西都与 1920 年迥然不同，更不用说与 1820 年相比了。

由于这些进步可能会成为潜在的"大规模杀伤性金融武器"，因此我们必须把金融工具与金融工具的应用区别对待。例如，刀子是一种非常有用的技术成果，是烹饪和日常生活中不可或缺的工具，但它同时也可以用来行凶杀人。当我们在审视这些技术进步时，必须将其功能和可能性与使用这些工具干坏事的行为区别开来。

什么是资本市场？

投资百科给资本市场的定义是："从一些实体中筹集资金并配置给其他需要资金的实体。资本市场的核心功能是提高交易的效率，使每个实体无须单独去查找和分析交易对手、订立法律协议以及完成资金划转。"

这是一个不错的描述，我想在此基础上厘清以下几个核心观点。

资本市场旨在使资金的供求双方互相匹配。

- 资本市场可以改善交易的整体效率。
- 中心权威机构监督资本市场，防止出现欺诈或其他风险。
- 资本市场被托管在以计算机为基础的电子交易系统之中。
- 资本市场背后有成千上万个这类电子交易系统。

资本市场有许多子系统。为了更好地理解无界货币，我们主要从整体上探讨货币市场基金的奥秘及其基本要素——商业票据（Commercial Paper）与回购协议（Repurchase Agreements）。我们还必须了解证券化——它是什么，它如何运行，它可能导致的善恶美丑。

什么是货币市场账户？

如果你把钱存入一家银行或金融机构（不管是你的工资支票还是你祖母给的"生日红包"），你大概不会指望它们把你那些支票用你的名义以现金形式存放在金库里。实际上,无论是祖母给你的支票还是公司发给你的工资支票,都不是实物现金,而只是把"记账单位"从一个记录转移到另一个记录。在美国,这些记账单位有可能是你雇主付给你的"美元"。这些美元既不是对任何东西的债权,也不能兑换任何东西。它们仅仅是被人们视为有价值的记账单位——通货或货币。它是一种交易媒介(其他人愿意接受我的记账单位)、一种交易单位(我理解为什么有的东西只需 1 美元而有的却要花 1000 美元,并且能够把它与自己联系起来)和一种储值手段(我可以把自己的货币以数字或实物单位形态保存起来,并用这些数量的记账单位购买相应的商品)。

这些记账单位(如美元)绝大多数通过电子处理程序(如"直接存款")转入你的银行账户,然后又转出用于支付你的按揭贷款、水电费以及其他账单。这些转账可以通过电汇实时发生,但更常见的是通过自动清算所(ACH)的电子转账系统(ETF)每天一次集中处理。这些转账——无论转入还是转出——都需要有相应的账户,比如你的银行账户。

我妻子比我小 10 岁。我从她那里发现,许多年轻人并不熟悉货币市场。这是因为货币市场自从 2008 年国际金融危机以来经历了巨大的变化。因此,我们在考察货币市场发展时有必要将其划分成两个不同的历史时期——2008 年以前和 2008 年之后。

2008 年以前

许多银行账户存在这样一个问题:它们给出的利率比较低,有时甚至为零。因此,在 2008 年以前,我的个人银行账户差不多有十年都是一种货币市场基金账户。我使用这个账户处理各种日常交易——开支票、从 ATM 上提取现金、在线支付账单以及网上付账。我所有电子资金的转入和转出以及其他各种业务,都可以通过货币市场基金完成。我的货币市场基金账户有点独特，它不像别的需要保持1000美元以上的活期存款，也不会成天向你营销各种增值服务。这并非它们从技术上做不到，而是因为许多人通常不喜欢在支付活动中被各种营销"杂音"骚扰。

我对自己的货币市场账户十分满意，因为我从中获得了比传统活期账户更高的利率。在2008年以前，各种货币市场基金不仅可以产生利息，同时还能维持每份1美元的净资产，因此它们被视为与银行储蓄账户同样安全和无风险的账户，具备银行账户的各项特点，却又能提供较高的利率。但这一切，在2008年骤然改变。

2008年之后

2008年9月17日，规模达数十亿美元的储备基金（Reserve Fund，该基金的创始人在30年前发明了货币市场基金）的管理者们宣布基金"跌破面值"，也就是说每份基金的价值低于1美元，投资者甚至可能会赔钱。"我们现在的确陷入了前所未有的困境，"基金行业内部简讯《克莱恩数据》（Crane Data）总裁皮特·克莱恩（Peter Crane）告诉《纽约时报》。震惊之余，美国财政部立即向货币市场基金伸出援手，提供一项为期一年的临时担保计划以防止更多的货币市场基金重蹈覆辙。

一个30年屹立不倒的基金瞬间崩盘。跌破面值这件事非同小可，它意味着你的现金出现亏损。比如，你刚刚存进账户的工资，原本你认为值5000美元，而现在却只值4850美元（每份储备基金的净资产跌至97美分）。这并非货币市场基金首次跌破面值。1994年，社区银行家政府货币市场基金（Community Bankers Government Money Market）的面值曾经跌到94美分。你很难想象，一种你曾以为万无一失的投资竟突然变脸。这到底是怎么回事？

货币市场账户或货币市场基金？

我们经常听到货币市场基金（money market fund）和货币市场账户（money market account）这两个概念。货币市场账户通常由政府提供担保，而大多数货币市场基金却不是。货币市场基金颇似共同基金，但其价值或每份的价格比较稳定（即钉住 1 美元），不会变化无常。其结果是，基金产生的一切收益首先用于支付费用，盈余部分作为一种比较高的利息（或分红）派发给基金持有者。从操作上来说，货币市场基金与货币市场账户在支票业务、存款、银行特征、权益分配等方面的运行机制几乎相同，二者拥有很多共同之处。为了便于讨论，我们将集中分析货币市场基金。

什么是货币市场基金？

货币市场基金由许多贷款组成。这些贷款通常有很高的信用评级，这意味着借贷方被某个中心权威机构或评级机构认为具有较强的偿债能力。在目前环境下，有一家中心权威机构（即美国政府）认为投资自己的债券——一种毫无资产支持的债权不会有风险（这真是天大的讽刺）。评级机构是另一种形式的中心权威机构，其职能是评估债券的质量。它们可能会认为借给一家大型老牌机构的短期贷款（如隔夜拆借）不会有风险或者基本上没有风险。

商业票据

借给大型公司的短期贷款被称为商业票据。一般而言，商业票据不需要任何特别的抵押，它只是对借款公司的一种普通的无担保债权。正如投资百科所解释的那样:"举例来说,商业票据就是一家零售商为即将到来的节假日备货而进行的短期融资。如果该公司需要 1000 万美元,按照当前的利率水平,它就出具 1010 万美元面值的商业票据换取 1000万美元的现金。也就是说,为了获得这 1000 万美元的现金,票据到期时公司需要支付 10 万美元的利息,相当于 1% 的利率。这个利率可以根据时间长短相应调整,视商业票据的到期天数而定。"

商业票据的重点在于,放贷者不会得到任何库存品作为抵押,甚至对零售商借钱采购的那批库存商品也没有专门的债权,而只是对购买那些商品的零售商有个一般性的债权。梅西百货为圣诞节备货,或者一家大型汽车经销商为了竞争而增加库存,它们通常都要发行商业票据进行短期融资。

回购协议

货币市场基金的另一个常见组成部分是回购协议,其过程是:有人在一天结束前出售某种东西并约定于次日购回,此举的目的是筹集资金。例如,假设你晚上睡觉前将车卖掉,第二天早上再买回来并开着它去上班;或者你外出度假前把车卖掉,休假结束时再把它买回来。这样你立刻就会获得一笔现金,并用它做你想做的事情。买主则拥有了你的汽车。

需要澄清的是,回购协议中的抵押物通常不是汽车,而是像政府债券这样具有良好流动性的资产。虽然从技术上来说这是一个买卖过程,但由于回购协议期限十分短暂,因此它通常被视为一种特殊形式的贷款。然而,正因为它们在技术上而言是一种购买行为,所以它们也是非常安全的。

虽然隔夜资金很有用处,但有时人们需要更长期的资金。在这种情况下,市场上便产生了一种所谓的开放式回购协议(Open Repurchase Agreement)。根据投资百科的解释:"开放式回购协议,又称按需回购

（on-demand repo），其原理与普通回购协议相同，只是交易商与交易对手约定此项交易不设定到期日。不仅如此，交易双方中的任意一方都可以在约定的每日最后期限之前通知对方终止交易。如果一份开放式回购没有终结，它就会每天自行滚动。利息按月支付，利率则由交易双方共同协商后定期调整。开放式回购协议通常用于投资现金或金融资产，交易双方都不知道这项投资需要多长时间。"

本质上而言，回购协议是一种按需进行、有担保、有抵押的债务形式。美国证券业与金融市场协会（Securities Industry and Financial Markets Association）2018 年 9 月公布的数据显示："美国市场上尚未完成的回购协议规模达到 2.2 万亿美元。这个市场是美国金融体系中一个极其重要的组成部分，但却一直未能得到充分理解。回购市场为公司参与短期融资提供了一个富有流动性的、高效的、经过测试的、安全的渠道，企业可以通过回购协议为其日常经营活动筹措资金。由于回购协议在出售金融资产的同时承诺在将来购回这些资产（多数情况下，回购约定在第二个交易日完成），这类交易具有抵押贷款的经济特征——现金对抵押物——经常被短期机构现金投资者当成有抵押物的货币市场工具，并被交易商用来为证券长期头寸融资。"尽管 2.2 万亿美元看起来是个很大的数字，但其实这只是全球回购市场的一小部分。纵观北美、欧洲、亚洲、澳大利亚以及非洲和南美洲的部分地区，全球回购市场的规模远远超过这个数字。

回购市场的效率

通常情况下，利率都是正的，这意味着人们借款需要付出一定的成本。当你得到汽车贷款、住房贷款或助学贷款时，你必须为获得这些资金的使用权而向银行支付利息。

截至 2019 年 2 月 1 日，欧洲市场的回购基金利率（Repo Funds

Rate ，RFR）如下：

- 欧元区：−0.43%；
- 比利时：−0.461%；
- 法国：−0.438%；
- 意大利：−0.398%；
- 荷兰：−0.489%；
- 西班牙：−0.435%。

没错，这些回购利率都是负的。负利率意味着放贷者反倒要向借贷者支付利息。放贷者究竟为什么要向借贷者支付利息呢？这是因为市场参与者要"为资金安全而付费"。表面上看，这种想法似乎十分疯狂，但为确保资金或者贵重物品的安全而付费实际上是一个古老的习惯。古往今来，人们一直在为保存自己的物品向各种中心权威机构（如银行、政府）付费。假如你还不熟悉银行保管箱业务，你可以付费给银行并租用一格保险箱体验一次。这样你就可以享受到银行极其安全的金库设施——警卫和保安系统，而你只需付出很少的代价。同样重要的是，你只为自己所需要的空间付费。黄金自然是不会产生利息的。如果你为了保存那些黄金而向银行付费，你实际上就遭受了负利率。显然，市场参与者认为银行的金库极其安全，甚至比把钱作为储蓄存在银行还要安全，因为储蓄毕竟要面临银行破产的风险。

我们在论述第一支柱时就提出了无风险利率的概念；第二支柱的概念是，无风险利率和货币可以通过借款行为和货币信用理论进行创造。回顾上述内容，可以说回购协议满足了借贷双方的需要：一方获得了流动性，而另一方则获得了安全保障。理论与现实在此交汇。如今，我们在欧洲的回购市场上看到了这一现象——通过一种借款行为，从而实现绝对安全与流动性的完美结合。我们在商业票据市场也可以看到同样的现象，最终它们构筑起了货币市场基金。

回购协议与我们的第三支柱区块链有何关系？

为了理解区块链如何进入我们的视线，我们需要弄清楚回购协议的某些原理。按照投资百科的解释："最常见的一类是第三方回购（third-party repo，也被称为 tri-party repo）。在这类交易安排中，一家清算机构或银行执行买卖双方的交易并保护双方的利益。它们持有证券，保证卖方在协议开始时收到现金，同时也保证买方向卖方划转资金，并在协议到期时交付证券。"投资百科的文章进一步解释说：除了充当中立的第三方，这些清算机构还要敦促市场各方遵守事先约定的规则，并为交易提供结算服务。重要的是，这些第三方不用撮合买卖双方。它们只需确保各方遵守交易规则。投资百科估计，回购市场上90%的交易都是通过这种方式清算的。

现在，我们再回到区块链的几项重要功能——去中心化、消除信任鸿沟、自动完成合约。让士兵、警犬、特工和会计们都准备好了，我们即将对资本市场做进一步的探索。

什么是证券化？为何人们对它抱有偏见？

证券化（securitization）就是把一份贷款分散给若干出资人，以便共担风险。许多人把住房抵押贷款证券化视为2008年国际金融危机的罪魁祸首，导致证券化声誉扫地。自从那次住房市场和股市暴跌以来，媒体和学界一直为此争论不休，所有的人都能找到充足的数据来支持自己的论点。尽管如此，实际上证券化本身无所谓好与坏。诚然，2008年那场危机贻害无穷，住房抵押贷款证券化难辞其咎。但是我们设想，有人因醉驾而导致了一场严重的伤亡事故，这不应归罪于汽车，责任在于驾驶汽车的人。长期以来，证券化本身一直广泛应用于金融业的各个领域，从助学贷款到住房抵押贷款，就像醉驾事故中的汽车一样，它充当的角色都是无辜的。导致 2008 年国际金融危机的祸根完全在于那些鲁莽的"汽车驾驶员"，而不是汽车本身。

2011 年，美国仍然在金融危机中苦苦挣扎。罗伯特·萨缪尔森（Robert J. Samuelson）在《威尔逊季刊》（*Wilson Quarterly*）上发表了一篇题为"反思大衰退"（*Rethinking the Great Recession*）的文章。他指出，美国人"把每一场重大危机都变成了一个说教故事，其中的好人与坏人泾渭分明，并相应受到褒扬和鞭挞"。萨缪尔森写道，由于政客、新闻记者以及知识分子都以为自己必须义不容辞地站出来揪出并公开谴责危机的祸首，一时间"各种书籍、文章和研究报告连篇累牍地描述这场危机的经过：住房市场泡沫的形成，结构复杂的住房抵押贷款支持证券激增，伦理和法律方面的各种断章取义常常为一些可疑但唯利是图的行为辩护"。萨缪尔森认为，这个罪与罚的故事忽略了关键的一点，因为始于 2007 年的大衰退就是繁荣与幻灭的真实写照。美国的通货膨胀在经历了 20 世纪 80 年代初的一路飙升之后，在 80 年代后期开始逐步回落，从而引发"自信心恶性膨胀，并成为盲目借贷、过度消费、金融投机、监管失察的催化剂，最终导致泡沫破裂"。

事实上，证券化的好处比比皆是。其风险分担机制可以降低利率成本，从而使学生可以贷款上大学、购买自己的第一辆汽车以及第一套住房。如果没有证券化，对一部分人来说这些事情将难以实现。对于在人生某个时段想成家立业的许多人而言，证券化无疑降低了他们的资金成本。通过提供大量低成本的资金，证券化成为人们金融生活中的核心内容，因此它显然不应当被污名化。从本质上来说，证券化完全是一个中性的概念——正如生活中的许多事情一样，只是我们人类在应用过程中把它带到邪路上去了。

证券化的运行机理

为了理解证券化，我们不妨假设有一老一小两位女士，她们两人都十分富有。年轻人有 2000 万美元用于投资，而老年人则有 8000 万美元可以投资。某家银行正好有一个由 500 笔住房贷款构成的贷款组合，面值为 1 亿美元，利率为 5%。这两人决定倾囊而出，合伙从银行买下这些贷款。

这两位合伙人根据出资份额平等分配收益。如果按照 5% 的利率计算，那么年轻投资者将通过这笔投资赚取 100 万美元，而老年人则赚到 400 万美元。这两位合伙人还约定分担所有的额外收益或亏损，老年人占 80%，年轻人占 20%。这是一个简单的结构，但对她们任何一方来说可能都并非最优选择。也许年轻人想要更多的投资收益，而老年人则希望投资更加安全。

另一种可供选择的方案是，年轻投资者决定用自己的 2000 万美元赚取 10% 的收益率。但饼只有这么大，如果年轻投资者每年赚走了 200 万美元，那位老人就只能赚到剩下的 300 万美元。老年投资者表示自己可以只赚 300 万美元，但作为交换，风险和回报不再均摊。在年轻投资者赔光之前，老人不会承担丝毫的损失。这位老年人实际上是在花钱买安全。她并没有付出直接代价，只是每年少赚 100 万美元，但却相当于增加了一份 2000 万美元左右的"保单"以避免任何损失。通过稍微改变一下投资收益规则，这两位合伙人就实质性地改变了其投资的风险特征。

年轻投资者的情况又如何呢？对她来说这也是一桩潜在的好交易。她关注到银行那些基础性贷款，发现其背后的抵押物是价值 1.25 亿美元的房产。一旦借贷者停止偿债，投资者就有权止赎，治安官便会上门撵走房主，投资者则可以把房屋出售抵债。年轻人相信，假若这些房屋的估值很好，自己的投资就不大容易亏损，因此她接受了交易。年轻投资者针对这笔抵押财产做足了功课，而老年投资者在某种程度上只是依赖年轻人的努力。

这笔投资的时机不错，年轻人的回报率一下从5%跳涨到10%，提升了100%。不过，现在我要问：这笔交易有没有可能出现亏损呢？

我们来看看以下情况。如果房价下跌20%，年轻投资者原本认为值1.25亿美元的那些房产现在缩水到1亿美元，此时情况会如何？不要紧，无论是年轻投资者还是老年投资者都毫发无损——只是有点紧张而已。在这个时候，她们谁都没有亏损，两位投资者依然获利。

如果房价下跌30%，那些原来值1.25亿美元的房产现在只值8700万美元，情况又会怎么样？年轻投资者保证过将损失算在头2000万美元上，因此她那笔2000万美元的投资就亏损了1250万美元。她的投资下跌了62.5%。那位老年投资者也许感到紧张，但她的钱仍然一分不少。

假如房价下跌37%呢？此时原来值1.25亿美元的房产现在只值7875万美元。那位原本以为可以"高枕无忧"的老年投资者也亏损了125万美元，相当于她投资额的1.5%。毫无疑问，那位年轻投资者已经赔光出局。如果这种情况出现在货币基金市场，就意味着基金跌破面值。

正是因为这样的惨况，证券化才遭到世人的诋毁。但这也正说明了证券化本身并没毛病，而是证券化的应用出现了问题。导致2008年国际金融危机的问题之一就是，市场普遍缺乏透明性，投资者看不清那些经过层层细分的证券化贷款池背后的基础性资产的价值。激励机制也是一个问题，它驱动人们得寸进尺，不断突破边界。如果货币市场拼命追逐收益率而置安全性和保障性于不顾，那么投资组合经理就会想方设法推出收益率超高而不是安全稳妥的产品。实际上，这些激励冲突发生在市场体系的每个层面——房屋所有者、抵押贷款经纪人、估值机构、银行、资本市场以及投资者。它酿成了一种有毒且易爆的组合物，但问题并不在于证券化结构本身。关键是要看我们如何在证券化过程中趋利避害，而区块链在这方面可以大显身手。

次级化的运行机理

当你获得一笔贷款，它一般来自银行。银行通常会把这笔贷款的债权持有一段时间，然后与其他类似的贷款债权组合，打包成一个证券（投资）品种，卖给一群投资者。投资者预期借贷者会陆续偿还贷款。这一过程可以迅速撮合借贷者与放贷者，并将贷款转变为证券。如今它已成为资本市场的日常功能，投资者可以自行决定如何分配收益与分担风险。

难道不是每个人都希望平等地共享风险和收益吗？其实多数情况下并非如此。这与前面我们分析的80岁老人与40岁女士的例子有颇多相似之处。有些投资者坚持安全第一；有些投资者则是希望追逐更高的收益率。正如这些目标可以通过双方的借贷交易来实现，它们同样可以通过投资证券来完成——采取这种方式时双方分享的风险与收益各不相同。这种结果可以通过一种被称为次级化（subordination）的方式来实现——一个或者一群投资者愿意首先承担风险以换取更高的收益。通常情况下，要等这群投资者亏光了，其他投资者才开始亏钱。通过这一过程，一组贷款可以被组合成各种证券，每种证券具有不同的风险和收益特征。

现在我们再回过头去看前面那个例子。如果不是有2000万美元的年轻投资者承担风险，而是有8000万美元的老人为那2000万美元的安全投资充当兜底的缓冲器，他们共同买下了那组以价值1.25亿美元的房产为抵押的贷款。只要那些抵押房产的价值下跌不超过84%，那笔2000万美元的投资都不会出现亏损，追求安全的投资者仍然可以保本。这是因为那笔2000万美元的贷款受到1.25亿美元资产的保护；2000万相当于 1.25 亿的 16%，这意味着在其余 84% 的投资率先亏光之后，第一个 16% 才会面临亏损。虽然这种情况在美国从未发生过，但房价的确有可能下跌 84%。管理风险的办法之一是增加房屋的数量以及扩大房产池的地域分布范围。例如，尽量不要用一幢价值 1.25 亿美元的豪宅作为抵押物，而是用 250 套价值分别为 50 万美元的住房（或者总值为 1.25 亿美元的许多住房）组合成抵押物。如果这样还不够安全，那么系统还可以进行无限的迭代。

通过细分方式规避风险

我们首先假设有一个由 4000 人组成的群，每人出 5000 美元（合计 2000 万美元），凑在一起，共同的目标是用这些钱赚取 10% 的收益。与此同时，另外有一个由 16000 人组成的群，他们也是每人出 5000 美元形成一个 8000 万美元的资金池，其目的是寻求一种安全的储值方式。重要的是，这些参与者不必投资同样的金额，既可以投 1 美元，也可以投 10 万美元甚至 100 万美元。人们参与投资的资产组合的数量也不受限制，这样就可以创造出另外一个潜在的定制层。该系统提供了无限的灵活性，可以将投资分解成任何单位。

证券化能够进行无限的细分。你可以把投资者分成三组：一组分摊资金池份额的第一个 5% 以及损失的第一个 5%，并追求 20% 的收益率；另外一组可以分摊资金池份额的 40% 以及亏损的 49%，并希望得到 10% 的收益率；还有一组人愿意以零收益率接手最后的 5000 万美元，因为他们认为这笔投资是无风险的。

如果你觉得还不够安全，那还可以采取一些措施，比如添加更多的次级层或更多的抵押物、使基础贷款更加分散、将期限改为隔夜拆借以及附加一份"保险"——你可以重复使用这些方法，直到你确定这笔投资毫无风险。

如果你担心自己不能判断什么投资才没有风险，那么去中心化市场可以助你一臂之力。我不会给维基百科撰写条目，但我一直在阅读它们。来自世界各地的撰文者使维基百科成为一部令人惊叹的大百科全书——它虽然不完美，但却是我见过的最好的百科全书。同样的理念也可以用在去中心化市场。每个比你层级更低的市场参与者都会比你有更强烈的动机去把市场潜在的风险和收益弄明白；每个与你处在相同层级的参与者，其动机也跟你一样强烈。如果价格设置为零，市场就建立起一种大家都认为没有风险的均势和结构。那并不意味着市场毫无风险，但投资资金如果依靠市场规则采取行动，就会比仰仗于一个像政府或评级公司这样的中心权威机构更加靠谱。

支柱四小结

资本市场利用一套复杂的技术系统将资金拥有方和资金需求方相互匹配。资本市场的技术创新推动许多融资活动出现了巨大的进步，其中包括创造了货币市场基金及其关键要素——商业票据和回购协议。从技术上来说，货币市场基金有可能具备与常见的银行账户一样的功能，提供支票、ATM、借记卡、资金转账以及你所知道的其他各种银行服务，如今某些货币市场基金就是那样运行的。

一般来说，货币市场基金包括发放给持有资产的政府、公司、个人或法人的各种贷款。这些贷款有时是有抵押的，有时则没有。但无论是哪种情况，这些贷款都被视为十分安全，因为通常由一家中心权威机构（如监管机构或政府）来决定什么资产可以进入货币市场。这其实就是"货币信用理论"的实际应用——贷款变成了货币和储值手段。今天发生的情况表明，这个理论的确能够转化为现实。

资本市场的某些领域非常高效。其效率如此之高，以至于没有人担心会发生亏损，事实上人们还会为这些交易的安全付费。负利率就是一个典型例子，人们居然要向借贷者付费。这种情况如今在世界上很多地方都已存在，因为抵押贷款在人们看来非常安全，毫无风险。由此表明，无风险利率可以通过以资产为抵押的借贷行为来实现，甚至对那些非常可靠的借贷者而言，没有抵押的短期贷款债权也可以做到零利率或负利率。这种现象如今也是屡见不鲜。

所谓证券化，就是把许多贷款集中起来，使之由个别的贷款变成一种证券或投资品种。证券化通过对贷款、现金流和清偿优先级进行不断的归类、细分以及编组，从而使不同的投资者实现风险分担和收益共享。

在这个生态系统中，区块链大有作为。它可以按照市场参与者制定的规则自动执行合约——完成交易结算，抛开中间人，消除信任鸿沟，使交易去中心化。区块链可以通过一些实用型代币在某个专门执行该项任务的协议上运行来实现上述目标。它也可以为证券化过程中不同的参与者创造投资型代币或参与权。最后，区块链使证券化的整个过程，包括每个层级、每一件抵押品以及所有的数据，都变得安全和透明。

第三部分

概　念

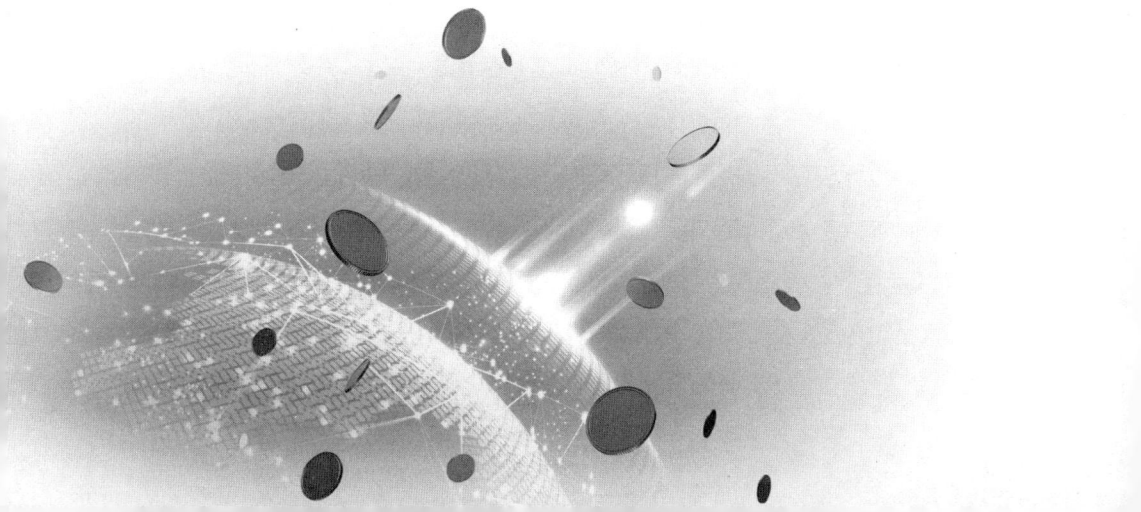

第十一章
超越时空

报告船长，银河系中最危险的武器是金钱。

——莎廷·克里兹女公爵

（《星球大战：克隆人的战争》）

假设我搭乘太空探索技术公司（SpaceX）的宇宙飞船来到火星，在经历了一场苦不堪言的漫长飞行后，我迫不及待想喝上一杯饮料。当我走进自己经过的第一家酒吧后，如果我在柜台上拍下一张 1 美元和一张 20 美元的钞票以及我的 Visa 卡，甚至还想刷我的比特币钱包（要是我有的话），我想酒吧招待一定会嘲笑我。但我会不厌其烦地给他解释，这可是我们国家的法定货币，并且在地球上的各个国家都是炙手可热的"硬通货"。但是他凭什么相信我这个外星人？他对我们这个遥远的星球一无所知。他如何才能确认自己可以通过火星上的支付系统（不管这是一个什么样的系统）收到我的账款？由于这个世界缺乏一套让人们可以跨时空进行转账的支付系统，我最后只有渴死了事。

既然货币如此重要，为什么我们不能把它的价值通过便捷和清晰的方式传达给各个地方（甚至火星或外太空）的每个人呢？

这是一个历久弥新的问题，因为地球上的各种文明在相互接触的过程中，都曾经想方设法地开展交易活动。此事的重点不在于我相信地球上的人很快就会与外星人产生互动，而是我认为有必要探寻如何在彼此信任的基础上使某种大家共同认可的储值手段得到流通。

从《星际迷航》到死星

自从科幻小说这种文学形式产生以来，金钱，确切地说是彼此完全陌生的文化之间如何进行金融交易，就成为一个永恒的主题（或者说不解之谜）。《星际迷航》（*Star Trek*）是一部面世最早且经久不衰的科幻电视系列剧，"剧情中多次明确强联邦不使用货币，"《迷航经济学》（*Trekonomics*）一书的作者曼努·萨迪亚（Manu Saadia）在《连线》杂志（*Wired*）上表示。《星际迷航》的故事情节被设定在24世纪，当时人类在经历了第三次世界核战争之后已经统一成一个物种。瓦肯星上的外星人欢迎他们加入银河联邦，同时向他们传授复制技术以消除饥馑。在《星际迷航：下一代》中，让-卢克·皮卡德船长告诉一位低温解冻后复苏过来的20世纪商人："过去300年间发生了许多变化。人们不再辛辛苦苦积攒东西。我们已经消除了饥馑、匮乏和占有欲，人类不再幼稚。"

具有传奇色彩的编剧兼制片人吉恩·罗登贝里（Gene Roddenberry）在1966年播出了《星际迷航》第一集，他在剧中非常具体地提到了24世纪的货币。他说，不仅人类对积攒财富失去了兴趣，甚至连货币也不复存在。在纽约国际动漫展（New York Comic Con）期间举办的一场关于《星际迷航》中的经济学的讨论会上，高客传媒（Gawker）在io9网站的博客编辑安娜丽·纽威茨（Annalee Newitz）表示："《星际迷航》的有趣之处在于，它试图虚构一个没有货币的后稀缺经济社会（post-scarcity economy）。人们不是为钱而工作。人们工作是出于自愿而非被迫。"或者像曼努·萨迪亚在《连线》杂志上所解释的那样：在一个没有物质财富的世界里，培养才能和知识是获取社会地位的唯一方式。

这一切听起来非常乌托邦，十分美妙动人。但在我看来，罗登贝里只不过是找到了一种优雅的方式避免谈论货币这个话题。的确，复制机能够使人们免除购物的必要性，但他们该如何为各种服务付费呢？服务可是每个经济社会中的一项重要活动。另外，瓦肯人经常不得不寻找并使用货币与那些仍然使用货币的行星进行交易。建立一个没有货币的世界，这个想法是非常具有挑战性的，其最终结果将导致许多银河游客连一杯解渴的饮料都喝不着。

在20世纪70年代上映的科幻片《星球大战》（*Star Wars*）中，人们显然都在使用货币。根据投资百科的介绍，《星球大战》中各个星球上存在着数千种货币，但无论是共和国还是帝国，都同时支持银河信用点（Galactic Credit）。这种信用点在靠近贸易中心的内环行星上很有用处，但在荒芜的外环行星上却一文不值。按照《星球大战》维基词条的解释，"乌皮乌皮"（Wupiupi）是一种专供外环行星使用的货币；在一些地区，各种商品被用作临时货币。稀有的新星晶体（nova crystal）经常用于易货贸易，因此它被认为是一种事实上的货币。在《星球大战：原力觉醒》（*Star Wars：The Force Awak*）中，雷伊在外环行星雅克上捡拾破烂并用它们换取食物。投资百科指出："在一个几乎荒芜的星球上，唯一重要的事情就是填饱肚皮、苟延残喘。"

在《星球大战前传1：幽灵的威胁》（*Star Wars：Episode*1 – *The Phantom Menace*）中，魁刚金向阿纳金的主人沃图购买一艘船，但沃图拒收共和国信用点，他说自己需要"更实在的东西"。正如自由派和加密货币的拥趸不信任"十足信用"的美元一样，塔图因星球上的居民也不信任共和国的法定货币。由于控制了银行，银河帝国皇帝希夫·帕尔帕廷可以印制自己的货币。按照圣路易斯华盛顿大学助理教授扎卡里·范斯坦（Zachary Feinstein）的说法，帕尔帕廷打算花41.9万万亿元来建设死星（一个可以摧毁所有行星、如月球般大小的空间站），并为它的舰队提供资金。如果大家觉得这个情节听起来似曾相识，那说明这是卢卡斯电影公司的制作团队有意为之。

"铜片和珠子之类的零碎儿"充当货币

毫无疑问，用整个宇宙来影射地球，这就是科幻小说的魅力所在。正如我们在本书第一章所看到的，我们在货币问题上也面临各种挑战与冲突。当哥伦布远航去探寻和征服欧洲国家的"第一边疆"（与《星际迷航》中的"最后边疆"遥相呼应）时，从未交汇过的文明之间出现了首次相遇——就像人类遇见瓦肯人。每一个文明都有某种形式的货币，无论是易货贸易还是其他形式。大量史实表明，无论是哥伦布及其探险伙伴，还是后来的欧洲定居者，他们都知道如何利用当地的货币制度。1524 年，一位来自佛罗伦萨的航海家乔万尼·维拉扎诺（Giovanni de Verrazano）写道：纳拉甘塞特湾（Norraganset Bay）的土著人"十分珍爱铃铛、蓝水晶和其他小玩意儿，并把它们戴在耳朵和脖子上面"。在弗吉尼亚，约翰·史密斯（John Smith）船长注意到，土著人"个个都对铜片和珠子之类的玩意儿垂涎欲滴"。史密斯船长用一两磅蓝色玻璃珠子从土著人那里换取了二三百蒲式耳玉米（1 蒲式耳大约相当于 27.2 公斤）——然后就与他的贸易伙伴友好分手了。

这些美洲土著人是不是吃亏了？如果他们把这些小饰品带回家，并因为带回了一件之前大家都不曾见过的又酷又亮的东西而受到家人喜爱和赞赏，就可以说这桩交易完全是值得的。斯蒂芬·唐纳利（Stephen Donnelly）在《马萨诸塞州历史杂志》（*Historical Journal of Massachusetts*）上解释道：这些珠子"对美洲土著人来说就是一种交易媒介，其内在价值不亚于欧洲定居者眼中的黄金。因此，当土著人用多余的毛皮来交换定居者的珠子时，他们认为这就是一桩划算的买卖"。从 14 世纪到 17 世纪，在美国和加拿大皮货贸易最火爆的时期，毛皮也被视为一种交易媒介。哈德逊湾公司甚至还制定了一个官方标准——made beaver（冬季收购的一张雄性海狸皮相当于一个 made beaver），它实际上成为一种货币单位。尽管他们从来没有铸造硬币，仅用这个标准也可以作为大家共同接受的记账单位去衡量各种货物（如水壶、毯子、珠子和花边，以及狐狸、马丁鸟、猞猁和狼的皮毛）的价值。

受皮货贸易的刺激，美洲土著人不顾自己的本性，大肆捕杀那些他们曾经赖以为生的海狸、狐狸、水牛和其他动物。从本质上来说，卷入皮货贸易的所有人都在扼杀他们自己的生意，正如唐纳利所称的"无法无天的市场资本主义愚行在可再生资源领域泛滥猖獗"。皮货贸易为极少数人带来了滚滚财富，比如德裔美籍商人约翰·雅各布·阿斯托（John Jacob Astor）成为美国第一个百万富翁；另外还有一批人也曾一夜暴富。但这些人最终导致"动物连同他们自己的生意一起消失"。

从地球这个星球开始，我们似乎一直在努力把货币这件事情弄明白——这也是我们的超级英雄区块链可以大显身手的地方，它可以使"货币"发生一场颠覆性变化，通过为接入节点的第一个（同时也是最薄弱的一个）环节提供验证，可以彻底消除信任鸿沟。美洲土著人知道黄金在哥伦布的眼里价值非凡，而哥伦布也明白那些头饰对土著人来说十分珍贵。哥伦布也许会说："嘿，请放心吧，假如担心我在欺骗你们的话，你们也可以用那些头饰来换我的船。"如果对一项资产设置了远高于其交易价值的索偿权，就可以提供一种完美的储值手段。对资产的索偿权变成了货币，如果能处置这些资产的部分索偿权，哥伦布就会遵守规矩——否则他就会失去其船只。如果他为了一块海狸皮居然把自己全部有价值的东西（船只）都抵押给他们，美洲土著人就不必担心会被赖账，因为哥伦布不会因为一件小事而赔个精光。美洲土著人可以通过区块链来查看他的网络并予以验证。

比特币巨大的电能消耗

货币、商业以及环境破坏是一个永恒的话题。2017年，运行比特币软件服务器所消耗的电能相当于整个爱尔兰全年的用电量；一项最新的研究结果表明，比特币挖矿所需的电能在未来几年将增加近三倍。对比特币挖矿成本的估算目前存在很大的差异。有一项研究估计，比特币挖矿的耗电量相当于 20 个欧洲国家的用电量；而另一项研究则估计它消耗的电能超过了 159 个单独的国家。由此推算，比特币挖矿每年的成本超过 15 亿美元——这还不包括它对环境的破坏。花费如此高昂的代价，仅仅是为了创造一种限量供应和缺乏潜在价值的东西。重要的是，我们知道区块链技术的所有应用都不必如此耗能。毫无疑问，我们还有更好的途径。

超越时空的储值手段

　　无论是在地球上还是在遥远的银河系，曾经与世隔绝的节点开始学习利用极其有限的社交渠道进行互动。在 14 世纪，居住在美国中部的夏延印第安人（Cheyenne Indian）与居住在伦敦的英国人有着截然不同的文化价值观，因为他们之间从未有过接触。当哥伦布在探险过程中第一次与当地人交流时，他需要尽快弄清楚这些人崇尚什么样的价值观，以便通过贸易来统治他们。如果缺乏这种认知，就很有可能导致交易的一方被坑骗。

　　当我们彼此之间存在信息不对称的时候，我就不知道什么东西对你来说才是贵重的，我们最终还会遇到一个验证和信任的问题。在这一点上，我们真正需要的是一种与瓦肯人进行心灵交融的能力，需要一种瓦肯人那样的技巧——仅仅通过手指就可以与其他人心灵沟通。我需要直接从你的脑子里获取完整的信息，了解你如何看待我们的节点相互直连这件事情，因为我知道在交易过程中每个人都有说谎的动机。想象一下，如果我能连接你的网络端口并洞察你所生活的文明，了解你们民族的价值观特别是财产观，准确掌握这些财产相对应的价值——所有这一切都可以从你所在社区的每个成员那里得到充分的验证——这该是多么神奇的事情！再进一步假设，我知道并且很清楚自己有能力确保这些财产的索偿权，只要我相信自己已经连接上你的网络并从你的整个节点接收信息，那就可以从诸多节点得到验证，从而大幅度降低自己上当受骗的概率。

对于美洲土著人而言，这就意味着他们不再仅仅相信哥伦布的一面之词，他们还可以掌握100万个西班牙居民的口碑——甚至不止于此，因为有些西班牙人在法国做生意，这些法国人又与英国、意大利和埃及的一些人有生意往来。一旦这些美洲土著人与西班牙建立起沟通渠道，他们就会理解整个欧洲大陆的储值手段。作为网络所覆盖的不同节点，他们的验证能力将呈现对数级（logarithmic）提高。随着时间的流逝，这个网络被不断强化，最终变得几乎无所不能。

第十二章
把所有的积木组合起来

从技术上而言，我们有可能控制任何一种代币的数量，这样它的价值就会按照人们期待的方式予以体现，这也是它维持接受度和价值的理由。

——哈耶克《货币的非国家化》

在第一部分，我们介绍了不同时期的货币以及货币和银行的基本原理，从而为本书奠定了基础。我们探讨了货币和银行的相关理论，考察了加密货币的兴起和一个范本体系。在此基础上，我们树立了四根支柱或者说四块积木，并以此搭建起一个全新的货币框架。

支柱一：理应存在无风险资产。

支柱二：货币即信用，信用即货币。货币一直就是一种资产或者对资产的索偿权。这就是货币信用理论。货币可以通过借入其他有风险的资产来创造。

支柱三：信任问题可以通过区块链来解决。

支柱四：资本市场出现的各种技术进步（如货币市场、证券化、商业票据以及回购协议等），可以实实在在地将投资风险进行归类、细分、编组和管理。

我们可以重构这四根支柱，使之逐步接近最终目标。

1. 我们的目标是创造一种无风险资产，一种安全的储值手段。

2. 无风险资产可以通过借贷活动来产生。这一过程创造了货币。这就是货币信用理论的实际应用。

3. 这一过程所产生的各种信任鸿沟可以通过区块链和去中心化的社区管理予以消除。

4. 这个社区可以通过类似货币市场基金那样的结构进行管理——建立在具有高度安全性和透明度的抵押贷款基础之上。

5. 直接的、去中心化的连接可以给网络参与者们带来间接收益。

基本的理念其实相当简单。在区块链技术的管理和促进下，货币的未来在于彻底去中心化的、由社区管理的直接货币市场（direct money markets）。在这些货币市场中，将存在各种各样的解决方案和相应的收益率。其中最核心的解决方案就是要创造无风险资产。

跟当今的货币市场十分类似，去中心化的货币市场也将充当交易媒介。另外还有一个相似之处是，这些货币市场能够以任何价值单位存在，包括它们自己的价值单位。不同之处在于，这些去中心化的货币市场将成为一种超级储值手段，因为它们不像现有的货币市场那样需要盯住一种货币，比如美元。它们将钉住无风险资产，提供零实际利率，或者说与每个市场的通货膨胀率相同的名义收益率。放贷者的购买力将得到保护；借贷者也能够以相当于通货膨胀率的利率筹措资金。

上述全过程都可以在社区内实现——借助社区并且为了社区。尽管如此，这一过程最终完成还需要通过一系列步骤，使接力棒逐渐从物理世界传递到虚拟世界。

创造一种公认的储值手段：区块链革命

我们正在努力创造一种透明且稳定的储值手段。但我们要创造的不是那种个别人自吹自擂的储值手段，而是大家公认的储值手段。我们如何知道某样东西是否有价值？那市场告诉我们的，并且它的价值每天都会根据各种情况进行调整。

法币或者说纸币毫无内在价值，而仅仅是被视为有价值，因为某个中心权威机构宣称它有价值。商品货币绑定了某种商品，比如黄金或白银。但是，根据货币信用理论，货币就是信用，信用就是货币。正如因内斯所言："信用理论认为，买卖行为就是为创造信用而进行的商品交易。从这个基本理论可以推导出一个次生理论，即信用（或者货币）的价值并不依赖于任何金属的价值，而是依赖于债权人要求'付款'的权利，也就是说使信用得到满足；同时依赖于债务人偿还欠债的义务。反过来说，信用的价值依赖于债务人通过偿还债权人相应债务从而使自己从负债中解脱出来的权利，或者债权人接受对方的还款以满足其信用的义务。"

区块链使得哈耶克关于银行可以在报纸上公布其财务状况的设想成为可能，不过现在是通过5G技术。这实际上预示着，通过一种彻底去中心化的过程，其货币非国家化的梦想有可能在一个细小的范围内得到实现。

在金融领域，区块链让我们可以拥有去中心化的、透明的货币市场账户，我们因此能够确切地知道自己所拥有的财产，这迥异于如今那些证券化的、层层细分的货币市场账户。人们将拥有前所未有的甄别能力，可以摆脱所有中介，直接对无数节点上的各种交易和数据进行归类、细分和编组。

自从大萧条以来，这一直是许多诺贝尔经济学奖获得者孜孜以求的圣杯，它可以使哈耶克的货币非国家化梦想成真。有史以来第一次我们可以摆脱政治或经济机构的干预，仅仅依靠技术就能够降低点对点交易的不确定性。利用区块链技术，我们可以创造信任和做到限量供应，并且将货币与我们知道具备潜在经济价值的东西绑定起来。不是像比特币那样绑定一个数量为 2100 万枚的供应上限，而是绑定零风险——这无疑是一个超越时空的概念。

一个与众不同的目标：零风险

从理论上讲，像货币市场基金那样紧紧盯住美元是一个很好的理念，而且因为这条原则，货币市场基金在历史上也曾备受好评。但正如我们所看到的，一旦你有一个中心权威机构（如美联储），你就会面临激励冲突。投资者渴望更高的收益率，从而刺激货币市场管理者冒更大的风险将他们的资产转移到追求最高收益率的基金。表面上看这种做法合情合理。如果我同时给你提供两只收益率分别为 1% 和 2% 的货币市场基金，你会选择哪一只呢？我想绝大多数人都会选择收益率更高的那只。

但如果我们将目标颠倒过来，情况会怎样呢？假设我们有一个系统，它不是处心积虑地教人如何去"侥幸逃脱"最大的风险，而是要通过零收益率来确保资产的绝对安全，那情况又该如何？"零"当然可以成为货币市场基金的目标。

重量、质量以及"无风险利率"

你有多重？这是个简单的问题，除非你处在时空连续体（time/space continuum）之中。质量（mass）与重量（weight）是两个不同的概念。根据维基百科的定义："在通常的用法中，一件物体的质量经常就是指它的重量，尽管它们实际上是不同的概念。在科学的语境中，质量是指一个物体中所含的'物质'的数量（尽管'物质'一词很难界定），而重量则是指地球引力作用在一个物体上的力。换句话说，一个质量为1千克的物体在地球表面的重量约为9.81牛顿（即质量乘以重力场强度），牛顿是重量单位，而千克是质量单位。一个物体的重量在火星上会减少（因为那里的引力较弱），而在土星上则会增加，在远离巨大引力源的太空中它的重量可以忽略不计，但它的质量始终是不变的。"

同样，我们有必要将无风险资产视为像千克（物体的质量单位）这样的概念，它有别于受外界重力影响的牛顿（物体的重量单位）。也就是说，无风险资产就是一种在任何环境下都能保持恒定的计量单位。

千克与样本

长期以来，千克由一个叫"国际千克原器"（International Prototype of the Kilogram）的样本来决定，路透社称之为放在国际计量局（International Bureau of Weights and Measures，法文缩写为BIPM）"一个特殊的玻璃箱里闪闪发光的铂铱合金圆柱体"。然而，这个样本有可能会沾上细微的灰尘，还可能受到大气的影响，这就意味着它的重量会发生变化。2018年，BIPM决定根据普朗克常数（Planck Constant）重新定义千克。路透社指出，"这可以说是继1967年第二次重新计算以来，对国际标准单位（SI unit）最重要的一次调整。上一次的修订是为了便于世界各国利用GPS和互联网等技术来简化通信方式。"这个实例表明，科学家们一直在努力重新定义几乎每一个计量单位，使之符合一个超越时空连续体的标准。

依照上面修订重量和计量单位的框架，我们同样可以重新定义无风险这个概念——首先确定一个样本。长期而言，样本可以简单地被定义为零。零是支点或均衡点，在这个点位上，你可以按照市场的交易价格确保储存货币的安全，但得不到任何收益。零收益并不意味着绝对是世界上最安全的投资。正如过去十年我们从国际金融危机中所看到的那样，许多人愿意为资产安全付费，导致数万亿美元资产都处于负利率状态。此时的零，意味着你不需要为资产的安全付费，同时也得不到任何收益。它就是一个直接由市场在某个时间点所决定的零。因此，驱动零的外在因素将随着它周围的各种力量一起演变。正如普朗克常数一样，零是一种不变的常量，而它周围的各种因素却瞬息万变。

现在我们来看看一种理想的"样本"具有什么样的特征。这样做需要将风险划分为与信用、经营和利率相关的不同类别。

信用类风险

1. 贷款必须提供担保（有资产作抵押）。

2. 放贷者必须对资产有清晰的索偿权，并且能够以高于基础贷款的价格出售这笔索偿权。

3. 放贷者绝不能以获得实际资产（抵押物）为最终目的，而是要变卖这笔资产以覆盖成本或费用，并在变现过程中体现其货币的时间价值。在理想的样本中，资产可以在一天之内得到变现。

4. 贷款期限必须非常短暂。期限可以为30天，但作为样本的贷款，其期限应该每天进行重置。

5. 贷款标准中不得有可观察到的历史损失。任何可观察到的历史损失，包括2008年以来的这场经济大衰退、20世纪30年代的经济大萧条以及其他全球经济危机，都意味着它不是无风险资产。为了保护放贷者，贷值比设定必须要有足够的缓冲空间，这样万一将来资产出现贬值，相对于索偿权而言它仍然物有所值。

6. 相对于各种历史事件，贷款必须具备安全边际。纪录已经被打破。与我们将要在时空连续体中遭遇的危机相比，我们刚刚经历过的这场危机可能根本算不上是最严重的危机。因此，贷款必须拥有一个相对于任何历史损失的安全边际。

符合上述标准的资产如下：

——一笔用金戒指作为抵押的隔夜贷款，抵押率为戒指变现价值的50%。

——一笔借给大学的隔夜贷款，抵押物为大学捐赠基金所持有的多样化的股票和债券组合，抵押率为50%。

这些就是索偿权，它们与一种由国家发行的、可以随时有权兑换为实物资产的纸币没有区别——就像最初的美元（与现在的美元毫无共同之处）。

经营与监管风险

经营风险与对潜在合约以及金融协议条款的执行力有关。利用区块链技术，通过在私人之间建立一种非营利性、彻底去中心化的结构，经营风险完全可以由社区根据自己的利益进行管理。类似于信用合作社或其他非营利性机构，社区的形成基于一个共同的目标——大家可以按照无风险利率开展借贷活动。只有严格遵守社区的各项规则，才能确保社区的最高利益。

因为这些规则是一套程序化的标准，因此可以自动管理。例如，借贷者以一枚金戒指为抵押获得一笔资金。相关的规则是：如果这笔贷款不能偿还，放贷者就会卖掉那枚戒指以抵偿贷款。在规则面前，所有参与者一视同仁，不会存在任何歧视，借贷者不会因为种族或性取向差异而被收取不同的利率。

现在，借贷双方都必须遵守法律、规则和监管规定，特别是要遵循贷款发起、管理和回收的相关流程。如果有人违背法律和规定，合约就会失去强制性，从而导致其无风险特征荡然无存。因此，就近期而言，金融服务机构（银行或非银行实体）的作用就是要在贷款遭到拖欠时做好信贷展期、信贷管理以及信贷回收等工作。

在人们对虚拟的去中心化平台的经营能力抱有信心之前，市场还存在订单或合约无法执行的经营风险。金融服务机构可以采取措施对经营风险进行补偿、保险和保护。实际上，目前它们在几乎所有形式的放贷中都是这样做的，为此它们建立了一个由不同公司组成的生态系统，专门从事信贷发起、信贷管理和信贷回收。

❯❯ 名义收益率与实际收益率

名义收益率与实际收益率是两个重要的概念。名义收益指的是你得到的票面收益；而实际收益则是指扣除通货膨胀因素后的收益。因此，实际利率＝名义利率－通货膨胀率。它们也许看起来差不多，但其实很像重量与质量的区别。你的体重在月球上与在地球上会有所不同，但你的质量是一样的。同样的道理也存在于利率方面，在这里名义利率就好比是重量，而实际利率则相当于质量。为了说明这点，我们假设你在一个活期账户里存了一笔钱，利率是2%，也就是说名义收益率为2%。

—如果通货膨胀率为零，你得到的实际收益率为2%。

—如果通货膨胀率为4%，你得到的实际收益率为-2%。

—如果通货膨胀率为2%，你得到的实际收益率则为零。

正如一个恒定的质量，以零作为中心的货币经过本国的通货膨胀调整后就可以在不同的市场（如日本、美国、欧洲、巴西等）保持稳定。这样就可以创造一种超越本国货币和政策且被普遍认同的储值手段。

利率风险

当实际利率为零时，并非所有的贷款利率都为零，而是只有由市场决定的样本贷款的利率为零。这种贷款利率不受制于某个中心权威机构，而是在各种市场因素驱动下呈现出有机变化。这就可以确保那些持币者或者正在用货币进行交易的人免受通货膨胀之苦。

如果人们完全用一种兼具价值单位、储值手段和交易媒介功能的货币进行交易，他们就不会受到通货膨胀的影响，因为此时货币的借贷价格和贮藏成本为零。此举可以大幅度提高当前金融市场的系统性效率。

要么是迫于无奈，要么是出于自愿，全球总会有一部分人选择用其他货币如日元、欧元或美元进行交易。在这种情况下，借款成本必定与货币发行国的通货膨胀状况有关。例如，某位居住和工作在美国的人，按照规定用合格的抵押物从银行获得一笔贷款，其借贷成本就是"零 + 美国的通货膨胀率"。在样本框架中，贷款利率每天都会根据通货膨胀率进行调整，从而保护储存货币的人不受政府通胀政策和恶性通胀事件的影响。同时，拥有收入和资产的借贷者也会在通货膨胀过程中避免损失；而没有收入和资产的借贷者则无须关心和管理通货膨胀风险。

对样本的弹性定义

跟所有的商品一样，货币必须按照一套标准来确定其质量等级。比如，人们首先确定了"优等品"或"备选品"的标准，然后商品的价格根据这些标准相应调整。用这种方法来界定价格，意味着由市场来为样本建立一套指标，从而在定价机制中形成相互制衡和对冲的各种力量。因此，对样本的定义是动态的。

我们姑且称这种货币为普朗克

马克斯·普朗克（Max Planck）发现原子的质量只能处于一些特定的值。他的这一发现被称为"普朗克常数"，并为量子力学奠定了基础。普朗克常数改变了物理学，因为它解答了一个问题：如果一个物体的质量无限接近一个小数点后叠加 36 个零的数字，它是否会成为一个恒定不变的常量？普朗克常数后来被应用于各个科学领域，包括质量的定义。

为了纪念这位科学家开创性地发现了一个放之四海而皆准的常数，我们不妨就把本书设想的新货币叫作"普朗克"（planck）。

以安全为中心保持稳定的"货币陀螺仪"

在我居住的芝加哥，人们每天都能看到一些自然的反作用力现象。一百年来，芝加哥的大型吊桥一直在不断开合以便让船只和行人通过，这些吊桥就是运用了一个相当简单的基于平衡力的机械原理。

我所在的城市素有"世界吊桥之都"的美誉。她也是 20 世纪技术发明的温床。为了横跨 Y 字型的芝加哥河，工程师们给行人和汽车摸索出了许多新的交通方法，同时又可以为船只提供港口和航道。芝加哥式的吊桥也被称为"开合桥"（法语 bascule，也就是英语中的"跷跷板"），它们利用重锤式平衡原理，从而可以做到开合自如。每当我看到密西根大街桥的双层甲板开启以便船只从芝加哥河主航道通过时，我就会想到达芬奇曾经运用过相同的物理学原理，这位文艺复兴巨匠在 15 世纪建造了世界上第一座开合桥。

芝加哥的吊桥历经风雨每天运转自如，这是因为它们设计精妙。有些人可能弄不清楚什么是反向平衡（counterbalance）。打个比方说，我这样一个大男人，想跟我 8 岁的儿子一起玩跷跷板。如果我们两个人分别骑在木板两端的相同位置，我就会一下子把体重比我轻得多的儿子发射到半空中去（这可不是一个好父亲的所为）。然而，这并不意味着儿子小雷德绝对不能和我一起玩跷跷板。只是我必须往跷跷板中间移动而他向外移动，直到我们找到一个自然的反向平衡，从而使跷跷板保持水平。我们可以搞定跷跷板，但这需要费些功夫，因为只有两个受力点是不容易找到平衡的。

另一方面，我们来看看陀螺仪——它对很多东西都至关重要，包括自行车、指尖陀螺、太空飞船的导航仪以及哈勃望远镜都会用到它。在陀螺仪中，无数个受力点可以在不停旋转的中心上移动，从而通过自然的反作用力使之保持稳定。陀螺仪为我们的金融体系提供了非常有说服力的运行模式——建立一个恒定不变的核心，无论外界发生什么事情，它都能保持稳定的常态（从理论上来说，这本应是美联储的使命）。无论遇到世界大战还是飓风，货币陀螺仪（money gyroscope）都不会失去平衡，而是应该像划时代的技术创新一样，成为促进世界和平与繁荣的平衡力量。

这又把我们带回到普朗克常数。在货币陀螺仪中，各种力量相互制衡使核心常数保持为零，从而创造一种完美的无风险储值手段。零成为了锚链，货币因此变得安全，人们不会因为持有货币而付出代价或赚取收益。

这不是什么新颖的观点。早在 1912 年，路德维希·冯·米塞斯就曾在《货币与信用理论》中写道："影响货币客观交换价值的变量只有在以下情况下才能出现：一种力量沿着一个方向发展，而又没有一种反向的力量与其进行对冲。从个人的观点来看，如果导致货币存量与货币需求之比发生变化的原因仅仅是一些与特殊事件相关的偶然性和个人因素，那么，按照大数法则，由这些原因所产生的力量及其在市场上表现出的双向行动，就很可能形成相互制衡。"

样本的范例

想要定义一个有弹性的样本，就好比试图去预测未来两年的石油价格。这是一件不可能的事情，因为石油价格总在不断变化，并受到各种市场因素驱动。我们充其量可以预测油价将保持在 20 美元/桶以上，因为这个价位在过去 50 年都没有跌破过。我们可以按照这个办法去定义一个恒定货币的样本。围绕对无风险概念的相同认知，互联网建立了一种共识机制。它既可以通过远程投票直接实现，也可以像之前我们介绍过的那样通过区块链程序来完成。这个体系发端于世界上所有借贷者（包括政府、公司和个人）的全部既有贷款。对贷款或部分贷款进行无限归类、细分和编组的可能性，使这个体系充满了各种选择。

如今，所有的实物现金以及相当多的现金存款、储蓄账户、活期账户和短期货币市场基金提供的实际收益率都低于零。在美国，活期存款利率低于 0.5% 的情况比比皆是，而其通货膨胀率却接近 2%。这些投资者得到的就是一种负实际利率。相对于通货膨胀率，持有上述资产的投资者都面临风险。那么，怎样才能通过这种零风险也就是零实际收益率过滤器来规避风险呢？

为了便于讨论，我们假设不存在经营风险，这样就可以专注于考察借贷者和贷款是什么情况（近期而言，经营风险可以借助声誉良好的第三方机构来降低；而长远之计则是通过区块链消除信任鸿沟，并代表整个网络的利益去执行合约和订单）。我们不妨想象一下：有 1000 个百万富翁，每人用 500 万美元现金和投资品作为抵押；他们总共获得 1000 笔金额分别为 100 万美元的贷款。他们的所有资产组合都充分多元化，可以随时变现，每天重新估值。也就是说，用价值 50 亿美元且具有分散化和流动性特征的抵押物去为 10 亿美元贷款做担保。这笔交易创造了一个双赢的局面：高净值的个人可以按照通货膨胀率借款；放贷者也可以轻易规避风险。通过这个去中心化的货币市场——类似全额准备金形式的银行业务，人们获得了一种超级储值手段。如果有 20 万人，每人存 5000 美元在里面，投资者就会获得更高的收益以及一个由有形资产支撑的货币市场。

对那些并不富有的人而言又会怎样呢？我们假设：有 100 万人，每人抵押 5000 美元的资产；他们总共获得 100 万笔金额分别为 1000 美元的贷款。其结果跟上面的情景一样，即用价值 50 亿美元的抵押资产去为 10 亿美元做担保。借贷者付出的实际成本为零。储户们得到的是一种超级储值手段。去中心化机制对各种净值的人都有效，并一视同仁地为所有人创造价值，无论他们是借贷者还是放贷者。

从此，借款、放款以及货币都变成了一种商品。高净值借贷者和低净值借贷者都被同等对待——这种商品发挥的是风险功能而不是净值功能。高净值储户获得的收益率与低净值储户相同。我们把美国农业体系的优点（各个商品供应方的去中心化）与银行业的强项（证券化）融为一体，并且消除信任鸿沟，从而使哈耶克设想的由私人独立发行货币的梦想成为可能。

以作为锚链的零为中心，将重新构建供应、需求、价格、通货膨胀以及货币稳定的框架。"普朗克"中提到的各种元素都是价格常数，供应由市场决定。零是宇宙的核心（或中心），其他所有价格和货币围绕它运动。一旦市场条件发生变化，"普朗克"的供应也随之改变。也许最重要的是，虽然零是支点，但它并不是唯一的支点。在零的两端都存在着供需力量。明白这一点，对于理解市场及其效率至关重要。以零作为出发点，可以决定借贷者的成本，增加存款人的收益，从而实现双赢局面。

≫　　　　　　我们的价格有多稳定？

"助学贷款英雄"（Student Loan Hero）网站所做的一项调查表明，

自 1970 年以来，美国人的工资增加了 67%，但这个速度并未赶上通货膨胀的步伐。房租、房价以及大学费用的上涨幅度均超过收入增长。此项研究发现了一些令人震惊的物价攀升实例。

1 加仑（约合 3.8 升）普通无铅汽油

1976 年：0.060 美元

2016 年：1.96 美元

1 张电影票

1976 年：2.13 美元

2016 年：8.65 美元

1 品脱（约合 568 毫升）啤酒

1976 年：1.12 美元

2016 年：3.99 美元

1 张洋基队球票

1976 年：5.50 美元

2016 年：245.00 美元

1 个月的房租费

1960 年：71.00 美元

2000 年：602.00 美元

1 套房的价格

1960 年：1.19 万美元

2000 年：11.96 万美元

1 年的私立大学学费

1987—1988 年：1.516 万美元

2017—2018 年：3.474 万美元

1 年的公立大学学费

1987—1988 年：1486 美元

2017—2018 年：9970 美元

（资料来源："我们今天的物价比 20 世纪 60 年代贵多少？". https：//www.cnbc.com/2018/04/17）

汇总梳理

我们按照不同的顺序重新梳理一下前面的四根支柱。支柱四表明，贷款可以被归类、细分和编组成无数的风险要素。支柱一的结论是，将贷款汇集到货币市场，可以让人们像拥有活期账户一样从事交易；信用即货币，货币即信用。支柱一还说明，应该有一种无风险利率，借贷双方可以按照这个利率进行交易；这种借贷活动不再基于净值高低，而是基于人人平等的共同利率。我们进一步断定，为了使这种利率没有风险，它必须不受通货膨胀影响。我们创造了一种货币——"普朗克"，其核心和目标就是要实现零实际收益率。这就是对贷款进行归类、细分和编组的标准。如今，即使没有区块链相助，我们也可以做到这点。

然而，区块链可以把上述一切提升到一个全新的境地，因为它可以让货币市场代币化（tokenization），使现金与支付完全实现数字化，从而创造一种安全可靠的储值和借贷方式。也许这并不需要借助区块链就能实现，但应用这项技术可以使经营效率得到空前提升——建立彻底去中心化的社区管理；在提供更多信息和更高安全性的基础上，为拥有丰富多样的资产创造前所未有的机遇；它具备难以置信的粒度分析功能（granular functionality）；能够便捷地执行合约；它可以使各种交易成本最小化甚至最终取消。

但最为重要也最具颠覆性之处也许在于，当这些支柱与区块链相结合时，我们可以消除转移成本（switching cost）。每个人都可以便捷地甚至自动地将资产从一种产品转移到另一种产品，并有可能创造一种神经网络，从而颠覆人们对现代金融的所有认知。一旦区块链技术广泛应用于金融业，今天的金融界看起来不过就像一个在智能手机时代仍然依靠接线员帮助的传呼系统。

第十三章
神经网络来临

不论你目前在研究什么，如果你再不赶紧关注深度学习和神经网络等新技术，那你就会错失良机。我们正在经历一个软件自动编写软件、自动化使自身更加自动化的过程。

——马克·库班（Mark Cuban）

你可能对网络（一个由许多人或物相互连接而成的组群或系统）一词耳熟能详，但也许你还没听说过神经网络（neural network），这是一个由不同程序一起工作以便达到最优效果的框架结构。从许多方面来看，一个在逃生屋游戏里共同想方设法找到出口的团队就是一个神经网络，因为每个人都可以从集体的知识以及其他队员的"算力"中获益。参与者越多，视野也会越开阔（当孩子们与我一起玩逃生屋游戏时，女儿凭直觉替大家解决了一个关键问题，而对成年人来说却不容易看到或发现这个解决办法）。有人也许会说市场——从摩洛哥的大集市到高频期权交易所——是另一种形式的神经网络。从技术角度来看，"神经网络"一词指的是通过对不断变化的输入信息进行优化从而得到最佳结果的过程。它是一种自动导航技术，利用多种信息系统从众多可能的路线中选择出一条最佳路线，这一切都在一个共同的系统中进行。这个优化过程是通过将数据传递到多个层面来实现的。这些图层就像一个栅格，不断过滤输入信息，最终得到一个最优的输出结果。

本章我们将探讨如何汇聚各种强大的力量。

1. 一个存在各种供需力量的货币市场。

2. 以零为中心的货币市场：一种无风险储值手段，零的两侧是一个存在供需力量的市场。

3. 对风险进行动态定价的能力。

4. 建立直连的能力。

5. 没有转移成本——能够便捷地改变解决方案。

6. 能够对贷款或贷款的一部分进行无限的归类、细分和编组的能力。

7. 能够分散地执行市场规则和条件。

8. 一种网络过滤器/虚拟网络（network filter/overlay），可以根据输入信息的变化不断优化各种连接。

透视去中心化货币市场

尽管世界上还没有一种可以在每个星球的各个酒吧都能通用的货币，但是，我们的确知道有一把万能钥匙几乎可以开启世界上的一切事物——从飞机、汽车到桥梁和拱门，那就是自然反作用力法则。各种反作用力相互对冲所形成的稳定性是物理学的重要基础，这个法则在自然界和各类市场上随处可见。亚当·斯密于1776年发表的名著《国富论》通篇贯穿着反作用力法则的应用。他认为，市场上存在的各种反作用力——个人和企业都按照自己的利益行事——可以使市场保持自然的稳定性，并且能够撇开中心权威机构的监督进行自我管理。

在第六章，我们从相对去中心化的美国食品行业中看到了反作用力法则的效果。在这个体系中，是农民而不是政府来选择自己每年应该种多少玉米或生产多少牛奶，国会也不负责做这方面的决策——这真是谢天谢地。我们也从来不用担心是否有足够的玉米或牛奶，因为有各种自然的反作用力会确保市场供应。一旦市场上玉米过多导致价格下跌，农民就会决定来年改种大豆。在农民做出此项决定的第二年，玉米减产推动价格回升，他们以后又会重新种植玉米。农民根据自己的利益行事，自然就会使市场免予商品泛滥或供不应求。

正如我们已经看到的，这种情况在今天的货币体系和银行业中并未出现。我们的金融体系被美联储这类机构所操控，其中的自然反作用力相当有限。从数据角度来看，美联储这类中心权威机构控制货币体系的初衷是要在价格稳定的基础上实现充分就业。而贯穿本书，我们一直在为一种更好的方式铺设基础。

米尔顿·弗里德曼从来不羞于与大家分享他那些常常略显粗糙的观点，因此长期以来也招致了相当多的批评。但最令他恼火的是许多人不能理解其思想和学说的要旨。1992 年，弗里德曼给《华尔街日报》写了一封信，对媒体一直将他和朋友弗里德里希·哈耶克视为保守派而感到无奈。弗里德曼声明："我们是地地道道的自由派，我们信仰个人自由，而不是现代意义上的道德沦丧。从另一个层次上来说，我们是词源意义上的激进派，一直在寻求将我们面临的问题连根拔起。"

弗里德曼在其文章和采访中反复提到的一句口头禅是："货币太重要了，不能落到中央银行的人手里。"这就是弗里德曼学说的基本信条，他称之为货币主义。正如货币学派的亨利·卡尔威特·西蒙斯（Henry Calvert Simens）在 1935 年所指出的那样："每个投资和商业机构几乎都在押注美联储将要出台什么样的举措。在这样的氛围下，任何自由派学者都无法沉着冷静地思索经济的长远发展。"

货币学派认为，政府抗击通货膨胀的办法是控制货币供应量、允许利率由不受限制的自由市场来调节。在 1953 年发表的《弹性汇率案例分析》（*The Case for Flexible Exchange Rates*）一文中，弗里德曼呼吁，汇率由不受政府限制的市场供需力量每天予以调整，而不是由国际货币基金组织所谓的"可调整钉住"（adjustable peg）汇率机制来决定。在国际货币基金组织的机制下，各国承诺充当本国货币的剩余买方（residual buyer）或卖方，以便使本币的汇率能够围绕一个固定平价窄幅调整。在1972年的《新闻周刊》专栏上，弗里德曼解释说："货币规则一方面应当将货币政策与一小撮不受选民控制的人相隔离，以防止他们滥用权力；另一方面还必须摆脱党派政治施加的各种短期压力。"

货币学派的基本出发点是，将由某个中心权威机构决定的名义货币数量（即被当成货币持有的美元数量）与由持有者决定的实际货币数量（即美元可以购买的商品及服务数量）相区别。在2002年的一次记者采访中，弗里德曼描述了他的理想世界：中央银行将被淘汰，取而代之的是由一台计算机按照每年5%的速度增发高能货币。他在给哈耶克的《通往奴役之路》（The Road to Serfdom）作序时写道："中央指令将把普通百姓引向贫困之路；唯有自愿合作才能走上康庄大道。"

弗里德曼反对当时大多数经济学家（如凯恩斯）所奉行的"精英政治哲学"，这些人主张货币和汇率都可以托付给货币当局来管理。相反，弗里德曼推崇亚当·斯密的"无形之手"理论。"我们都知道亚当·斯密给这个话题带来了真知灼见，他揭示了通过市场运行来协调经济活动的可能性，"弗里德曼写道。"他的一个重要见解是，如果交易是自愿的，也就是说两个人在自愿的基础上进行交易，这种交易只有在符合双方利益时才能够发生。"

1963年，弗里德曼和安娜·施瓦茨（Anna Schwartz）共同出版了一本颇具影响的专著《美国货币史》（Monetary History of the United States）。书中指出，从1867年到1960年，有6场经济衰退与货币存量暴跌相对应。弗里德曼和施瓦茨相信，是货币供应变化导致了几场严重的经济衰退，并认为美联储放任货币存量大幅下降，使一场原本相对温和的经济衰退演变成为"经济大萧条"。布赖恩·斯诺登（Brian Snowdon）和霍华德·范恩（Howard R. Vane）在《一位宏观经济学读者》（*A Macroeconomics Reader*）中解释说："有鉴于此，弗里德曼主张货币供应量应该根据潜在的经济产出按照一个固定的速度增长，从而确保长期的价格稳定。"

在接受 1976 年诺贝尔经济学奖时发表的演讲中，弗里德曼毫不掩饰自己的感受。"各位当中有些人也许知道，我在货币领域的研究曾经得出结论，最好由计算机来取代中央银行，我们只需在计算机上设定一个稳定的货币增长速度即可，"他告诉面前的听众。"不过对我个人和极少数幸运的诺贝尔经济学获奖同人来说，幸亏我的结论未能付诸实践——否则就没有瑞典中央银行来捐资设立这个本人有幸获得的奖项了。"

零的其他方面

零是"普朗克"的结果，也是借贷双方能够以零实际成本开展交易的支点。然而，这个点仅仅是无数个支点当中的一个而已。正是围绕零的无数个点，构成了一个动态的、可以自我调节的网络。

当人们在给汽车加油时，有人喜欢优质汽油，有人喜欢普通汽油。在投资和货币问题上也同样如此，有的投资者/储户满足于零实际收益率，有的人希望获得较高的收益率，有的人则想获得较低的收益率。

希望获得较低实际收益率的原因在于，并非每个人都一致认为市场决定（市场共识）是无风险的。当市场参与者或群体发现那些所谓的无风险市场结算价格仍然存在巨大风险时，他们就会以负实际利率去竞购一组或一部分安全的贷款。投资者因此得到一种更加安全的储值手段，借贷者也将得到回报（这一现象如今已屡见不鲜，因为我们已经看到了负名义利率）。

有些投资者希望获得高于零的实际收益率。在这种情况下，市场也可以通过归类、细分和编组，将希望获得1%实际收益率的投资者与愿意支付1%实际收益率的借贷者撮合在一起——这就是一个富有弹性的、由市场驱动的样本。一旦我们能够识别出1%实际收益率的样本，也就可以如法炮制去归集希望获得2%、3%、4%以及更高实际收益率的投资者。更为重要的是，这些交易标的可以是贷款的一部分或细分的子部分。

我们开始看到的是一个以零为中心的样本所构成的无限世界——有的高于零，有的低于零。贷款及其各个切块通过去中心化的社区进行归类、细分和编组，形成资产池。社区的经营、职责和任务要么由社区自己承担，要么外包给第三方，但其都是为了社区的利益，并且只限于本社区。区块链可以通过去中心化的社区管理和前所未有的透明度，促进上述管理流程，消除信任鸿沟，使人们能够直接和放心地进行交易。

范式开始转变

一旦我们接受民主化的借贷方式，我们就可以预见一场范式转变由此开始。我们假设，在没有服务费用、行政开支或其他成本的情况下，一笔由价值为5000美元资产作抵押的1000美元贷款，相当于一笔以500万美元资产作抵押的100万美元贷款，贷值比都是20%（1000/5000＝20%；100万/500万＝20%）。

我们不妨假设：市场样本的贷值比最高为30%，收益率为零，借贷成本（名义利率）正好等于通货膨胀率。在这种情况下，借贷者可以按照零成本借到更多的钱，放贷者也愿意以零收益借出更多的钱。

它可以使市场变得更加高效并且基础更为牢固。零实际收益率可以随着下面的组合进行派生：

- 第一个 10% 按照 −1% 的实际成本竞标。
- 第二个 10% 按照 0 的实际成本竞标。
- 第三个 10% 按照 1% 的实际成本竞标。

在这种情况下，市场对借贷者增加或承担的每个增量风险单位报出不同价格。假设风险竞标持续进行：

- $0 - 10\% = -1\%$
- $11\% - 20\% = 0$
- $21\% - 30\% = 1\%$
- $31\% - 40\% = 2\%$
- $41\% - 50\% = 3\%$
- $51\% - 60\% = 4\%$
- $61\% - 70\% = 5\%$
- $71\% - 80\% = 10\%$
- $81\% - 90\% = 15\%$
- $91\% - 100\% = 20\%$

随着风险的递增，借贷者开始拥有越来越高的边际成本单位。他们可以获得更多的资金，但借款的利率也更高。假如借贷者增加资产的数量或者提高资产的质量，他们就会享受更低的利率。例如，某人有一笔1000 美元的贷款和 5000 美元的资产。第二年他依然有这笔 1000 美元的贷款，但他积累的资产却上升到 10000 美元。随着资产状况的改善，其"货币"——贷款的市场价格也会下降。反之亦然。如果某人用 5000

美元的资产作抵押借入 1000 美元，当这些资产的价格跌到 2000 美元的时候，他们的借贷成本也会上升。显然，市场上存在两类参与者：一类投资者有可能从这种结构中获益，而另一类投资者则不会。那些在贷款市场风险定价中处于不利地位的借贷者，要么必须对风险进行保险，要么最好退出交易网络。这一切都体现为一种基础贷款的混合成本，它们全都基于风险来确定。

借贷者知道自己每天能够以何种价格获得多少信贷。如果他们还清了欠债，他们得到的收益率将等于其债务的最高边际成本。更为重要的是，他们知道信贷价格变化取决于自己如何使用借贷资金。增量借款按保证金定价，有抵押和无抵押贷款都可以进行边际定价。无担保贷款也可以享受各种利率——从负利率到正利率。贷款和贷款池可以被独立看待，或者按照有抵押和无抵押进行编组。例如，市场也许会认为，给个人发放一笔贷值比为 10% 且抵押资产可以立即变现的贷款，其风险低于给大公司发放一笔无抵押贷款，因此其定价也应该较低；或者市场也许会认为这两笔贷款的风险水平是一样的，因此它们的定价也应该相同。关键问题在于，要能够围绕每天千变万化的市场价格特征创造出无数的贷款池。

范式转变：一笔贷款

区块链让人们能够在充分信任的基础上实现直连。区块链还能够分散执行市场规则和交易条款。证券化的功能是将一组贷款或贷款的一部分进行无限的归类、细分和编组。当这些技术被综合运用后，我们就能实现纯粹、透明且具有风险边际价格的个人资产证券化。但这种情况究竟是如何发生的呢？比如某人有一笔车贷、一笔房贷和一笔助学贷款，但在现有制度下，这些贷款效率低下。在今天的市场上，我们对贷款的归类、细分和编组仅仅是停留在贷款层面，而不是对借贷者进行分层。我们可以设想一个单一、集成的借贷方案。所有的资产、收入和信息都向同一个借贷产品汇总。这个借贷产品的各个部分被归类、细分和编组后，按照市场供需状况分别出售给不同的投资者。

一笔贷款（而不是多笔贷款）就可以成为创建最优解决方案的催化剂。利用一笔贷款作为单独的解决方案，转移成本（即一笔贷款的再融资成本，或者转到更好的存款账户的成本）将降至零。通过这种转移，消费信贷领域就会发生一个微妙但重要的演变，并由此产生信贷的可得性和货币的储值功能。在这个领域的中心，借贷双方的成本彼此相等。只要双方使用"普朗克"，持有"现金"和"债务"就不会遭受损失，因为借贷成本与存钱的收益相等。

这与目前一盘散沙的借贷市场有着根本的区别。如今，当你想买车时，你可以得到一笔车贷；如果想买房，就可以获得一笔房贷。无论这笔车贷的贷值比是95%还是20%，抑或房贷的贷值比是50%还是80%，其利率基本上不会有什么差异。通过后台操作，你的房贷和车贷被切割后以不同的利率出售给不同的投资者。一旦你破产，你的车贷管理人和房贷管理人就必定会对簿公堂，以确定谁得到你的资产变现后的收入。假设一笔贷款由两种资产担保，贷款条件和规定由社区管理并且服从于社区的利益，贷款利率将取决于你的风险状况和借款总额。贷款条件和规定在整个社区尽人皆知、充分透明，破产的善后事宜由借贷双方直接处理。

≫ 现金和日常交易会出现什么情况？

在民主化的货币世界，现金不复存在，或者说人们不需要现金。我们在本书的基础知识部分曾经讨论过，如今大多数人身上很少携带实物现金，交易主要通过数字化的信用额度完成。交易要么通过信用额度达成（跟今天的信用卡功能相似），要么通过一种储值手段来实现（就像现在货币市场的作用）。对于那些持有"普朗克"的人来说，交易更有可能通过货币市场的区块链代币来完成，就像今天的稳定币交易。

依照消费者的个人偏好和安全观，这些代币既可以存在于去中心化的区块链钱包里面，也可以交给银行这样的"中心权威机构"保管。虽然这些交易可以像在美国和欧洲那样进行，但它们更有可能按照中国的模式发展——利用二维码。美元、欧元以及日元是否还会存在尚难料定，但从个人的角度而言，它们应该寿终正寝了。在某种程度上，它们已经变得可有可无，人们可以便捷地从 ATM 上得到这些货币——正如今天大家所做的那样。人们只需简单地按照兑换时的比率将"普朗克"兑换成另外一种货币。

总而言之，在"普朗克"的世界里，人们的日常生活并不会要求对现有的支付方式进行实质性改变。但其幕后发生的故事却激动人心。

神经网络诞生

我们要打造的是这样一个市场：借贷双方分别位于市场的两端，中间通过直连加以实现，双方彼此充分信任，这个市场具备无限归类、细分和编组的能力。借贷双方的市场供需力量通过直连不断互动。借贷者依照自己的借款水平报价，投资者也根据自己的意愿以适当的利率向贷款融资投标。这些报价的中心是零，也就是说，无论借款还是放贷，其实际利率都是零。

因为零是固定不变的中心，价格围绕零来设定，决定市场弹性的是资产质量而不是价格。因此，市场的最大动力就是提高资产质量。网络对你的财务状况信心越高，借款的总体利率水平就越低，储户和投资者所获得的储值效果就越好。这就会激励网络用户们尽量多地上传自己的信息，这些信息可以通过区块链得以安全且匿名保存。在信息上传过程中，网络可以发挥过滤器作用，并利用周围的信息形成前瞻性的、贴近市场的建议。借贷者将轻轻松松地做出债务成本最优化的决定；储户们也可以获得各种各样的选择，并且避免中介所导致的低效率。

第十四章
结　论

我不得不说，没有哪个领域像通货和货币这样充斥着扭曲。

——米尔顿·弗里德曼

在《货币的非国家化》一书的结尾，哈耶克提出了十个问题供读者讨论。这些问题也适用于评价无界货币、"普朗克"、去中心化的自我稳定货币以及无风险利率。

1. "长期以来，人们一直认为，一个国家只允许拥有一种由政府控制的货币。请分析这种观点，并通过古往今来的历史实例予以阐释。"

  • 如今几乎没有任何国家只存在一种货币。你可以生活在欧洲但存款却是美元，或者在美国以日元保存你的净资产，但大多数居民会把自己贵重的储蓄托付给本国政府的中央银行——或以现金形式，或者通过银行存款。为什么大家要这样做，似乎是一个不解之谜。自从金本位制度的锚链脱钩后，政府在维持价格稳定上的表现令人大失所望。尽管人们可以有多种选择，比如选择一个目标迥异的不同体系，但他们之所以能够容忍自己的财富遭受损失，最合理的解释就是缺少一个可信、便捷、安全和透明的体系可供选择。

2. "法定货币的起源是什么？讨论并反驳它作为货币体系的必要基础。"

  • "法定货币"不是货币体系的必要基础。

3. "定义货币。它与非货币有什么区别？讨论并反驳货币'数量'的概念。将讨论结果应用于货币'数量'理论。"

● 货币是一种价值单位、交易媒介和储值手段。社会允许存在数百种价值单位。信用可以像现金一样充当交易媒介，并且随着无现金社会的逐步发展而成为越来越受欢迎的交易媒介。由此，货币可以被定义为一种储值手段——回归其本来面目。储值手段是没有风险的，包括来自通货膨胀的风险。这种储值手段的供应量只能由市场而不是某个中心权威机构来决定。

4. "'政府千方百计要控制货币，这样它就可以按照自己的需要随意变更货币供应量'。'人们之所以对货币失去信心，是因为它被政府控制'。请予以讨论。"

● 为什么要抱怨货币、利率或政府？我们完全可以用脚投票或者另就高明。政府固然可以控制某种形式的货币——它们自己的货币，但它们没有办法控制所有的储值手段。政府不可能主动改变自己的货币，除非它们有迫不得已的理由或动机去这样做。它们怎么可能去自掘坟墓呢？这样的局面已经维持太久了，改变的时刻已经到来。未来，政府将不得不平等地与其他储值手段亦即其他人进行竞争。后者最终也许会发展成为一种超级储值手段。

5. "历史表明，人们常常会对'法定的'纸币丧失信心。一种竞争的纸币制度如何才能维持公众的信心呢？"

● 很简单，向公众表明是什么特殊原因使这种纸币成为一种储值手段。用什么来保护它？它背后的支撑物是什么？是什么在强制它流通？它是否依靠一个中心权威机构？它的动机是什么？有什么办法使之规避通货膨胀的风险？如果能够对这些重要问题做出肯定的回答，政府就能够保持竞争优势并维持公众对其货币的信心。如果政府对上述问题闪烁其词，人们也许就会选择其他的储值手段。

6. "'为了获得信任，纸币必须能够兑换成有价值的商品或贵金属'。你同意这种说法吗？请讨论一下货币可兑换在哪些情况下是必要的或者不必要的。"

- 部分同意。如果货币能够兑换成有价值的东西，那么它就可以被定义为一种储值手段。只要它兑换的资产被社会的任何一部分人承认有价值，并且可以迅速轻易地以更高的价值变现，那么这种"货币"就是有价值的。但出人意料的是，正是由于它们具有可兑换性，人们反而不太可能去兑换它们。它们不会被赎回，而是有可能被卖给下一位市场参与者并且随着市场条件的变化而不断调整价格，由此奠定了货币市场以及"货币信用理论"的基础。

7. "请对以下观点进行讨论：如果货币的数量不是由政府来控制，通货膨胀或者通货紧缩就很难甚至不可能发生。请根据1929—1932年的大萧条和1972—1975年的大通胀来说明你的答案。"

- 如果市场围绕一个以市场为基础的决定因素——零利率或无风险利率来保持稳定，通货膨胀和通货紧缩将很难甚至不可能发生。零是货币陀螺仪的中心，在一侧发生的大幅波动将会被另一侧的反向波动予以抵消。这些波动瞬息万变，范围涉及微观和宏观的各种结构性变化。

8. "经济繁荣和经济衰退均与'资本主义'有关。在非资本主义经济中会出现这些周期性现象吗？它们是资本主义的必然结果还是另有原因？"

- 时间为这个问题提供了更深刻的答案。很显然，过去50年来，各个国家以及各种形式的政府都难以摆脱以经济繁荣到泡沫破灭的宿命。

9. "货币当局如果屈从或者面临着来自少数群体的巨大压力，它就难免会通过增加货币供应量来提高就业率，从而导致通货膨胀。金本位、固定汇率以及其他约束货币扩张的方式已经不合时宜。请对此予以讨论。"

- 这种观点很难反驳，特别是2008年国际金融危机之后。但只要国家和个人可以自由选择，个人的目标与国家的目标没有必要非得保持一致。

最后这个问题将引发一系列更广泛的问题供我们思考。

10. "一国政府如何利用自己的权力控制货币国际化进程？仅有一个国际协定就足够了吗？怎样才能使货币竞争变得更加有效？"

这里我们将面对一个更深层次的问题——政府能否控制货币。新技术显然可以促进货币的竞争，这一点毋庸置疑，它已经体现在资本市场的技术应用（如业务流程）和数字技术（如区块链）上。如今，在许多日常交易中，人们可以绕过政府的货币来完成（实际上已经在这样做）。信贷就是一种很难控制的货币，但如果你认为政府对其放任自流那就太天真了。我们最好换个角度来探讨一个问题：市场如何才能适应政府可能设置的制度性障碍。

目前，政府控制着信贷扩张的过程。在绝大多数市场上，借贷一直是经济社会中管制最为严格的一项活动。政府可以规定很高的转移成本，使信贷扩张变得非常困难。政府可以直接限制信贷、左右价格以及通过粗暴干涉信贷市场使经济增长陷入停滞，甚至给已经不堪重负的政府增添更大的财政负担——要解决这个问题，政府只能依靠经济增长、通货膨胀以及货币贬值多管齐下。限制去中心化市场的发展，对政府自身的伤害也许不亚于市场本身。

此外，政府还可以控制税收。假设美国的通货膨胀率为3%，投资者的"普朗克"在美国的实际收益率也是3%。如果政府对其收益征收50%的税，投资者的实际收益率就只剩1.5%，低于预期的3%。这样投资者有两种选择：要么追求更高的收益率，比如6%；要么减少现金的持有量。

当前，大多数投资者，或者说大多数人，其持有的现金量非常少。

相当一部分人开始持有"负现金"——负债超过自己的资产。高净值
投资者倾向于持有资产而不是现金。那些现金不多的人受税收政策的
影响较小（因为政府的政策就是针对持有现金的行为进行征税）。对货
币实行高税率迫使人们减少持币数量。其他人也会群起效仿，更有甚者
开始持有少量"负现金"，因为他们知道自己拥有充足的信用额度，而
且有各种利率可供选择。

我不妨给大家介绍几种优秀的选择方案。在第一个方案里，"普朗
克"作为一种有收益的基金被持有——要么为了获取资本增值，要么
更有可能被按照零利率借入。通过这种方式，人们可以通过借贷形式获
得资金而无须纳税。这又导致了另一个最有可能采用的方案，即"普
朗克"直接充当一种货币，它跟其他货币并无二致。当交易以这种货
币形式结算时，它将相对于那些推行通货膨胀政策国家的货币出现升
值。此外，只要交易以这种货币结算，持有者就没有必要兑换，因此也
不需要纳税。

这些区块可以构建自己的无限级数的组合。如果在美国贷款难而
在澳大利亚贷款却比较容易，澳大利亚人就会创造一种储值手段，并被
美国人数字化后当成自己日常的"货币市场"加以使用。常言道，任
何十英尺的高墙都会被十一英尺的梯子翻越。政府与其画地为牢，不如
主动挺身保护这个核心理念：为尽量多的人创造低成本的借贷机会，同
时围绕一种稳定的储值手段给他们提供自由的选择。

》》 赢家和输家？

在这个民主化的货币体系中，究竟谁输谁赢？这好比是在问谁赢得
了工业革命、绿色革命或现代技术革命？

赢家是整个社会，因此，不必非得有什么"输家"。显然，现实中
有一些机构因为当前市场的低效、缺乏选择、高昂的转移成本以及消费

者普遍的无知而牟取高额的经济租金。但未来这些寻租收益将逐步减少。正如谷物加工厂受益于大宗商品交易，银行也将因为可以获得空前直接和透明的颗粒级信息披露而受益匪浅。此外，尚不清楚银行从资产负债表风险（信贷业务）中获得的收益是否与其服务费收入相当。实际上，它们一方面有相当大的能力去改进业务模式，通过获得精准、透明的客户信息，强化信用风险管理；另一方面也可以甄别非信用风险，通过收取服务费来增加经常性收入。这是因为，在缺乏重大监管改革的情况下，在可预见的未来，银行和非银行借贷机构很可能继续扮演中介角色——提供信贷和金融服务。

应用区块链实现个体层面的证券化

由于人们厌恶风险，因此安全就成为有价值的商品。根据各自所期望的风险水平，在借贷双方建立直接、可靠、透明和匿名的连接，可以创造一种以市场为基础、能够自我稳定的中性货币——一种无风险资产。在这个市场上，参与者通过去中心化的、开源的、精准驱动的网络按照自己的利益行事，从而创造一个互惠稳定的金融生态圈，大家借助我们的超级英雄区块链来汇聚集体的知识、产品、解决方案，并在社区分享。

由于贷款按照共同的特征被有效归类、细分和编组，当房贷被商品化后，借贷双方都可以从规模经济中收益。正如美国农民和谷物加工厂都受益于农业机械化以及相对匿名且批量交易的能力，金融消费者也会因此便捷地寻找到贷款利率尽量最低或存款利率尽量最高的产品。在一个生产、分配以及资产管理完全自由的市场当中，风险单位可以被无限地分解成越来越小的具有共同特征的单位，被重新汇总后再批量出售。然后放贷者向不同类别的风险单位报价，从而影响它们的整体预期风险/收益特征。信用就是货币。

这个过程可以消除当前金融体系中对借贷双方都不利的结构性低效。借贷者充分掌握信用风险、收益以及获取途径方面的实时信息,并且作为无限货币的发行人,可以利用动态的市场定价机制将贷款分解成无限个透明的风险类别,经汇总后出售给放贷者,这一过程可以消除异质风险。

如今,每当你从银行获得一笔贷款,那就意味着你给自己增加了一笔债务,同时也给银行创造了一笔资产。由于你的活期账户收到一笔钱,你也可以把它视为一笔资产。无论银行贷给你多少钱,它将来都要收回,但它会把贷款作为一项资产列入资产负债表,因为它希望在贷款偿还时还能收取利息(我们的货币就是这样被创造出来的)。这个体系存在一个与生俱来的风险:银行无法保证借贷者将来一定能够偿还贷款。在一个去中心化的商品化信贷体系中,这种风险可以通过区块链节点被归类、细分和编组,最终成为具有共同特征的独立估值单位,然后汇总并批量出售。

有了区块链,无论放贷者是拥有整笔贷款还是贷款的一部分,他们都可以清楚地掌握借贷者的资产和收入,而与此同时借贷者却保持匿名状态。放贷者可以信任这笔交易,就像今天我们相信云可以替我们存储音乐一样。他们可以根据借贷者的资产及收入的实时信息,按照自己选择的定价心甘情愿地把钱借出去。他们甚至愿意将一部分资金以零利率借出,因为这些贷款的安全性胜过黄金、比特币、美国政府以及瑞典中央银行。如果你觉得这还不够安全,区块链可以使之不断迭代,直到市场表示愿意以零利率借出资金。

区块链使个人资产证券化成为可能。它为去中心化的点对点货币市场铺平了道路,在这个市场上,所有的人都能够以零利率借到一定数量的资金。任何其他的借款行为都存在溢价,并且需要中介;通过区块链,一切低效的因素都被清除。

欢迎来到一个全新的世界，凯恩斯先生

弗里德曼于 2006 年去世，此时一场全球性金融危机即将来临。如果他在天有灵，必然会摇头叹息：我早就告诉过你们会有这一天！哈耶克于 1992 年去世，当时数字革命方兴未艾，这场革命使他的货币非国家化夙愿成为可能。遗憾的是，在这两位学者播下的种子即将开花结果的时候，他们却撒手人寰。亚当·斯密曾经为驳斥中央计划货币体系的优越性而疲于应战，如今区块链已经消除了信任鸿沟，从而使他的"无形之手"理论重新焕发生机。

对于 1946 年去世的凯恩斯，我会对他说："欢迎来到一个全新的世界！"我将对他解释，这个新世界不存在中央计划经济，政府也不再设置利率。每个政府都必须与世界各地的债权人进行平等竞争，所有的贷款都可以被无限地归类、细分和编组，从而按照风险水平而不是中央计划来设置利率。政府不能够一觉醒来就宣布联邦基金利率为 2%，然后通过不停地调整各种"杠杆"——买卖资金——来实现这个目标。"您可以根据自己的支出控制好借款成本，凯恩斯先生，"我会对他说。"如果您的理论正确的话，那么每个人都应该有权用自己的剑来决定个人的生死。"

至于哈耶克，我可以想象他会这样说："我已经写过一本书，它名为《货币的非国家化》。"对此，我将这样回答：您的愿景不过是一个乌托邦式的梦想，只有等到我们的超级英雄区块链出手消除了那个令人烦恼的信任鸿沟之后它才有可能实现。哈耶克先生，利用世界上现有的技术，您的设想已经成为可能。不再由银行来发行达克特，所有投资者只需一毫秒就能以同样的方式对借贷者进行归类、细分和编组并发放信贷。

归根结底，我对以下几个观点坚信不疑：

1. 本书所说的一切皆有可能，并且在权威经济理论中有章可循。

2. 私人货币将在货币战中大获全胜，并且推动货币非国家化进程。

3. 由于拥有一种去中心化的、稳定的价值形态，我们的社会将变得更加和平与繁荣。

同时我也相信，这套理论并非天衣无缝。有朝一日，当我以后见之明来审视这套理论时，我肯定会觉得啼笑皆非。但我依然无怨无悔，因为我们的目标就是要颠覆长期以来因循守旧的方式。如今，我们所面对的是一个脱离自己控制、由中心权威机构管理的货币体系；未来，货币与信贷都将实现民主化和去中心化——最终超越疆界的束缚。

附录 A
货币的未来——以信用为基础的社会

货币一直是并且将来也会是一种信用，或者说是一种资产的索偿权。未来，"货币"将不复存在，我们将建立一个以信用为基础的社会，彻底实现哈耶克所预见的货币非国家化。不同于哈耶克所设想的由各个银行来发行竞争性货币，货币的非国家化将通过一种透明的、个人层面的资产证券化来实现。新技术将使他的构想成为现实。

每个人或实体都将成为独一无二的货币发行者。每种货币都拥有可以无限细分的单位，每个单位都有自己的价值，从而使这个世界拥有无数种货币。货币成为一种储值手段、交易媒介和价值单位。对于无数货币创造者和购买者而言，发挥上述三大功能的最佳办法就是彻底去中心化。债务就是信用创造，而信用创造就是货币。信用创造的去中心化和商品化将成为货币的基础：一种信用产品被拆分成无数个风险单位，经过市场动态定价，被编组后出售给市场投资者。

经济理论

1. 市场参与者根据自己的利益行事，可以使市场更为有效。
2. 投资者都是厌恶风险的。
3. 市场会对所有可得信息做出反应。
4. 人们可以按照零利率进行借贷。
5. 投资者持有现金是为了准备投资和交易。
6. 一个人可以成为借贷者或放款者，但不能兼而有之。

7. 资本结构的相关性对公司而言是一种外源性函数，对个人而言则是一种需求函数。

8. 可以轻而易举地建立一个恒定的常数，并让各种条件围绕着这个核心常数而变动。

9. 可以在生产、分配以及货币管理领域建立一个完全自由的市场。

证据

1. 资产就是资产：一种有价格的储值手段。

2. 货币是一种交易媒介，但货币的潜在数量是没有约束的，可以存在无数种货币。

3. 债务的创造者（借贷者）从债务的买方（放贷者）那里收到资产（货币）。

4. 债务的买方（放贷者）是资产的持有者。

5. 债务对负债的实体构成了风险。

6. 风险单位可以被无限分解成更小的单位。

7. 这些被细分的风险单位可以被市场独立估值。

8. 具有共同特征的风险单位被汇总后在市场上批量出售。

9. 信用即货币，货币即信用。

结构：纯信用（货币）与纯资产的区分和创造

借贷者（实体或个人）具备以下条件：

资产 A

收入 B（当前的和潜在的）

债务 C（当前的和潜在的）

市场决定的信贷能力 Z

信贷能力的范围可以从负数到无限。负信贷能力和无限信贷能力都会被市场力量修正，直到形成一个"可得信贷能力"（Available Credit Capacity）的均衡正整数——Za。

Za 可以被分解为无数具有不同风险和收益特征的个体单位。这些被拆分后的单位将按照"荷兰式拍卖"方式（即价格逐降方式）竞价出售，报价最低者胜出。价格并不按所有的单位进行汇总，因此，当对 Za 进行估值时，定价对借款人来说是累积的。

当借贷者在使用自己的信贷能力（借款）时，就会创造出一种资产。市场决定的信贷能力（Z）随之被划分成两大类："已得能力（Accessed Capacity）Zx"和"可得能力（Available Capacity）Za1"。

Zx 被配置到无数个次级风险单位，以供放贷者按照堆栈顺序竞拍——从最低成本（如负利率）到最高成本（如正利率）逐步覆盖所有风险单位。单位余额之和乘以每个单位的利率就是借款者的加权平均资金成本。加权平均成本是借贷者支付的费用，但并不代表每个单独资产持有者所得到的价格。

放贷者持有资产。随着资产价值 A、收入水平 B 以及债务 C 发生变化，组成 Za 和 Zx 的所有单位的价格也将产生变化。Za 中定价最高的单位价格（利率）波幅最大，Zx 中定价最低的单位价格波幅最小。这一过程使风险得以透明分布，每个单位（无论是已得还是可得）都会收到一个由市场决定的、动态的风险定价。

所有风险单位都按照共同的特征进行编组，然后由放贷者根据自己所偏好的风险/收益属性从不同类别的风险单位中批量竞价购买。

结构上的优越性

上述过程消除了借贷双方的所有结构性低效因素。放贷者可以得到他们所希望的具有最佳风险/收益属性的资产。借贷双方面临的异质风险都将消除。借款人可以通过所有单个风险单位的私人合约对冲风险（如希望得到一个明确的信贷承诺或者一个固定利率）。借贷者了解交易的准确成本——偿还债务或获得信贷的直接成本和机会成本。实时信息系统可以使借贷双方及时准确地掌握信贷的风险、收益以及途径。这些信息都是根据市场对风险和收益的认识而优化过的，这里的价格变成了一个反映成功率的指数，从而形成一种正反馈闭环，有利于创造相互促进、基于市场的激励机制。

最终结果：无数的货币发行者（借款人）被细分为无数个透明的风险类别，每个货币单位都具有动态的市场定价；这些货币由社会（贷款人）吸纳和持有，不存在异质风险。

附录 B
纸牌屋

在我即将完成本书写作之际，由于唐纳德·特朗普总统要求国会划拨 50 亿美元修建美墨边境墙的要求未获通过，美国正经受史无前例的政府停摆之痛。有一天，我如往常一样与朋友们聚餐，大家的对话不知不觉转到了这个充满变数的政治话题。在座一位博览时政、头脑灵活的人，对特朗普在此项工程上花 50 亿美元的提议感到十分诧异。我觉得他的反应有点大惊小怪。

"你们都认为 50 亿美元是非常大的一笔钱吗？"我问大家。"那当然喽，"他们一致点头称是。餐桌上的每个人都非常聪明，个个都具有良好的教育背景。

我想大家的这种看法合情合理。在人们看来，几百万美元已经是笔大数，更何况 50 亿美元——但假如你换一个角度去看，实际上并非如此。在我们所生活的这个虚幻的金钱世界里，这点钱根本算不上什么。2019 年，美国政府预算的开支为 4.4 万亿美元，而收入却只有 3.4 万亿美元，这意味着将形成 9850 亿美元的财政赤字。与之相比，50 亿美元不过就是一个零头而已（当然，大家都明白，修建这道墙的背后其实是一场政治角力）。打个比方说，这就好像你的家庭负债高达 100 万美元，每年收入 25 万美元，信用卡消费 3 万美元，但你居然还会为一支牙膏的开销与妻子争执不休。生活中有许多更严重的问题可能会导致一个家庭破裂，为了一支牙膏就闹离婚也未免太过荒唐了。这不过是鸡毛蒜皮的事情，如果你想学会健康的处世之道，那就应该懂得在一些小事情上妥协忍让。

但我发现，晚餐桌上那些头脑聪明、见多识广的美国公民们根本还没意识到政府的开支有多大，也就是说我们国家背负的债务有多沉重。我问道："有人知道我们联邦政府的债务现在是多少吗？"于是他们从 5 万亿美元到 100 万亿美元瞎猜一气，但谁也没猜准。我又问大家："诸位知道联邦政府今年的开支是多少吗？"他们再次被难住了。实际上我已经看出，他们当中甚至没人清楚政府债务与政府赤字之间的区别；他们也不知道即将退休的"婴儿潮一代"（特指 1946—1964 年出生的人口）的人口数量有多么庞大，而这些人的各种津贴和医疗保险将进一步加大政府的财政赤字。至于此事将给美国的通货膨胀以及美元价值造成什么影响，他们更是一头雾水。

实际上，美国政府采用了一套具有误导性的会计制度，它将财政开支划分为"可自由支配开支"（discretionary spending）和"强制性开支"（mandatory spending）两个部分。前者包括教育和基础设施之类的开支，后者则包括社保（Social Security）、医保（Medicare）和医补（Medicaid）等方面的开支。它没算上那些"无资金准备的债务"（unfunded liabilities），比如资金尚未落实的平民和军人养老金以及退休人员医疗保健方面的欠债，还有社保、医保以及政府其他承诺和应急事项方面的资金缺口。如果你把这些因素都算进去，按照美国前审计长、政府问责局（Government Accountability Office，GAO）前局长大卫·沃克尔（David Walker）的说法，美国政府的债务实际上接近 65 万亿美元。

2010 年，美国的债务大约为 10 万亿美元，此后 10 年翻了一倍。正如《芝加哥论坛报》指出的那样，美国的债务经过 200 年才积累到 10 万亿美元，而再增加 10 万亿美元却仅仅用了 10 年时间（实际上，2010—2020 年 5 月美国债务增加了 15 万亿美元——译者注）。2009 年，也就是美国债务持续爆雷的前夕，沃克尔曾经表示："问题的关键在于，国会预算办公室预计，到 2040 年，美国政府债务将超过 GDP，并且还会继续上涨。这一趋势显然是不可持续的。"沃克尔认为，那些曾经导致次贷危机的因素，正在联邦政府的财务中发酵。"由此可见，"他说道。"我们必须采取措施，避免另一场超级次贷危机。毋庸讳言，这场危机一旦爆发，其破坏性将远远超过上一次，它不仅危害美国，而且殃及全球。"

向普通百姓解释财政基础的重要性并不那么容易。当社会平安无事的时候，人们都忙忙碌碌，心满意足，无暇关心国家大事。一旦经济不景气，每个人都惊呼："哦，天啊，这一切显然就是一座纸牌屋！"

这的确像一座纸牌屋。7700万"婴儿潮一代"陆续达到退休年龄，美国退休人员协会（AARP）估计，到21世纪30年代，美国平均每天将有1万人年满65岁，他们都有资格享受社保福利。美国社会保障和医疗保险受托机构（Social Security and Medicare Trustees）在2018年的年度报告中预测，到2034年，美国社会保障联合信托基金将枯竭，退休人员只能得到政府承诺的79%的福利。再加上医保和医补方面的费用，其数目甚至比社保支出还大，可想而知这座纸牌屋是多么的脆弱。

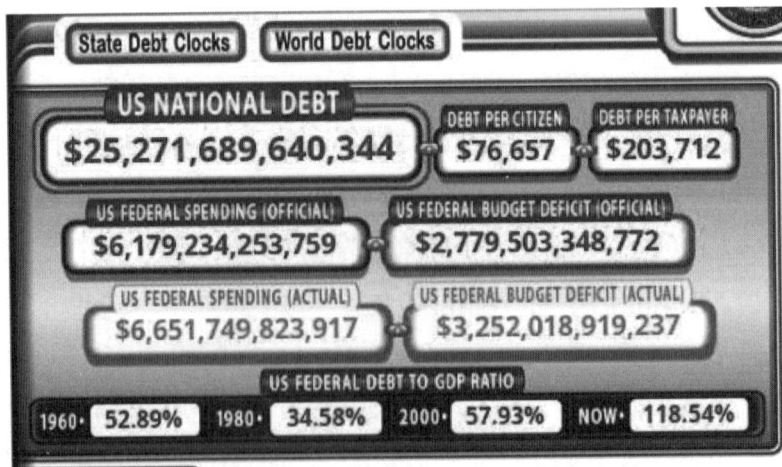

State Debt Clocks	World Debt Clocks		
US NATIONAL DEBT		DEBT PER CITIZEN	DEBT PER TAXPAYER
$25,271,689,640,344		$76,657	$203,712
US FEDERAL SPENDING (OFFICIAL)		US FEDERAL BUDGET DEFICIT (OFFICIAL)	
$6,179,234,253,759		$2,779,503,348,772	
US FEDERAL SPENDING (ACTUAL)		US FEDERAL BUDGET DEFICIT (ACTUAL)	
$6,651,749,823,917		$3,252,018,919,237	

US FEDERAL DEBT TO GDP RATIO			
1960 · 52.89%	1980 · 34.58%	2000 · 57.93%	NOW · 118.54%

2020年5月，美国债务时钟显示的数字已经超过25万亿美元

债务驱动的幻觉

经济学家和政治家们喜欢对过去 20 年来美国经济的强劲增长夸夸其谈，但我不相信美国经济有什么实际增长。我们拥有的仅仅是一种依靠债务助长的幻觉。GDP 可用以下简单公式计算：GDP ＝ 消费（C）＋投资（I）＋政府开支（G）＋进出口。如果政府通过赤字为经济增长贡献约 3%，我们就有理由认为 GDP 至少应该增长 3%。然而，美国 GDP 的平均增长率实际上只有 2.5%。理解这个看似复杂的概念其实很简单：如果 G 为 3%，其他所有的值即使都为零，那经济也应该增长 3%。如果 GDP 增长低于 3%，我们就会遇到一些棘手的问题。从数学上讲，我们正在经历的是一场债务驱动的经济增长幻觉。

这个概念在 2012 年极为重要。当时美联储主席本·伯南克告诉美国，当政府债务达到上限时国家就将面临"大规模财政悬崖"，从而导致税收增加、联邦政府的融资项目减少。这是一个大问题，因为政府开支（G）的减少和税收的增加会导致消费（C）的减少，从而使本来已经弱不禁风的经济复苏变成严重的衰退。如果 GDP 自然地增长了 2%，而财政紧缩又使经济总量减少了 4%，假设其他所有条件不变，那么就意味着经济将下滑 2%（2% －4% ＝ －2%）。

大家争论的焦点在于，我们是应该立即着手解决政府日积月累的财务问题，还是得过且过、苟且偷安。不幸的是，对后代子孙们来说，我们选择了错误的道路。一直以来，政府部门就在不断地扯皮，一再错失良机，导致问题日趋恶化，秋后算账的日子必将苦不堪言。

我们的视角必须转变

从 1980 年到 2018 年，利率和通货膨胀率总体上由高变低，而政府债务则由低变高。虽然我并不是说利率不能降低，但从15%左右大幅下降到2%（甚至更低），这种经济现象并不多见。在过去的30年中，消费者债务和政府开支都从低变高。政府债务已从1980年的相对低位猛增到今天的天文数字（无论是绝对数额还是相对数额）。在20世纪80年代初期，"婴儿潮一代"刚刚步入职场并得到充分就业。如今，这一代人即将全部退休。这些数据趋势在今后30年中将难以再现。

那么，我们可以在哪里寻找到前车之鉴呢？日本、阿根廷和欧洲的经历预示着美国可能面临的各种挑战。

- 从1980年到2000年，日本经历了通货紧缩，导致日本经济逐渐崩溃（经济跌落到大致相当于道琼斯指数在7000点左右交易、利率维持在2%以下），通常被称为"失去的十年"。
- 阿根廷在1990年至2000年经历了通货膨胀、恶性通货膨胀和本币贬值。
- 最近的欧洲经济危机，其特点是股市疲软、利率上升，同时西班牙、希腊和意大利的GDP出现下降。

这并不是一个全面的清单，我不再一一列举。由于第一次世界大战后法国负债累累，法郎因此失去了储备货币的地位；第二次世界大战后英国也重蹈覆辙。回顾历史，一旦国家遇到严重的债务问题，通常可以通过债务违约、经济增长、通货膨胀和货币贬值的组合对策来最终解决。尽管美国的命运不太可能重蹈上述案例的覆辙，但在未来30年中，美国很难像自己的过去30年那样幸运，虽然不是绝对不可能。

让我们从国会预算办公室做出的一些重要假设开始，也就是从这样一个想法入手：我们经济中的利率将保持稳定及温和上涨（但绝不会超过5%），失业率下降，GDP持续增长（未来十年大约累计增长62%）。通常认为，美联储将使通货膨胀率保持在低位并且稳定，而联邦政府的收入在未来十年将累计增长约100%。这些假设应接受压力测试。

如果利率上升过快呢？我们假设，美国政府11.5万亿美元公共债务的平均借贷成本从2%上升到6%。从概念上讲，由此新增的利息支出相当于11.5万亿美元的4%，意味着美国政府每年需要额外支出4600亿美元。在其他所有条件相同的情况下，这将导致三种经济可能性：政府必须增加收入（增税）、减少开支或者增加赤字。

从长远来看，让联邦债务继续增长就像踩着紧急刹车往前赶路一样。随着债务与GDP的比率增加，债务持有人将要求支付更多的利息，以补偿日益上升的政府违约风险。对美国国债的需求减少将进一步提高利率，减缓经济增长，并给美元带来下行压力，因为美元的价值与国债的价值挂钩。随着美元贬值，外国持有者得到的偿付将是毫无价值的货币，这势必进一步减少其对美国国债的需求。

因此，无论如何我们都需要从政府预算中削减4600亿美元——这的确是一个很大的数字。实际上，即便是解雇所有联邦雇员以及全部军人，仍将无济于事。问题在于，政府削减哪些方面的开支？补偿收入从哪里来？其结果将对GDP产生什么影响？在所有其他条件不变的情况下，增加税收和减少政府开支会导致GDP下降。在美国这样的高杠杆国家，这可能意味着利率上升和GDP下降。由此推升的赤字可能导致其他不利后果。所有这些都会对通货膨胀以及美元的价值产生影响。

为了看清美国的未来，我们不妨研究一下西班牙近年来面临的一些威胁：税收增加导致消费（C）不振，财政紧缩措施导致政府开支（G）减少，投资（I）由于市场缺乏信心而下降。当然，这些因素最终导致该国GDP萎缩。同时，全球市场对此忧心忡忡，利率不断走高。失业率日趋上升，住房价格不断下降。

我的观点是，一个国家如果同时出现利率上升、GDP下降、股票价格下跌、失业率上升和住房价格下跌，那就意味着经济岌岌可危。经久不息的通货紧缩、通货膨胀或恶性通货膨胀也同样可怕。对于世界各地的公民来说，寻找和创造安全的储值手段已经成为当务之急。

> ## ≫ 谁持有美国国债？

从持有主体来看，美国国债可分为公共债务（public debt）和政府内部债务（intra-governmental debt），前者占72%，后者占28%。在公共债务中，外国政府持有42%，美联储、州和地方政府持有23%，银行、保险公司持有7%，共同基金、私人养老金、储蓄债券持有16%。

（资料来源：金伯利·阿马多（Kimberly Amadeo），"谁持有美国国债？"，2019年2月13日）

词汇表

adjustable peg system：可调整钉住汇率制。政府作为本国货币的剩余买方或卖方，将其对外价值维持在固定平价的狭窄幅度之内。

asset-backed securities：资产支持证券。将各类标准化资产组合到资产池中并分割出售。

asset-based loan facility：资产抵押贷款工具。泛指以金融机构存放的资产做担保的所有类型的信贷额度。

balance sheet：资产负债表。个人、企业或其他组织在特定时点的资产、负债和资本的报表。

beta：贝塔系数。用来衡量个别证券或投资组合相对于整个市场（或某个参考标准）的波动性（或系统性风险）的指标。

Bimetallism：金银复本位制亦称双金属主义。政府将固定比率的金和银视为法定货币。

bitcoin：比特币。第一种基于区块链技术的数字货币。

blockchain：区块链。通过数字方式来保护某样东西的所有权及其完整历史的技术。

break the buck：跌破面值。每份货币市场基金的价值跌破1美元，此时投资者将遭受亏损。

Bretton Woods Agreement：布雷顿森林协议。第二次世界大战后签订的协议，规定所有国家的货币都盯住美元。

broad money：广义货币。类似于货币的任何有价值的东西。

capital allocation line：资本配置线。投资者用来衡量资产风险的图形，其中的斜线被称为"收益与波动性比率"（reward-to-variability ratio）。

Chicago Plan：芝加哥计划。要求将政府的货币功能与银行的贷款功能彻底分开。

cloud computing：云计算。一种计算环境，其中一方可以将计算需求外包给另一方，并通过互联网访问自己的数据库和电子邮件。

commoditization of lending：借贷商品化。通过去中心化的借贷，使生产同样质量商品的每个人获得相同的利率。

commodity money：商品货币。指货币的价值源于制造它的商品。

credit：信用。基于对未来进行偿付的信任而拥有的获取商品或服务的能力。

Credit Theory：信用理论。买卖就是一种以商品换取信用的过程，它不依赖于任何金属的价值，仅仅以债务人的付款义务以及债权人获得付款和接受清偿的权利为基础。

cryptocurrency：加密货币。基于区块链技术的数字货币。

currency：通货。指流通中的货币体系。

decentralized：去中心化。将权利和责任分配给个人或单位的代表方，而不是中心权威机构。

debt：债务。贷款协议是一项个人债务，即在特定时间偿还一定金额的义务。

debt capacity：债务能力。也叫借款能力，即个人或公司可以借款的额度。

depreciation：折旧。一种非现金费用，反映某项资产在其预计使用年限内的价值下降。

devaluation：贬值。某种东西的价值或重要性降低或被低估。

digital coin：数字硬币。植根于自身区块链的数字资产。

digital token：数字代币。需要借助诸如以太坊或 Omni 之类的平台才能存在和运营的数字资产。

discount rate：贴现率。用于计算未来现金流的当前价值的比率。

dual mandate：双重使命。指美联储同时追求价格稳定和可持续充分就业的双重目标。

Federal Reserve System：美国联邦储备体系。其职能是负责满足企业和行业流动性需求以保持金融体系和经济稳定。

fiat currency：法币。价值由发行政府担保的法定货币。

Fisher，Irving：欧文·费雪。提出货币数量理论的经济学家。

foreign exchange market：外汇市场。供参与者进行货币购买、出售、交换和投机的市场。

fractional reserve：部分准备金制度。银行仅保留一部分存款，并将其余全部贷出。

Friedman，Milton：米尔顿·弗里德曼。经济学家，提出汇率每天由市场供求力量来决定，不受政府的限制。

Friedman Rule：弗里德曼法则。米尔顿·弗里德曼提出将名义利率设定为零，因此对社会而言，持有货币的边际收益将等于生产货币的边际成本，名义利率等于实际利率加上预期通货膨胀率。

"full faith and credit"："十足信用"。政府的全部借贷能力都基于投资者的自信：无论发生何种情况，政府都将向自己支付预期的利息和本金。

full reserve banking：全额准备金制度。要求银行将所有存款都保留为现金，以备储户随时可以按需提取。

Glass-Steagall Act：《格拉斯－斯蒂格尔法案》。为应对引发大萧条的金融危机而制定的法律 。

gold standard：金本位制度。以黄金为支撑发行纸币。

Gold Standard Act：《金本位制度法案》。1900 年制定的法律，规定黄金是赎回纸币的唯一标准。

gold window：黄金窗口。黄金定价双轨制的非正式称呼，指的是中央银行可以按照 35 美元/盎司的官方价格买卖黄金，同时还存在一个按照市场价格自由买卖黄金的私人市场。

greenback：绿币，也叫美钞。美国内战期间北方联军所使用的不可兑换黄金的货币。

gyroscope：陀螺仪。一种装置，它可以使无限多的着力点在一个旋转的中心上移动，这个中心在各种自然反作用力下保持恒定。

Hayek，Friedrich：弗里德里希·哈耶克。英国经济学家，著有《货币的非国家化》。

International Monetary Fund：国际货币基金组织。为促进金融稳定和货币合作而成立的国际金融组织。

hyperinflation：恶性通货膨胀。物价不断飙升，失去控制，比如上涨率达到80%。

income：收入。按照美国国家税务局（Internal Revenue Service，IRS）条例或判例法的定义，收入包括薪资、工钱、出售股票或房地产的盈利、股息、利息、彩票或赌博获利、易货商品的现金价值以及其他收入。

inflation：通货膨胀。单位货币的购买力下降。

inflation risk：通货膨胀风险。利率变动对放贷者产生不利影响的可能性。

Innes，A. Mitchell：阿尔弗雷德·米歇尔·因内斯。英国经济学家，著有《货币信用理论》一书。

interest rate：利率。借款所支付的价格。

invisible hand：看不见的手。英国经济学家亚当·斯密提出的理论，其核心思想是，个人和企业本着自身利益而行事，可以给市场带来自然的稳定性和自我调节能力。

junk bond：垃圾债券。一种投机级债券。

liabilities：负债。个人或企业的债务。

liquidity：流动性。将资产转换为现金的便捷程度，也称为适销性。

long-term debt：长期债务。期限超过一年的债务。

M1：可以立即使用而不需要兑换的货币，如现金和旅行支票。

M2：M1 加上可以很容易转换成 M1 的金融资产，比如储蓄、货币市场基金和大额存单（CDs）。

MM：货币乘数。指银行可以以"金字塔"形式在准备金之上逐级增加新的存款。

medium of exchange：交易媒介。用于促进各方之间货物买卖或贸易的中介工具，代表了各方接受的价值标准。

Mises, Ludwig von：路德维希·冯·米塞斯。德国经济学家，提出了"纯信用"经济理论。

Modern Monetary Theory：现代货币理论。该理论揭示出，政府拥有发行法定货币并通过征税强迫人们使用这种货币的无限权力。

Modern Portfolio Theory：现代投资组合理论。厌恶风险的投资者可以根据给定的市场风险水平建立相应的投资组合，以获得最大的预期回报。

monetarism：货币主义。该学说的核心是"弗里德曼法则"，即将名义利率设定为零。

money supply：货币供应量。一国经济中货币和其他流动性投资的总供应量。

municipal bonds：市政债券。市政当局（如市或州政府）发行的债券。

Nakamoto, Satoshi：中本聪。发布比特币白皮书和代码的匿名人物。

narrow money：狭义货币。可轻松转换为现金的货币。

nominal interest rate：名义利率。未剔除通货膨胀因素的利率。

Planck, Max：马克斯·普朗克。德国物理学家，发现原子只能取特定的值。他提出的"普朗克常数"为量子力学奠定了基础。

prime interest rate：基准利率。美联储向商业银行收取的贷款利率。

profit-and-loss statement：损益表。汇总了某一特定时期的收入、成本和费用的财务报表。

proof of work：工作证明。用于验证交易以及在区块链上生成新区块的算法。

quantitative easing：量化宽松。中央银行购买证券以增加货币供应并降低市场利率。

quantity theory of money：货币数量理论。商品和服务的总体价格水平与流通中的货币数量或货币供应量直接相关。

real rate of return：实际收益率。按通货膨胀率调整后的年化收益率。

reserve ratio：存款准备金率。存款准备金是指金融机构必须持有而不能贷放或投资的那部分负债。存款准备金率就是存款准备金与存款总额的比率。

risk：风险。灾祸或危险。在财务方面，指的是投资回报可能变得一文不值，或者低于投资者的预期价值或资产的原有价值。

risk-free money：无风险货币。一种以市场为基础、自我稳定的全球货币，它可以用任何价值单位计量并充当一切交易的媒介。

risk tolerance：风险承受能力。个人愿意承受的投资收益变动程度；个人或夫妻在追求投资收益过程中能够在情感和心理上容忍多大程度的潜在风险或收益（价值）损失。

safe store of value：安全的储值手段。一种标准化的、固定的常数，它可以用任何价值单位去衡量，并且可以充当所有交易的媒介。

secured lending：抵押贷款。放贷者将某些资产作为贷款的抵押物，这笔贷款就变成了有抵押的债务。

securities：证券。可交易的金融投资品种，例如股票、债券和衍生工具。

securitization：证券化。将一笔贷款在多个放贷者之间分割以便于他们分担风险。

securities-based lending：证券抵押贷款。使用证券作抵押的贷款，它几乎可以用于任何目的。

Smith，Adam：亚当·斯密。18 世纪的英国经济学家，主张发行私人货币。

specie：硬币。指金币和银币。

systematically important financial institutions（SIFI）：系统性重要金融机构（SIFI）。比如那些被认为是"大到不能倒"的银行。

trustless：无须信任。无须借助第三方或中心权威机构，仅仅通过计算机网络来确认和监测价值交换过程。

Troubled Asset Relief Program：不良资产纾困计划。2008 年美国政府为帮助银行应对金融危机而推出的救助计划。

资料来源

本"资料来源"根据可汗学院（Khan Academy）和维基百科的内容整理而成，旨在帮助读者更好地理解本书中的相关概念。可汗学院是一个非营利性实体，没有广告，也没有订阅，其使命是"为世界各地的所有人提供免费的、世界级的教育"；维基百科由维基百科基金管理，也是免费的在线百科全书，其词条由世界各地的志愿者提供和编辑。

通货膨胀、利率以及恶性通货膨胀

通货膨胀概况（Inflation Overview-Khan Academy）

- https：//www. khanacademy. org/economics-finance-domain/ core-finance/inflation-tutorial/inflation-basics-tutorial/v/ inflation-overview

什么是通货膨胀（What Is Inflation? Khan Academy）

- https：//www. khanacademy. org/economics-finance-domain/ core-finance/inflation-tutorial/inflation-basics-tutorial/v/ what-is-inflation

通货膨胀（Inflation-Wikipedia）

- https：//en. wikipedia. org/wiki/Inflation

实际收益与名义收益（Real and Nominal Return-Khan Academy）

- https：//www. khanacademy. org/economics-finance-domain/ core-finance/inflation-tutorial/real-nominal-return-tut/v/realand-nominal-return

名义收益、实际收益与通货膨胀之间的关系（Relations Between Nominal and Real Returns and Inflation-Khan Academy）

- https：//www. khanacademy. org/economics-finance-domain/ core-finance/inflation-tutorial/real-nominal-return-tut/v/ relation-between-nominal-and-real-returns-and-inflation

良性经济中的温和通胀（Moderate Inflation in a Good Economy-Khan Academy）

- https：//www. khanacademy. org/economics-finance-domain/ core-finance/inflation-tutorial/inflation-scenarios-tutorial/v/ moderate-inflation-in-a-good-economy

滞胀（Stagflation-Khan Academy）

- https：//www. khanacademy. org/economics-finance-domain/ core-finance/inflation-tutorial/inflation-scenarios-tutorial/v/ stagflation

恶性通货膨胀（Hyperinflation-Khan Academy）

- https：//www. khanacademy. org/economics-finance-domain/ core-finance/inflation-tutorial/inflation-scenarios-tutorial/v/ hyperinflation

恶性通货膨胀（Hyperinflation-Wikipedia）

- https：//en. wikipedia. org/wiki/Hyperinflation

货币

货币（Money-Wikipedia）

- https：//en. wikipedia. org/wiki/Money

货币的功能（Functions of Money-Khan Academy）

- https：//www. khanacademy. org/economics-finance-domain/apmacroeconomics/ap-financial-sector/definition-measure ment-and-functions-of-money-ap/v/functions-of-money

货币供应量：M0、M1 和 M2（Money Supply：M0, M1, and M2-Khan Academy）

- https：//www. khanacademy. org/economics-finance-domain/apmacroeconomics/ap-financial-sector/definition-measurementand-functions-of-money-ap/v/money-supply-m0-m1-and-m2

货币功能崩溃之际：恶性通货膨胀（When the Functions of Money Break Down：Hyperinflation-Khan Academy）

- https：//www. khanacademy. org/economics-finance-domain/apmacroeconomics/ap-financial-sector/definition-measurementand-functions-of-money-ap/v/when-the-functions-of-moneybreak-down-hyperinflation

商品货币与法币（Commodity Money vs. Fiat Money-Khan Academy）

- https：//www. khanacademy. org/economics-finance-domain/apmacroeconomics/ap-financial-sector/definition-measurementand-functions-of-money-ap/v/commodity-money-vs-fiat-money

法币（Fiat Money-Wikipedia）

- https：//en. wikipedia. org/wiki/Fiat _ money

货币政策

货币经济学（Monetary Economics-Wikipedia）

- https：//en. wikipedia. org/wiki/Monetary _ economics

货币信用理论（Credit Theory of Money-Wikipedia）

- https：//en. wikipedia. org/wiki/Credit _ theory _ of _ money

货币数量理论（Quantity Theory of Money-Wikipedia）

- https：//en. wikipedia. org/wiki/Quantity _ theory _ of _ money

现代货币理论（Modern Monetary Theory-Wikipedia）

- https：//en. wikipedia. org/wiki/Modern _ Monetary _ Theory

货币主义（Monetarism-Wikipedia）

- https：//en. wikipedia. org/wiki/Monetarism

银行学

银行学导论（Introduction-Khan Academy）

- https：//www. khanacademy. org/economics-finance-domain/ core-finance/money-and-banking/modal/v/banking-1

银行收入报表（A Bank's Income Statement-Khan Academy）

- https：//www. khanacademy. org/economics-finance-domain/ core-finance/money-and-banking/modal/v/banking-2-abank-s-income-statement

部分准备金制度（导论）Fractional Reserve Banking（Introduction to）-Khan Academy

- https：//www. khanacademy. org/economics-finance-domain/ core-finance/money-and-banking/modal/v/banking-3fractional-reserve-banking

乘数效应与货币供应（Multiplier Effect and The Money Supply-Khan Academy）

- https：//www. khanacademy. org/economics-finance-domain/ core-finance/money-and-banking/modal/v/banking-4multiplier-effect-and-the-money-supply

银行券导论（Introduction to Bank Notes-Khan Academy）

- https：//www. khanacademy. org/economics-finance-domain/ core-finance/money-and-banking/modal/v/banking-5introduction-to-bank-notes

银行券与支票（Bank Notes and Checks-Khan Academy）

- https：//www. khanacademy. org/economics-finance-domain/ core-finance/money-and-banking/modal/v/banking-6-banknotes-and-checks

与黄金无关的放贷（Giving Out Loans Without Giving Out Gold-Khan Academy）

- https：//www. khanacademy. org/economics-finance-domain/ core-finance/money-and-banking/modal/v/banking-7-givingout-loans-without-giving-out-gold

存款准备金率（Reserve Ratios-Khan Academy）

- https：//www. khanacademy. org/economics-finance-domain/ core-finance/money-and-banking/modal/v/banking-8reserve-ratios

储备银行（A Reserve Bank-Khan Academy）

- https：//www. khanacademy. org/economics-finance-domain/ core-finance/money-and-banking/modal/v/banking-11-areserve-bank

美联储及其双重使命（The Federal Reserve and the Dual Mandate-Wikipedia）

- https：//en. wikipedia. org/wiki/Federal _ Reserve

国债（Treasuries-Khan Academy）

- https：//www. khanacademy. org/economics-finance-domain/ core-finance/money-and-banking/modal/v/banking-12treasuries-government-debt

公开市场操作（Open Market Operations-Khan Academy）

- https：//www. khanacademy. org/economics-finance-domain/ core-finance/money-and-banking/modal/v/banking-13-openmarket-operations

联邦基金利率（Fed Funds Rate-Khan Academy）

- https：//www. khanacademy. org/economics-finance-domain/ core-finance/money-and-banking/modal/v/banking-14-fedfunds-rate

细说联邦基金利率（Detail on Fed Funds Rate-Khan Academy）

- https：//www. khanacademy. org/economics-finance-domain/ core-finance/money-and-banking/modal/v/banking-15-moreon-the-fed-funds-rate

目标利率与货币供应量（Why Target Rates vs. Money Supply? -Khan Academy）

- https：//www. khanacademy. org/economics-finance-domain/ core-finance/money-and-banking/modal/v/banking-16-whytarget-rates-vs-money-supply

黄金的变迁（What Happened to the Gold? -Khan Academy）

- https：//www. khanacademy. org/economics-finance-domain/ core-finance/money-and-banking/banking-and-money/v/banking-17-what-happened-to-the-gold

美联储资产负债表（Federal Reserve Balance Sheet-Khan Academy）

- https：//www. khanacademy. org/economics-finance-domain/ core-finance/money-and-banking/banking-and-money/v/ federal-reserve-balance-sheet

贴现率（The Discount Rate-Khan Academy）

- https：//www. khanacademy. org/economics-finance-domain/ core-finance/money-and-banking/banking-and-money/v/thediscount-rate

伦敦同业拆借利率（LIBOR-Khan Academy）

- https：//www. khanacademy. org/economics-finance-domain/ core-finance/money-and-banking/banking-and-money/v/labor

国民储蓄与投资（National Savings and Investment-Khan Academy）

- https：//www. khanacademy. org/economics-finance-domain/ ap-macroeconomics/ap-financial-sector/the-market-forloanable-funds/v/national-savings-and-investment-apmacroeconomics-khan-academy

可贷资金市场（The Loanable Funds Market-Khan Academy）

- https：//www. khanacademy. org/economics-finance-domain/ ap-macroeconomics/ap-financial-sector/the-market-forloanable-funds/v/loanable-funds-market-ap-macroeconomicskhan-academy

回购协议/回购交易（Repurchase Agreements/Repo Transactions-Khan Academy）

- https：//www. khanacademy. org/economics-finance-domain/ core-finance/money-and-banking/banking-and-money/v/ repurchase-agreements-repo-transactions

银行体系

部分准备金制度（Fractional Reserve Banking-Wikipedia）

- https：//en. wikipedia. org/wiki/Fractional-reserve _ banking Full Reserve Banking-Wikipedia
- https：//en. wikipedia. org/wiki/Full-reserve _ banking

全额准备金制度（Full Reserve Banking-Khan Academy）

- https：//www. khanacademy. org/economics-finance-domain/ macroeconomics/monetary-system-topic/macro-banking-andthe-expansion-of-the-money-supply/v/full-reserve-banking

部分准备金制度的弱点（Weakness of Fractional Reserve Banking-Khan Academy）

- https：//www. khanacademy. org/economics-finance-domain/ macroeconomics/monetary-system-topic/macro-bankingand-the-expansion-of-the-money-supply/v/weaknesses-offractional-reserve-lending

各种银行体系的利弊（Pros and Cons of Various Banking Systems-Khan Academy）

- https：//www. khanacademy. org/economics-finance-domain/ core-finance/money-and-banking/banking-and-money/v/ banking-18-big-picture-discussion

芝加哥计划（The Chicago Plan-Wikipedia）

- https：//en. wikipedia. org/wiki/Chicago _ plan

芝加哥计划修订版（The Chicago Plan Revisited-Wikipedia）

- https：//en. wikipedia. org/wiki/The _ Chicago _ Plan _ Revisited

Nonprofit and Cooperative Banking

非营利性及合作制银行业务

信用社（Credit Union）

- https：//en. wikipedia. org/wiki/Credit _ union

合作社（Cooperative）

- https：//en. wikipedia. org/wiki/Cooperative

合作银行业务（Cooperative Banking）

- https：//en. wikipedia. org/wiki/Cooperative _ banking

部分准备金制度——扩展篇

部分准备金制度下的银行资产负债表（Bank Balance Sheets in a Fractional Reserve System-Khan Academy）

- https：//www. khanacademy. org/economics-finance-domain/ ap-macroeconomics/ap-financial-sector/banking-and-theexpansion-of-the-money-supply-ap/v/bank-balance-sheets-ina-fractional-reserve-system

部分准备金制度下的货币创造（Money Creation in a Fractional Reserve System-Khan Academy）

- https：//www. khanacademy. org/economics-finance-domain/ ap-macroeconomics/ap-financial-sector/banking-and-theexpansion-of-the-money-supply-ap/v/money-creation-in-afractional-reserve-system-ap-macroeconomics-khan-academy

部分准备金制度述评（Fractional Reserve Banking Commentary-Khan Academy）

- https：//www. khanacademy. org/economics-finance-domain/ core-finance/money-and-banking/banking-and-money/v/ fractional-reserve-banking-commentary-1

部分准备金制度述评：存款保险（Fractional Reserve Banking Com-

mentary：Deposit Insurance-Khan Academy）

- https：//www. khanacademy. org/economics-finance-domain/ core-finance/money-and-banking/banking-and-money/v/frbcommentary-2-deposit-insurance

部分准备金制度：概览（Fractional Reserve Banking：Big Picture-Khan Academy）

- https：//www. khanacademy. org/economics-finance-domain/ core-finance/money-and-banking/banking-and-money/v/frbcommentary-3-big-picture

货币与利率的关系

货币市场（Money Market-Wikipedia）

- https：//en. wikipedia. org/wiki/Money _ market Money Market Fund-Wikipedia
- https：//en. wikipedia. org/wiki/Money _ market _ fund

货币市场的货币需求曲线（The Demand Curve for Money in the Money Market-Khan Academy）

- https：//www. khanacademy. org/economics-finance-domain/ ap-macroeconomics/ap-financial-sector/the-money-marketapmacro/v/demand-curve-for-money-in-the-money-marketap-macroeconomics-khan-academy

货币市场的均衡利率（Equilibrium Interest Rates in the Money Market-Khan Academy）

- https：//www. khanacademy. org/economics-finance-domain/ ap-macroeconomics/ap-financial-sector/the-money-marketapmacro/v/equilibrium-nominal-interest-rates-in-the-moneymarket-ap-macroeconomics-khan-academy

货币政策工具（Monetary Policy Tools-Khan Academy）

- https：//www. khanacademy. org/economics-finance-domain/ ap-macroeconomics/ap-financial-sector/monetary-policyapmacro/v/monetary-policy-tools-ap-macroeconomics-khanacademy

现代投资组合理论

现代投资组合理论（Modern Portfolio Theory-Wikipedia）

- https：//en. wikipedia. org/wiki/Modern _ portfolio _ theory

无风险利率（Risk-Free Rate-Wikipedia）

- https：//en.wikipedia.org/wiki/Risk-free_interest_rate

资本资产定价模型（Capital Asset Pricing Model-Wikipedia）

- https：//en.wikipedia.org/wiki/Capital_asset_pricing_model

贝塔系数（Beta-Wikipedia）

- https：//en.wikipedia.org/wiki/Beta_（finance）

有效边界（Efficient Frontier-Wikipedia）

- https：//en.wikipedia.org/wiki/Efficient_frontier

资本配置线（Capital Allocation Line-Wikipedia）

- https：//en.wikipedia.org/wiki/Capital_allocation_line

资本市场线（Capital Market Line-Wikipedia）

- https：//en.wikipedia.org/wiki/Capital_market_line

证券化与抵押贷款池

以下源自维基百科：

证券化（Securitization）

- https：//en.wikipedia.org/wiki/Securitization

资产抵押贷款（Asset-Based Lending）

- https：//en.wikipedia.org/wiki/Asset-based_lending

资产抵押证券（Asset-Backed Securities）

- https：//en.wikipedia.org/wiki/Asset-backed_security

担保债务凭证（Collateralized Debt Obligation）

- https：//en.wikipedia.org/wiki/Collateralized_debt_obligation

担保贷款凭证（Collateralized Loan Obligation）

- https：//en.wikipedia.org/wiki/Collateralized_loan_obligation

以下源自可汗学院：

担保债务凭证概述（Collateralized Debt Obligation-Overview）

- https：//www.khanacademy.org/economics-finance-domain/ core-finance/derivative-securities/cdo-tutorial/v/collateralizeddebt-obligation-overview

担保债务凭证（Collateralized Debt Obligation）

- https：//www. khanacademy. org/economics-finance-domain/ core-finance/derivative-securities/cdo-tutorial/v/collateralizeddebt-obligation-cdo

抵押支持证券概述（Mortgage-Backed Security Overview）

- https：//www. khanacademy. org/economics-finance-domain/ core-finance/derivative-securities/modal/v/mortgage-backsecurity-overview

抵押支持证券（Mortgage-Backed Securities）

- https：//www. khanacademy. org/economics-finance-domain/ core-finance/derivative-securities/modal/v/mortgage-backedsecurities-i

- https：//www. khanacademy. org/economics-finance-domain/ core-finance/derivative-securities/modal/v/mortgage-backedsecurities-ii

- https：//www. khanacademy. org/economics-finance-domain/ core-finance/derivative-securities/modal/v/mortgage-backedsecurities-iii

比特币与区块链

比特币：一种点对点电子现金系统（Bitcoin：A Peer-to-Peer Electronic Cash System）

https：//bitcoin. org/bitcoin. pdf

以下源自维基百科：

区块链（Blockchain）

- https：//en. wikipedia. org/wiki/Blockchain

加密货币（Cryptography）

- https：//en. wikipedia. org/wiki/Cryptography

加密哈希函数（Cryptographic Hash Function）

- https：//en. wikipedia. org/wiki/Cryptographic _ hash _ function

分布式账户（Distributed Ledger）

- https：//en. wikipedia. org/wiki/Distributed _ ledger

点对点（Peer-to-Peer）

- https：//en. wikipedia. org/wiki/Peer-to-peer

共识（Consensus）

- https：//en. wikipedia. org/wiki/Consensus _（computer _ science）

数字货币（Digital Currency）

- https：//en. wikipedia. org/wiki/Digital _ currency

以下源自可汗学院：

什么是比特币？（What Is Bitcoin？）

- https：//www. khanacademy. org/economics-finance-domain/ core-finance/money-and-banking/modal/v/bitcoin-what-is-it

比特币概述（Bitcoin Overview）

- https：//www. khanacademy. org/economics-finance-domain/ core-finance/money-and-banking/modal/v/bitcoin-overview

加密哈希函数（Cryptographic Hash Functions）

- https：//www. khanacademy. org/economics-finance-domain/ core-finance/money-and-banking/modal/v/bitcoin-cryptogra phic-hash-function

数字签名（Digital Signatures）

- https：//www. khanacademy. org/economics-finance-domain/ core-finance/money-and-banking/modal/v/bitcoin-digitalsignatures

比特币：交易记录（Bitcoin：Transaction Records）

- https：//www. khanacademy. org/economics-finance-domain/ core-finance/money-and-banking/modal/v/bitcoin-transactionrecords

工作证明（Proof-of-Work）

- https：//www. khanacademy. org/economics-finance-domain/ core-finance/money-and-banking/modal/v/bitcoin-proof-ofwork

交易区块链（Transaction Blockchains）

- https：//www. khanacademy. org/economics-finance-domain/ core-finance/money-and-banking/modal/v/bitcoin-transactionblock-chains

比特币：货币供应量（Bitcoin：Money Supply）

- https：//www. khanacademy. org/economics-finance-domain/ core-finance/money-and-banking/modal/v/bitcoin-themoney-supply

交易区块链的安全性（The Security of Transaction Blockchains）

- https：//www. khanacademy. org/economics-finance-domain/core-finance/money-and-banking/modal/v/bitcoin-securityof-transaction-block-chains

去中心化（Decentralization）

- https：//en. wikipedia. org/wiki/Decentralization

分布式计算（Distributed Computing）

- https：//en. wikipedia. org/wiki/Distributed _ computing

云计算（Cloud Computing）

- https：//en. wikipedia. org/wiki/Cloud _ computing

容器集群管理系统（Kubernetes）

- https：//en. wikipedia. org/wiki/Kubernetes

重要理论及现象

弗里德曼法则（Freidman Rule）

- https：//en. wikipedia. org/wiki/Friedman _ rule

弗里德曼 k% 法则（Friedman's K-percent Rule）

- https：//en. wikipedia. org/wiki/Friedman percnt；27s _ kpercent _ rule

泰勒法则（Taylor Rule）

- https：//en. wikipedia. org/wiki/Taylor _ rule

菲利普斯曲线（Phillips Curve）

- https：//en. wikipedia. org/wiki/Phillips _ curve

零利率政策（Zero Interest Rate Policy）

- https：//en. wikipedia. org/wiki/Zero _ interest-rate _ policy

负利率（Negative Interest Rates）

- https：//en. wikipedia. org/wiki/Interest _ rate#Negative _ interest _ rates

200 年来金融史上的重大历史事件、恐慌和冲击

1825 年大恐慌（Panic of 1825）

- https：//en. wikipedia. org/wiki/Panic _ of _ 1825

1837 年大恐慌（Panic of 1837）

- https：//en. wikipedia. org/wiki/Panic _ of _ 1837

1857 年大恐慌（ Panic of 1857）

- https：//en. wikipedia. org/wiki/Panic _ of _ 1857

1869 年黑色星期五（Black Friday of 1869）

- https：//en. wikipedia. org/wiki/Black _ Friday _ （1869）

1873 年大恐慌（Panic of 1873）

- https：//en. wikipedia. org/wiki/Panic _ of _ 1873

1884 年大恐慌（Panic of 1884）

- https：//en. wikipedia. org/wiki/Panic _ of _ 1884

1893 年大恐慌（Panic of 1893）

- https：//en. wikipedia. org/wiki/Panic _ of _ 1893

1896 年大恐慌（Panic of 1896）

- https：//en. wikipedia. org/wiki/Panic _ of _ 1896

1901 年大恐慌（Panic of 1901）

- https：//en. wikipedia. org/wiki/Panic _ of _ 1901

1907 年大恐慌（Panic of 1907）

- https：//en. wikipedia. org/wiki/Panic _ of _ 1907

1929 年华尔街崩盘（ Wall Street Crash of 1929）

- https：//en. wikipedia. org/wiki/Wall _ Street _ Crash _ of _ 1929

大萧条（Great Depression）

- https：//en. wikipedia. org/wiki/Great _ Depression

1944 年布雷顿森林会议（Bretton Woods，1944）

- https：//en. wikipedia. org/wiki/Bretton _ Woods _ system

1971 年尼克松冲击（Nixon Shock，1971）

- https：//en. wikipedia. org/wiki/Nixon _ shock 1971

1973 年石油危机（Oil Crisis）

- https：//en. wikipedia. org/wiki/1973 _ oil _ crisis

拉美债务危机（Latin American Debt Crisis）

- https：//en. wikipedia. org/wiki/Latin _ American _ debt _ crisis

1987 年黑色星期一（Black Monday of 1987）

- https：//en. wikipedia. org/wiki/Black _ Monday _ （1987）

储贷危机（Savings and Loan Crisis）

- https：//en. wikipedia. org/wiki/Savings _ and _ loan _ crisis

日本资产价格泡沫（Japanese Asset Price Bubble）

- https：//en. wikipedia. org/wiki/Japanese _ asset _ price _ bubble

1992 年黑色星期三（Black Wednesday of 1992）

- https：//en. wikipedia. org/wiki/Black _ Wednesday （1992）

墨西哥比索危机（Mexican Peso Crisis）

- https：//en. wikipedia. org/wiki/Mexican _ peso _ crisis

阿根廷大萧条（Argentine Great Depression）

- https：//en. wikipedia. org/wiki/1998％E2％80％932002 _ Argentine _ great _ depression

1997 年亚洲金融危机（Asian Financial Crisis，1997）

- https：//en. wikipedia. org/wiki/1997 _ Asian _ financial _ crisis

1998 年俄罗斯金融危机（Russian Financial Crisis，1998）

- https：//en. wikipedia. org/wiki/1998 _ Russian _ financial _ crisis

2000 年互联网泡沫（Dot-Com Bubble，2000）

- https：//en. wikipedia. org/wiki/Dot-com _ bubble

2008 年国际金融危机（Global Financial Crisis）

- https：//en. wikipedia. org/wiki/Global _ financial _ crisis _ in _ 2008

臭名昭著的恶性通货膨胀

罗马（Rome）

- https：//en. wikipedia. org/wiki/Hyperinflation#Rome

奥地利（Austria）

- https：//en. wikipedia. org/wiki/Hyperinflation#Austria

中国（China）

- https：//en. wikipedia. org/wiki/Hyperinflation#China

法国（France）

- https：//en. wikipedia. org/wiki/Hyperinflation#France

魏玛共和国（Weimar Republic）

- https：//en. wikipedia. org/wiki/Hyperinflation _ in _ the _ Weimar _ Republic

匈牙利（Hungary）

- https：//en. wikipedia. org/wiki/Hungarian _ peng% C5% 91#Hyperinflation

苏联（Soviet Russia）

- https：//en. wikipedia. org/wiki/Hyperinflation _ in _ early _ Soviet _ Russia Venezuela
- https：//en. wikipedia. org/wiki/Crisis _ in _ Venezuela

津巴布韦（Zimbabwe）

- https：//en. wikipedia. org/wiki/Hyperinflation _ in _ Zimbabwe

即将到来的危机

《货币战争：下一场全球金融危机的形成》，詹姆斯·里卡兹著（*Currency Wars*：*The Making of the Next Global Crisis* by James Rickards ）

《毁灭之路：全球精英应对未来金融危机的方案》，詹姆斯·里卡兹著（*The Road to Ruin*：*The Global Elites' Secret Plan for the Next Financial Crisis* by James Rickards）

《货币的死亡：岌岌可危的国际货币体系》，詹姆斯·里卡兹著（*The Death of Money*：*The Coming Collapse of the International Monetary Sys-*

tem by James Rickards）

《中央银行与人类奴役史》，斯蒂芬·米特福德·古德森著（*A History of Central Banking and the Enslavement of Mankind* by Stephen Mitford Goodson）

《债务大危机》，雷·达里奥著（*The Big Debt Crisis* by Ray Dalio）

《美元危机：原因、后果及对策》，理查德·邓肯著（*The Dollar Crisis：Causes，Consequences，Cures* by Richard Duncan）

《动后余生：在下一次全球金融危机中保护自己和盈利》，大卫·魏德纳、罗伯特·魏德纳、辛迪·斯必泽著（*Aftershock：Protect Yourself and Profit in the Next Global Financial Meltdown* by David Wiederner，Robert Wiederner，and Cindy Spitzer ）

《美国的泡沫经济：获利了结》，大卫·魏德纳、罗伯特·魏德纳、辛迪·斯必泽著（*America's Bubble Economy：Profit When It Pops* by David Wiederner，Robert Wiederner，and Cindy Spitzer）

《真实的崩溃：美国面临的破产危机》，皮特·希夫著（*The Real Crash：America's Coming Bankruptcy* by Peter Schiff ）

《狂热、恐慌与崩盘》，查尔斯·金德尔伯格、罗伯特·阿里贝著（*Manias，Panics，Crashes* by Charles Kindleberger and Robert Aliber）

《国家为何走向衰败》，达龙·阿塞莫鲁著（*Why Nations Fail* by Daron Acemoglu）

《这次与众不同：八个世纪的金融愚行》，卡门·莱因哈特、肯尼斯·罗格夫著（*This Time Is Different：Eight Centuries of Financial Folly* by Carmen Reinhart and Kenneth Rogoff）

作者简介

托马斯·安德森（Thomas J. Anderson）是阿纳索瓦（Anasova）的创始人。阿纳索瓦是一个金融服务平台，致力于通过安全、高效及匿名的方式持续组织和优化社区的金融生活。在创立阿纳索瓦之前，安德森创立了超新星借贷和超新星技术公司。超新星是一家金融科技公司，提供基于云计算的端到端金融技术平台，使银行能够更有效地向广大消费群体提供担保贷款。超新星帮助银行改进了许多关键业务流程（包括贷款发起、贷款回收、风险监控、支付处理和贷款会计）并使之自动化，其解决方案在美国一些最大的银行得到了应用。该公司还拥有业内领先的财富管理借贷教育平台。

安德森著述颇丰，是《纽约时报》的畅销书作者和美国知名的理财专家。他的第一部著作《债务的价值》（*The Value of Debt*）是《纽约时报》和《今日美国》的畅销书，并在"财富管理网"（WealthManagement. com）商业图书排行榜上位列第二名。他的其他著作《退休后的债务价值》（*The Value of Debt in Retirement*）和《财富积累过程中的债务价值》（*The Value of Debt in Building Wealth*），在《纽约时报》《今日美国》《福布斯》《华盛顿邮报》、CNBC 电视台、福克斯商业新闻网、彭博网等众多媒体上广受好评。安德森曾在富国银行、德意志银行、美国银行/美林银行和摩根士丹利从事投资银行和财富管理业务。他在担任摩根士丹利财富管理部执行主任期间，曾被《华尔街杂志》评为"四十岁以下杰出四十人"。安德森毕业于圣路易斯华盛顿大学并获得了理工与文学双学士学位，其后在芝加哥大学读研并获得工商管理硕士学位。目前，他和妻子及三个孩子居住在芝加哥。

参考文献

Adam, Martin. "Remembering Nixon's Gold-Standard Gamble: Interrupting 'Bonanza.'" *The Atlantic*, August 15, 2011. https://www.theatlantic.com/politics/archive/2011/08/nixon-gold-standard-gamble-interrupting-bonanza/354136/.

Allen, William R. "Irving Fisher and the 100 Percent Reserve Proposal." *Journal of Law & Economics* 36, no. 2 (1993): 703–717. http://www.jstor.org/stable/725805.

Anderson, Thomas J. *The Value of Debt: How to Manage Both Sides of a Balance Sheet to Maximize Wealth*. Hoboken, NJ: John Wiley & Sons, 2013.

Anderson, Thomas J. *The Value of Debt in Building Wealth*. Hoboken, NJ: John Wiley & Sons, 2017.

Anikin, A. *Gold – The Yellow Devil*. New York: International Publishers, 1983.

Antonopoulos, Andreas M. *Mastering Bitcoin: Unlocking Digital Cryptocurrencies*. Sebastopol, CA: O'Reilly Media, 2015.

Arutyunov, V.V. "Cloud Computing: Its History of Development, Modern State, and Future Considerations." *Scientific and Technical Information Processing* 39, no. 3 (July 2012): 173–178. https://doi.org/10.3103/S0147688212030082.

Baron, Joshua; O'Mahony, Angela; Manheim, David; and Dion-Schwartz, Cynthia. "The Current State of Virtual Currencies." In *National Security Implications of Virtual Currency: Examining the Potential for Non-State Actor Deployment*. RAND Corp., 2015. https://www.jstor.org/stable/10.7249/j.ctt19rmd78.8.

Bell, Mary Ann. "Cloud Crowd: You Belong Whether You Know It or Not!" *Multimedia & Internat@Schools*, July–August 2009. http://www.questia.com/read/1G1-203230755/cloud-crowd-you-belong-whether-you-know-it-or-not.

Bellofiore, Riccardo. "Between Wicksell and Hayek: Mises' Theory of Money and Credit Revisited." *American Journal of Economics and Sociology* 57, no. 4, 1998. http://www.questia.com/read/1G1-53449312/between-wicksell-and-hayek-mises-theory-of-money.

Benes, Jaromir, and Kumhof, Michael. *The Chicago Plan Revisited*. International Monetary Fund, 2012. http://193.205.144.19/dipartimenti/distateq/garofalo/wp12202.pdf.

Bernanke, Ben S. "A Century of US Central Banking: Goals, Frameworks, Accountability." Journal of Economic Perspectives 27, no. 4 (Fall 2013): 3–16. https://www.jstor.org/stable/23560019.

Bernstein, Peter L. *The Power of Gold: The History of an Obsession*. Hoboken, NJ: Wiley, 2012.

Block, Fred L. *The Origins of International Economic Disorder: A Study of United States Monetary Policy from World War II to the Present*. Berkeley and Los Angeles: University of California Press, 1977.

Bodie, Ziv; Kane, Alex; and Marcus, Alan. *Investments*, 9th ed. New York: McGraw-Hill, 2011.

Bonamy, Price. "What Is Money?" *Fraser's Magazine*, no. 602, February 1880, 248–260. https://search.proquest.com/openview/069615c7110f1baa/1?pq-origsite=gscholar&cbl=1795.

Bordo, Michael D. "The Gold Standard and Other Monetary Regimes." *NBER Reporter*, 1992. http://www.questia.com/read/1G1-12730329/the-gold-standard-and-other-monetary-regimes.

Bordo, Michael D., and Rockoff, Hugh. "The Influence of Irving Fisher on Milton Friedmabn's Monetary Economics." *American Economic Association*, January 1, 2011. http://citeseerx.ist.psu.edu/viewdoc/download;jsessionid=CF3C959AD00B985D086474688AE41088?doi=10.1.1.364.5640&rep=rep1&type=pdf.

Bowles, Nellie. "Everyone Is Getting Hilariously Rich, and You'Re Not". *New York Times*, January 13, 2018. https://www.nytimes.com/2018/01/13/style/bitcoin-millionaires.html?em_pos=large&emc=edit_li_20180113&nl=nyt-living&nlid=12940167&ref=headline&te=1&_r=0.

Browne, Ryan. "Digital Payments Expected to Hit 726 by 2020 – But Cash Isn't Going Anywhere Yet." *CNBC*, October 8, 2017. https://www.cnbc.com/2017/10/09/digital-payments-expected-to-hit-726-billion-by-2020-study-finds.html.

Carlos, Ann M., and Lewis, Frank D. *Commerce by a Frozen Sea: Native Americans and the European Fur Trade*. Philadelphia: University of Pennsylvania Press, 2010. http://www.questia.com/read/124342734/commerce-by-a-frozen-sea-native-americans-and-the.

Carney, John. "The Size of the Bank Bailout: $29 Trillion." *CNBC*, December 14, 2011. https://www.cnbc.com/id/45674390.

Catherwood, Hugh R. "The U.S. National Debt." *Government Accountants Journal* 49, no. 2 (2000). http://www.questia.com/read/1P3-55109496/the-u-s-national-debt.

Chang, Sue. "Here's All the Money in the World, in One Chart." MarketWatch, November 28, 2017. https://www.marketwatch.com/story/this-is-how-much-money-exists-in-the-entire-world-in-one-chart-2015-12-18.

Chennov, Adrian. "Much Ado About Bitcoin". *New York Times*, November 26, 2013. https://www.nytimes.com/2013/11/27/opinion/much-ado-about-bitcoin.html?nl=opinion&emc=edit_ty_20131127&_r=0.

Collins, Mike. "The Big Bank Bailout." *Forbes*, July 14, 2015. https://www.forbes.com/sites/mikecollins/2015/07/14/the-big-bank-bailout/#5900bf202d83.

Collins, Tim. "The Rise of Bitcoin Was Predicted by Nobel Prize–Winning Economist Milton Friedman in an Interview Recorded 18 Years Ago, Footage Reveals." *Daily Mail*, October 20, 2017. https://www.dailymail.co.uk/sciencetech/article-5000260/Bitcoin-predicted-Milton-Friedman-18-years-ago.html.

"Conferees Agree on Currency Bill." *New York Times*, February 24, 1900a, 1–2. https://www.nytimes.com/1900/02/24/archives/conferrees-agree-on-currency-bill-it-declares-unqualifiedly-for-a.html.

Conrad, Edward. *Unintended Consequences: Why Everything You've Been Told about the Economy Is Wrong*. New York: Portfolio Penguin, 2012.

"Currency and Coin Services." *The Federal Reserve*. https://www.federalreserve.gov/paymentsystems/coin_currcircvolume.htm.

Dam, Kenneth W. "From the Gold Clause Cases to the Gold Commission: A Half Century of American Monetary Law." *University of Chicago Law Review* 50, no. 2 (Spring 1983):504–532. https://www.jstor.org/stable/1599500?read-now=1&loggedin=true&seq=16#page_scan_tab_contents.

Davies, Antony. "Going for Broke: Deficits, Debt, and the Entitlement Crisis." *Independent Review* 20, no. 4 (2016). http://www.questia.com/read/1G1-449314256/going-for-broke-deficits-debt-and-the-entitlement.

Davies, Anthony. "Debt Myths, Debunked." *US News & World Report, December* 1, 2016. https://www.usnews.com/opinion/economic-intelligence/articles/2016-12-01/myths-and-facts-about-the-us-federal-debt.

Davis, S. "Greek and Roman Coins and Their Historical Interest." *Acta Classica* 3. https://www.jstor.org/stable/24591082.

Deleplace, Ghislain. "Problems and Paradoxes of Money." *UNESCO Courier*, January 1990. http://www.questia.com/read/1G1-8561011/problems-and-paradoxes-of-money.

Dellas, Harris, and Tavlas, George S. "Milton Friedman and the Case for Flexible Exchange Rates and Monetary Rules." *Bank of Greece*, October 2017. https://www.bankofgreece.gr/BogEkdoseis/Paper2017236.pdf.

Del Rowe, Sam. "Mobile Payment Technologies Set to Increase: Reports from Juniper and Forrester Indicate That Use of Mobile Payment Solutions Will Increase for Both Businesses and Consumers." *CRM Magazine*, April 2017, 17. http://www.questia.com/read/1G1-488193746/mobile-payment-technologies-set-to-increase-reports.

Doherty, Brian. "The Life and Times of Milton Friedman: Remembering the 20th Century's Most Influential Libertarian." *Reason*, March 2007. http://www.questia.com/read/1G1-159238152/the-life-and-times-of-milton-friedman-remembering.

Donnelly, Stephen. "Fur, Fortune, and Empire: The Epic History of the Fur Trade in America." *Historical Journal of Massachusetts* 39, no. 1/2 (2011). http://www.questia.com/read/1P3-2384275071/fur-fortune-and-empire-the-epic-history-of-the.

Durden, Tyler. "How Bitcoin Could Serve the Marijuana Industry (With Banks Still Nervous)." *ZeroHedge*, January 13, 2014. https://www.zerohedge.com/news/2014-01-13/how-bitcoin-could-serve-marijuana-industry-banks-still-nervous.

Eberhardt, Doug. "What Really Backs the U.S. Dollar?" *Seeking Alpha*, June 28, 2009. https://seekingalpha.com/article/145722-what-really-backs-the-u-s-dollar.

Eder, Elizabeth. "The Golden Solution." *Harvard International Review* 4, no. 3 (November 1981): 18–19. https://www.jstor.org/stable/42763896.

Eichengreen, Barry, and Temin, Peter. "The Gold Standard and the Great Depression." *Contemporary European History* 9, no. 2 (July 2000): 183–207. https://www.jstor.org/stable/20081742.

Eichengreen, Barry. "Financial Crisis: Revisiting the Banking Rules That Died by a Thousand Small Cuts." *Fortune*, January 16, 2015. http://fortune.com/2015/01/16/financial-crisis-bank-regulation/.

Ferguson, Niall. *The Ascent of Money: A Financial History of the World*. New York: The Penguin Press, 2008.

Fisher, Irving, and Brown, Harry G. *The Purchasing Power of Money: Its Determination and Relation to Credit Interest and Crises*. Norwood, MA: J.B. *Cushing Co.*, 1911.

Frankel, Matthew. "How Many Cryptocurrencies Are There?" *The Motley Fool*, March 16, 2018. https://www.fool.com/investing/2018/03/16/how-many-cryptocurrencies-are-there.aspx.

Friedman, Milton. *Essays in Positive Economics*. University of Chicago Press, 1953.

Friedman, Milton. "The Counter-Revolution in Monetary Theory." *IEA Occasional Paper*, no. 3. Institute of Economic Affairs, 1970.

Friedman, Milton. "The Case for Monetary Rule." *Newsweek*, February 7, 1972, 67.

Friedman, Milton. "Monetary Policy: Theory and Practice." *Journal of Money, Credit, and Banking* 14 (February 1982): 98–118. https://miltonfriedman.hoover.org/friedman_images/Collections/2016c21/OSU_02_1982.pdf.

Friedman, Milton. "Defining Monetarism." *Newsweek*, July 12, 1982b, 64.

Friedman, Milton. "The Keynes Centenary: A Monetarist Reflects." *The Economist*, June 4, 1983, 17–19. https://miltonfriedman.hoover.org/friedman _images/Collections/2016c21/Economist_06_04_1983.pdf.

Friedman, Milton. "M1's Hot Streak Gave Keynsians a Bad Idea." *Wall Street Journal*, September 18, 1986. https://miltonfriedman.hoover.org/friedman_ images/Collections/2016c21/WSJ_09_18_1986.pdf.

Friedman, Milton. "Bimetallism Revisited." *Journal of Economic Perspectives* 4, no. 4 (Autumn 1990): 85–104. https://www.jstor.org/stable/1942723.

Friedman, Milton. "Letter to the Editor: Roots." *Wall Street Journal*, October 30, 1992. https://miltonfriedman.hoover.org/friedman_images/Collections/2016 c21/WSJ_10_30_1992.pdf.

Friedman, Milton. "The Quantity Theory of Money: A Restatement." Reprinted in *Studies in the Quantity Theory of Money*. Chicago: University of Chicago Press, 2005.

"FSB Publishes 2017 G-SIB List." *Financial Stability Board*, November 21, 2017. http://www.fsb.org/2017/11/fsb-publishes-2017-g-sib-list/.

Gittlitz, A.M. "'Make It So': 'Star Trek' and Its Debt to Revolutionary Socialism." *New York Times*, July 24, 2017. https://www.nytimes.com/2017/07/24/ opinion/make-it-so-star-trek-and-its-debt-to-revolutionary-socialism.html.

Gjerding, Kristian. "The Cashless Economy: Why and Where It's Evolving and What Businesses Can Do Now to Prepare." *Forbes*, October 24, 2017. https://www.forbes.com/sites/forbesfinancecouncil/2017/10/24/the-cashless-economy-why-and-where-its-evolving-and-what-businesses-can-do-now-to-prepare/#731997d93e11.

"Gold Now the Standard." *New York Times*, March 15, 1900, 1. https://times machine.nytimes.com/timesmachine/1900/03/14/102500611.html?action= click&contentCollection=Archives&module=ArticleEndCTA&region=Arch iveBody&pgtype=article&pageNumber=1.

Graeber, David. *Debt: The First 5000 Years*. Brooklyn: Melville House, 2011.

Hankin, Aaron. "Winklevoss Twins' Gemini Trust Launches World's First Regulated Stablecoin." *Marketwatch*, September 10, 2018. https://www.marketwatch. com/story/winklevoss-twins-gemini-trust-launches-worlds-first-regulated-stablecoin-2018-09-10.

Harwick, Cameron. "Cryptocurrency and the Problem of Intermediation." *Independent Review* 20, no. 4 (Spring 2016): 569–588.

Harris, C. Lowell, ed. *Inflation: Long-Term Problems*. New York: Academy of Political Science, 1975. http://www.questia.com/read/101947454/inflation-long-term-problems.

Hayek, F. A. *Denationalisation of Money: The Argument Refined*, 3rd ed. London: Institute of Economic Affairs, 1990. https://nakamotoinstitute.org/static/ docs/denationalisation.pdf.

Hayek, F.A. *The Road to Serfdom*. Chicago: University of Chicago Press, 1994.

Hofstadter, Richard, and Hofstadter, Beatrice. *Great Issues in American History, Vol. III*. New York: Vintage Books, 1982.

Hoving, Thomas, and Gomez-Moreno, Carmen. "Gold." *The Metropolitan Museum of Art Bulletin* 31, no. 2 (new series) (Winter 1972–1973). https://www.jstor.org/stable/3258582.

"How the End of Bretton Woods Started Our Woes." *The Evening Standard*, August 15, 2011. http://www.questia.com/read/1G1-264293376/how-the-end-of-bretton-woods-started-our-woes.

"How Much Money Is There in the World?" (video), *World Economic Forum*. https://www.facebook.com/worldeconomicforum/videos/how-much-money-is-there-in-the-world/10154018639106479/.

Hurst, James Willard. "Alexander Hamilton, Law Maker." *Columbia Law Review* 78, no. 3 (April 1978): 483–547. https://www.jstor.org/stable/1122042.

Hvistendahl Mara. "You Are a Number." *Wired*, January 2018. http://www.questia.com/read/1P4-1984095355/you-are-a-number.

Ingham, Geoffrey. "Money Is a Social Relation." *Review of Social Economy* 54, no. 4, (1996). http://www.questia.com/read/1G1-19115414/money-is-a-social-relation.

Ingves, Stefan. "Going Cashless." *International Monetary Fund* 55, no. 2 (June 2018). https://www.imf.org/external/pubs/ft/fandd/2018/06/central-banks-and-digital-currencies/point.htm.

Innes, A. Mitchell. "What Is Money?" *Banking Law Journal* 30 (May 1913): 377–408. http://www.newmoneyhub.com/www/money/mitchell-innes/what-is-money.html.

Innes, Mitchell. "The Credit Theory of Money." *Banking Law Journal* 31 (December/January 1914). https://www.community-exchange.org/docs/The%20Credit%20Theoriy%20of%20Money.htm.

Ip, Greg, and Whitehouse, Mark. "How Milton Friedman Changed Economics, Policy and Markets." *Wall Street Journal*, November 17, 2006. https://www.wsj.com/articles/SB116369744597625238.

Jadeja, Yashpalsinh, and Modi, Kirit. "Cloud Computing—Concepts, Architecture and Challenges." *International Conference on Computing, Electronics and Electrical Technologies, March* 2012. https://ieeexplore.ieee.org/document/6203873.

Jeffries, Zay. "Gold." *Proceedings of the American Philosophical Society* 108, no. 5 (October 20, 1964). https://www.jstor.org/stable/985818.

Joffe, Marc. "Just How Ugly Is America's Balance Sheet?" *Fiscal Times*, July 24, 2017. https://www.thefiscaltimes.com/Columns/2017/07/24/Just-How-Ugly-Americas-Balance-Sheet.

Jones, J.H. "The Gold Standard." *Economic Journal* 43, no. 172 (December 1933): 554. https://www.jstor.org/stable/2224503.

Kestenbaum, David. "How Former Fed Chairman Paul Volcker Tamed Inflation – Maybe for Good." *NPR*, December 15, 2015. https://www.npr.org/

2015/12/15/459871005/how-former-fed-chairman-paul-volcker-tamed-inflation-maybe-for-good.

Kiviat, Trevor I. "Beyond Bitcoin: Issues in Regulating Blockchain Transactions." *Duke Law Journal* 65, no. 3 (2015). http://www.questia.com/read/1G1-439635382/beyond-bitcoin-issues-in-regulating-blockchain-transactions.

Klein, Aaron. "'Everyone' Is the Wrong Way to Define CU Members." *American Banker*, July 10, 2017. https://www.americanbanker.com/opinion/everyone-is-the-wrong-way-to-define-cu-members?feed=00000158-080c-dbde-abfc-3e7d1bf30000.

Koning, Hans. Columbus: *His Enterprise: Exploding the Myth*. New York: Monthly Review Press, 1991. http://www.questia.com/read/125248315/columbus-his-enterprise-exploding-the-myth.

League of Southeastern Credit Unions and Affiliates, "About Credit Unions." https://www.lscu.coop/about/about-credit-unions/.

Leonard, Robert A. "Money and Language." In *Money, Lure, Lore, and Literature*, ed. John Louis Digaetani. Westport, CT: GreenwoodPress,1994. http://www.questia.com/read/33826756/money-lure-lore-and-literature.

Luther, William J. "The Battle of Bretton Woods: John Maynard Keynes, Harry Dexter White, and the Making of a New World Order." *Independent Review* 18, no. 3 (2014). http://www.questia.com/read/1G1-353438637/the-battle-of-bretton-woods-john-maynard-keynes.

Luther, William J. "Friedman vs. Hayek on Currency Competition." *American Institute for Economic Research, August* 22, 2014. https://www.aier.org/article/sound-money-project/friedman-vs-hayek-currency-competition.

Luther, William J. "Bitcoin and the Future of Digital Payments." *Independent Review* 20, no. 3 (2016). http://www.questia.com/read/1P3-3922329951/bitcoin-and-the-future-of-digital-payments.

McCallum, Bennett T. "The Bitcoin Revolution." *Cato Journal* 35, no. 2 (2015). http://www.questia.com/read/1G1-419267235/the-bitcoin-revolution.

Malkeil, Burton. *A Random Walk Down Wall Street*, 9th ed. New York: W.W. Norton & Co., 2007.

Markowitz, H. "Portfolio Selection." *Journal of Finance* 7, no. 1 (March 1952): 77–91. http://links.jstor.org/sici?sici=0022-1082%28195203%297%3A1%3C77%3APS%3E2.0.CO%3B2-1.

Martin, Adam. "Remembering Nixon's Gold-Standard Gamble: Interrupting 'Bonanza.'" *The Atlantic*, August 15, 2011. https://www.theatlantic.com/politics/archive/2011/08/nixon-gold-standard-gamble-interrupting-bonanza/354136/.

Martin, Emmie. "Home Prices Have Risen 114% Since 1960 – Here's How Much More Expensive Life Is Today." *CNBC*, April 17, 2018. https://www.cnbc.com/2018/04/17/how-much-more-expensive-life-is-today-than-it-was-in-1960.html.

Mazonka, Oleg. "Blockchain: Simple Explanation." http://jrxv.net/x/16/block chain-gentle-introduction.pdf.

McBriarty, Patrick. "For Bridge Lovers, Chicago is the Greatest Show on Earth." *Chicago Architecture*, March 31, 2014. https://www.chicagoarchitecture.org/2014/03/31/for-bridge-lovers-chicago-is-the-greatest-show-on-earth/.

McCracken, Paul W. "Economic Policy in the Nixon Years." *Presidential Studies Quarterly* 26, no. 1 (Winter 1996): 165–177. https://www.jstor.org/stable/27551556.

McCraw, Thomas K. "The Strategic Vision of Alexander Hamilton." *American Scholar* 63, no. 1 (Winter 1994): 31–57. https://www.jstor.org/stable/41212203.

McKinsey & Company. "Global Payments 2016: Strong Fundamentals Despite Uncertain Times." https://www.mckinsey.com/~/media/McKinsey/Industries/Financial%20Services/Our%20Insights/A%20mixed%202015%20for%20the%20global%20payments%20industry/Global-Payments-2016.ashx.

McMurray, John. "Economist Milton Friedman Championed Free Markets and Individualism." *Investor's Business Daily*, November 10, 2016. https://www.investors.com/news/management/leaders-and-success/economist-milton-friedman-championed-free-markets-and-individualism/.

Miller, Adolph C. "Whence and Whither the Gold Standard?" *Proceedings of the Academy of Political Science* 17, no. 1 (May 1936): 83–93. https://www.jstor.org/stable/1172418.

Miller, Christopher L, and Hamell, George R. "A New Perspective on Indian–White Contact: Cultural Symbols of Colonial Trade." *Journal of American History* 73, no. 2 (1986).

Miller, Merton H. "Debt and Taxes." *Journal of Finance* 32, no. 2 (papers and proceedings of the Thirty-Fifth Annual Meeting of the American Finance Association, Atlantic City, NJ, September 16–18, 1976) (May 1977): 261–275. http://www.jstor.org/stable/2326758.

Miller, Michael. *Cloud Computing: Web-Based Applications That Change the Way You Work and Collaborate Online*. Indianapolis: Que Publishing, 2009.

"Milton Friedman Assesses the Monetarist Legacy and the Recent Performance of Central Banks." *Central Banking*, August 2002, 15–23.

Mitchell, Broadus. "Alexander Hamilton, Executive Power and the New Nation." *Presidential Studies Quarterly* 17, no. 2 (Spring 1987): 329–343. https://www.jstor.org/stable/40574455.

Mises, Ludwig von. *The Theory of Money and Credit*. New Haven: Yale University Press, 1953.

Modigliani, F., and Miller, M. "The Cost of Capital, Corporation Finance and the Theory of Investment." *American Economic Review* 48, no. 3 (1958): 261–297.

Modigliani, F., and Miller, M. "Corporate Income Taxes and the Cost of Capital: A Correction." *American Economic Review* 53, no. 3 (1963): 433–443.

"Money." *Wikipedia*. https://en.wikipedia.org/wiki/Money.

"Money Fights the Fear of Death." *BusinessTech*, June 7, 2013. https://businesstech. co.za/news/general/39520/money-fights-the-fear-of-death/.

"Money Makes the World Go Round." *USA Today* (November 1995), 9. http://www.questia.com/read/1G1-17606148/money-makes-the-world-go-round.

"Money-Market Fund 'Breaks the Buck.'" *New York Times*, September 17, 2008. https://dealbook.nytimes.com/2008/09/17/money-market-fund-says-customers-could-lose-money/.

Morgan, H. Wayne. "The Origins and Establishment of the First Bank of the United States." *Business History Review* 30, no. 4 (December 1956): 472–492. https://www.jstor.org/stable/3111717.

"Movable Bridges Types, Design and History." *History of Bridges*. http://www. historyofbridges.com/facts-about-bridges/movable-bridge/.

Moyo, Jeffrey and Onishi, Norimitsu. "A Cashless Economy in Zimbabwe? With Little Cash, There's Little Choice." *New York Times*, November 3, 2016. https://www.nytimes.com/2016/11/04/world/africa/zimbabwe-robert-mugabe-cash-debit-cards.html.

Mundell, R.A. "A Reconsideration of the Twentieth Century." *American Economic Review* 90, no. 3 (June 2000). https://www.jstor.org/stable/11733.

Nakamoto, Satoshi. "Bitcoin: A Peer-to-Peer Electronic Cash System." *Satoshi Nakamoto Institute*, October 31, 2008. https://nakamotoinstitute.org/bitcoin/.

Nelson, Edward, and Schwartz, Anna J. "The Impact of Milton Friedman on Modern Monetary Economics: Setting the Record Straight on Paul Krugman's 'Who Was Milton Friedman?'" *National Bureau of Economic Research* (October 2007). https://www.nber.org/papers/w13546.pdf.

Nousek, Debra L. "Turning Points in Roman History: The Case of Caesar's Elephant Denarius." *Phoenix* 62, no. 3/4 (Fall–Winter 2008). https://www.jstor. org/stable/25651734.

"Number of Restaurants in the United States from 2011 to 2018." *Statista*. https:// www.statista.com/statistics/244616/number-of-qsr-fsr-chain-independent-restaurants-in-the-us/.

Press, Gil. "A Very Short History of the Internet and the Web." *Forbes*, January 2, 2015. https://www.forbes.com/sites/gilpress/2015/01/02/a-very-short-history-of-the-internet-and-the-web-2/#4bccfa967a4e.

Quiggin, H. *A Survey of Primitive Money: The Beginnings of Currency*. London: Methuen & Co., 1949.

Quinn, Shannon. "What the 'Star Wars' Movies Can Tell Us About Our Finances." *MoneyWise, May* 28, 2018. https://moneywise.com/a/the-not-so-far-far-away-economics-of-the-star-wars-galaxy.

Reagan, Courtney. "What's Behind the Rush into the Low-Margin Grocery Business." *CNBC*, June 6, 2013. https://www.cnbc.com/id/100794988.

Reinhart, Carmen M., and Kenneth S. Rogoff. *This Time Is Different: Eight Centuries of Financial Folly*. Princeton, NJ: Princeton University Press, 2009.

Rice, Denis T. "The Past and Future of Bitcoins in Worldwide Commerce." *Business Law Today* 2013, 1–4. http://www.jstor.org/stable/businesslawtoday. 2013.11.06.

Rickards, James. *Currency Wars: The Making of the Next Global Crisis.* New York: Portfolio Penguin, 2011.

Rickards, James. *The Death of Money: The Coming Collapse of the International Monetary System.* New York: Portfolio Penguin, 2014.

Ritzmann, Franz. "Money, a Substitute for Confidence? Vaughan to Keynes and Beyond." *American Journal of Economics and Sociology* 58, no. 2 (1999). http://www.questia.com/read/1G1-55084083/money-a-substitute-for-confidence-vaughan-to-keynes.

Robertson, D.H. *Money,* ed. J.M. Keynes. New York: Harcourt Brace and Company, 1922. http://www.questia.com/read/11931888/money.

Rosenberg, Paul. "'That Couldn't Possibly Be True': The Startling Truth About the US Dollar."*CaseyResearch,* February 27, 2015. https://www.caseyresearch.com/that-couldnt-possibly-be-true-the-startling-truth-about-the-us-dollar-2/.

Ross, Stephen A.; Westerfield, Randolph; and Jaffe, Jeffrey. *Corporate Finance,* 10th ed. New York: McGraw-Hill, 2013.

Rothbard, Murray N. "The Gold Standard Act of 1900 and After." Mises Institute, March 24, 2018. https://mises.org/library/gold-standard-act-1900-and-after.

Rothbard, Murray N. *The Mystery of Banking.* Auburn, AL: The Ludwig von Mises Institute. https://mises.org/library/mystery-banking/html.

Rosenzweig, Roy. "Wizards, Bureaucrats, Warriors, and Hackers: Writing the History of the Internet." *American History Review* 103, no. 5, 1998. 1530–1552.

Samuelson, Robert J. "Rethinking the Great Recession." *Wilson Quarterly* 35, no. 1 (Winter 2011): 16–24.

Scaliger, Charles. "Does Money Really Need to Be Controlled by Enlightened Experts?" *New American,* October 10, 2016, 28. http://www.questia. com/read/ 1G1-467830985/does-money-really-need-to-be-controlled-by-enlightened.

Schaefer, Steve. "Five Biggest U.S. Banks Control Nearly Half Industry's $15 Trillion in Assets." *Forbes,* December 3, 2014. https://www.forbes.com/sites/steveschaefer/2014/12/03/five-biggest-banks-trillion-jpmorgan-citi-bankamerica/#1da4cd5db539.

Sharma, Rakesh. "Star Wars: The Economics of the Galactic Empire." *Investopedia,* May 4, 2018. https://www.investopedia.com/articles/investing/120815/star-wars-economics-galactic-empire.asp.

Shaw, Edward S. *Money, Income, and Monetary Policy.* Chicago: R.D. Irwin, 1950. http://www.questia.com/read/3800456/money-income-and-monetary-policy.

Simmons, Edward C. "The Elasticity of the Federal Reserve Note." *American Economic Review* 26, no. 4 (December 1936): 683–690. https://www.jstor.org/stable/1807996.

"Simply, How Bretton Woods Reordered the World." *New Internationalist*, July 1994. http://www.questia.com/read/1P3-441782421/simply-how-bretton-woods-reordered-the-world.

Snowdon, Brian, and Vane, Howard R. *The Development of Modern Macroeconomics: A Macroeconomics Reader*. London: Routledge, 1997. http://www.questia.com/read/104188394/a-macroeconomics-reader.

Son, Hugh. "JP Morgan Is Rolling Out the First US Bank-Backed Cryptocurrency to Transform Payments Business." *CNBC*, February 14, 2019. https://www.cnbc.com/2019/02/13/jp-morgan-is-rolling-out-the-first-us-bank-backed-cryptocurrency-to-transform-payments-.html?te=1&nl=dealbook&emc=edit_dk_20190214.

Spross, Jeff. "The Forgotten Recession That Irrevocably Damaged the American Economy." *The Week*, April 18, 2016. https://theweek.com/articles/618964/forgotten-recession-that-irrevocably-damaged-american-economy.

Spurlock, Morgan. *Inside Man*, episode, "Bitcoin." https://www.youtube.com/watch?v=-5vkzqvgP6M.

Stanley, Aaron. "Winklevoss Twins See Bitcoin as 'Better than Gold.'" *Financial Times*, November 30, 2016. https://www.ft.com/content/a9d4b73a-abdd-11e6-ba7d-76378e4fef24.

Stevens, Greg. "A Guide to Star Trek Economics." *Kernel*, September 4, 2013. https://kernelmag.dailydot.com/features/report/4849/a-guide-to-star-trek-economics/.

Swan, Melanie. *Blockchain: Blueprint for a New Economy*. Sebastopol, CA: O'Reilly Media, 2015.

Swanson, Donald F., and Trout, Andrew P. "Alexander Hamilton, 'the Celebrated Mr. Neckar,' and Public Credit." *William and Mary Quarterly* 47, no. 3 (July 1990): 442–430. https://www.jstor.org/stable/2938096.

Swanson, Donald F., and Trout, Andrew P. "Alexander Hamilton's Economic Policies After Two Centuries." *New York History* 72, no. 3 (July 1991): 284–297. https://www.jstor.org/stable/23175280.

Swanson, Donald F. "'Bank-Notes Will Be but as Oak Leaves': Thomas Jefferson on Paper Money." *Virginia Magazine of History and Biography*, January 1993, 37–52. https://www.jstor.org/stable/4249329.

Sylla, Richard; Wright, Robert E.; and Cowen, David J. "Alexander Hamilton, Central Banker: Crisis Management during the U.S. Financial Panic of 1792." *Business History Review* 83, no. 1 (Spring 2009): 61–86. https://www.jstor.org/stable/40538573.

Tabarrok, Alex. "Price Controls and Communism." *MrUniversity*. https://www.mruniversity.com /courses/principles-economics-microeconomics/price-controls-communism-planned-economy.

Taibbi, Matt. "Secrets and Lies of the Bailout." *Rolling Stone*, January 4, 2013. https://www.rollingstone.com/politics/politics-news/secrets-and-lies-of-the-bailout-113270/.

Tanglao, Leezel. "Can Star Trek's World with No Money Work?" *CNN*, October 11, 2015. https://money.cnn.com/2015/10/11/news/economy/new-york-comic-con-star-trek-economics/index.html.

Tapscott, Don, and Tapscott, Alex. *Blockchain Revolution: How the Technology Behind Bitcoin and Other Cryptocurrencies Is Changing the World*. New York: Portfolio/Penguin, 2016.

Tapscott, Don. "How the Blockchain Is Changing Money and Business." *TED*. https://www.ted.com/talks/don_tapscott_how_the_blockchain_is_changing _money_and_business/up-next?language=en.

"The Economic Lessons of Star Trek's Money-Free Society." *Wired*, May 28, 2016. https://www.wired.com/2016/05/geeks-guide-star-trek-economics/.

Timberlake, Richard H. "From Constitutional to Fiat Money: The U.S. Experience." *Cato Journal*, 32, no. 2 (2012). http://www.questia.com/read/1G1-292992182/from-constitutional-to-fiat-money-the-u-s-experience.

Turpin, Jonathan B. "Bitcoin: The Economic Case for a Global, Virtual Currency Operating in an Unexplored Legal Framework." *Indiana Journal of Global Legal Studies* 21, no. 1 (2014): 335–368.

"U.S. Food Retail Industry – Statistics and Facts." *Statista*. https://www.statista.com/topics/1660/food-retail/.

Vilches, Elvira. "Columbus's Gift: Representations of Grace and Wealth and the Enterprise of the Indies." *MLN* 119, no. 2 (March 2004). https://www.jstor.org/stable/3251770.

John R. Walter. "Not Your Father's Credit Union," *Economic Quarterly – Federal Reserve Bank of Richmond* 92, no. 4 (2006). http://www.questia.com/read/1P3-1183337561/not-your-father-s-credit-union.

Washington, R.A. "Who Beat Inflation? A Look Back at the Other Great Recession." *The Economist*, March 31, 2010. https://www.economist.com/free-exchange/2010/03/31/who-beat-inflation.

"Weimar – Crisis of 1923." *BBC*. http://www.bbc.co.uk/schools/gcsebitesize/history/mwh/germany/crisis1923rev_print.shtml.

Wessel, David. *Red Ink: Inside the High-Stakes Politics of the Federal Budget*. New York: Crown Business, 2012.

Wettereau, James O. "New Light on the First Bank of the United States." *Pennsylvania Magazine of History and Biography*, July 1937, 263–285. https://www.jstor.org/stable/20087054.

Whalen, Christopher. *Inflated: How Money and Debt Build the American Dream*. Hoboken, NJ: John Wiley & Sons, 2011.

Wiedemer, David; Widemer, Robert; and Spitzer, Cindy. *Aftershock: Protect Yourself and Profit in the Next Global Financial Meltdown*, revised and updated, 3rd ed. Hoboken, NJ: John Wiley & Sons, 2011.

Willard, Kristen L; Guinnane, Timothy W.; and Rose, Harvey. "Turning Points in the Civil War: Views from the Greenback Market." *American Economic Review*, 86, no. 4 (September 1996): 1001–1018. https://www.jstor.org/stable/2118316.

Wray, Randall, ed. *Credit and State Theories of Money: The Contributions of A. Mitchell Innes.* Cheltenham, UK: Edward Elgar, 2004.

"William Jennings Bryan." *Encyclopaedia Britannica.* https://www.britannica.com/biography/William-Jennings-Bryan.

Wolman, Alexander L. "Zero Inflation and the Friedman Rule: A Welfare Comparison." *Federal Reserve Bank of Richmond Economic Quarterly* 83/84 (Fall 1997). https://pdfs.semanticscholar.org/c0c9/a7cb1e49ffe037f0a542573e483ee54a66ba.pdf.

Zaleskiewicz, Tomasz; Gasiorowska, Agata; Kesebir, Pelin; Luszczynska, Aleksandra; Pyszczynski, Tom. "Money and the Fear of Death: The Symbolic Power of Money as an Existential Anxiety Buffer." *Journal of Economic Psychology* 36 (June 2013): 55–67. https://www.sciencedirect.com/science/article/abs/pii/S0167487013000391

Zingales, Luigi. *A Capitalism for the People: Recapturing the Lost Genius of American Prosperity.* New York: Basic Books, 2012.

尾　注

前　言

1. Jessica Dickler, "Most Americans Live Paycheck to Paycheck," *CNBC*, August 30, 2017, https://www.cnbc.com/2017/08/24/most-americans-live-paycheck-to-paycheck.html.
2. Ibid.

导　论

1. "Richest 1 percent bagged 82 percent of wealth created last year – poorest half of humanity got nothing," *Oxfam International*, January 22, 2018, https://www.oxfam.org/en/pressroom/pressreleases/2018-01-22/richest-1-percent-bagged-82-percent-wealth-created-last-year.
2. Kristian Gjerding, "The Cashless Economy: Why and Where It's Evolving and What Businesses Can Do Now to Prepare," *Forbes*, October 24, 2017, https://www.forbes.com/sites/forbesfinancecouncil/2017/10/24/the-cashless-economy-why-and-where-its-evolving-and-what-businesses-can-do-now-to-prepare/#3ce267873e11.
3. Steve Ingves, "Going Cashless," *International Monetary Fund, Finance & Development*, June 2018, http://www.imf.org/external/pubs/ft/fandd/2018/06/central-banks-and-digital-currencies/point.htm.

4. "Global Payments 2016: Strong Fundamentals Despite Uncertain Times," McKinsey & Company, https://www.mckinsey.com/~/media/McKinsey/Industries/Financial%20Services/Our%20Insights/A%20mixed%202015%20for%20the%20global%20payments%20industry/Global-Payments-2016.ashx.

5. Ryan Brown, "Digital Payments Expected to Hit 726 Billion by 2020 – But Cash Isn't Going Anywhere Yet," October 9, 2017, https://www.cnbc.com/2017/10/09/digital-payments-expected-to-hit-726-billion-by-2020-study-finds.html.

6. Sam Del Rowe, "Mobile Payment Technologies Set to Increase: Reports from Juniper and Forrester Indicate That Use of Mobile Payment Solutions Will Increase for Both Businesses and Consumers," *CRM Magazine*, April 2017, 17, http://www.questia.com/read/1G1-488193746/mobile-payment-technologies-set-to-increase-reports.

7. Hvistendahl Mara, "You Are a Number," *Wired*, January 2018, http://www.questia. com/read/1P4-1984095355/you-are-a-number.

8. H. Quiggin, *A Survey of Primitive Money: The Beginnings of Currency* (London: Methuen & Co., 1949), 25–36.

9. A. Anikin, *Gold – The Yellow Devil* (New York: International Publishers, 1983), 12, http://www.questia.com/read/43146767/gold-the-yellow-devil.

10. Adam Martin, "Remembering Nixon's Gold-Standard Gamble: Interrupting 'Bonanza,'" *The Atlantic,* August 15, 2011, https://www.theatlantic.com/politics/archive/2011/08/nixon-gold-standard-gamble-interrupting-bonanza/354136/.

11. Federal Reserve Bank of Richmond, "Gold & Silver," https://www.richmondfed.org/faqs/gold_silver.

12. "12 Fast Food Prices Then versus Now," by Douglas Ehrman, *Las Vegas Review-Journal,* June 6, 2015, https://www.reviewjournal.com/business/12-fast-food-prices-then-versus-now/.

13. "Igniting the Holocaust – Facing History and Ourselves: Burning Money: Hyperinflation in the Weimar Republic," *Randolph*, https://library.randolphschool.net/c.php?g=237930&p=1581974.

14. Jeffrey Moyo and Norimitsu Onishi, "A Cashless Economy in Zimbabwe? With Little Cash, There's Little Choice," *The New York Times,* November 3, 2016, https://www.nytimes.com/2016/11/04/world/africa/zimbabwe-robert-mugabe-cash-debit-cards.html.

第一章

1. S. Davis, "Greek and Roman Coins and Their Historical Interest," *Acta Classica* 3 (1960) 67–76, published by Classical Association of South Africa, https://www.jstor.org/stable/24591082, p. 67.

2. Peter L. Bernstein, *The Power of Gold: The History of an Obsession* (Hoboken, NJ: Wiley, 2012), 19, http://www.questia.com/read/123791934/the-power-of-gold-the-history-of-an-obsession.

3. Davis, 67.

4. Bernstein, 2–3.

5. Bernstein, 19.

6. Thomas Hoving and Carmen Gómez-Moreno, "Gold," *The Metropolitan Museum of Art Bulletin,* new series, vol. 31, no. 2 (Winter 1972–1973): 69–120, https://www.jstor.org/stable/3258582.

7. Hoving and Gomez-Moreno, 75.

8. Bernstein, 2.

9. Hoving and Gómez-Moreno, 88.

10. Davis, 68.

11. Zay Jeffries, "Gold," *Proceedings of the American Philosophical Society* 108, no. 5 (October 20, 1964): 437–442, published by American Philosophical Society, https://www.jstor.org/stable/985818, 438.

12. Davis, 67.

13. Davis, 69.

14. Bernstein, 48.

15. Jeffries, 438.

16. Davis, 72–74.

17. Debra L. Nousek, "Turning Points in Roman History: The Case of Caesar's Elephant Denarius," *Phoenix* 62, no. 3/4 (Fall–Winter/automne-hiver 2008): 290–307, published by Classical Association of Canada, https://www.jstor.org/stable/25651734, 290.

18. Bernstein, 48.

19. Hans Koning, *Columbus: His Enterprise: Exploding the Myth* (New York: Monthly Review Press, 1991), 56, http://www.questia.com/read/125248315/columbus-his-enterprise-exploding-the-myth.

20. Elvira Vilches, "Columbus's Gift: Representations of Grace and Wealth and the Enterprise of the Indies," *MLN* 119, no. 2 (Hispanic Issue, March 2004): 201–225, published by The Johns Hopkins University Press, https://www.jstor.org/stable/3251770, 207–209.

21. Vilches, 201–202.

22. Vilches, 204.

23. Vilches, 214.

24. Koning, 62.

25. Koning, 84.

26. Vilches, 220.

27. Donald F. Swanson and Andrew P. Trout, "Alexander Hamilton's Economic Policies After Two Centuries," *New York History* 72, no. 3 (July 1991): 284–297, published by Fenimore Art Museum, https://www.jstor.org/stable/23175280, 289.

28. Swanson and Trout, 295.
29. H. Wayne Morgan, "The Origins and Establishment of the First Bank of the United States," *The Business History Review* 30, no. 4 (December 1956): 472–492, https://www.jstor.org/stable/3111717.
30. James Willard Hurst, "Alexander Hamilton, Law Maker," *Columbia Law Review* 78, no. 3 (April 1978): 483–547, https://www.jstor.org/stable/1122042, 487.
31. McGraw, 53.
32. Mitchell, 341.
33. Swanson and Trout, 429.
34. McCraw, 49.
35. Swanson and Trout, 296–297.
36. Donald F. Swanson, "Bank-Notes Will Be but as Oak Leaves: Thomas Jefferson on Paper Money, *The Virginia Magazine of History and Biography* 101, no. 1 (January 1993): 37–52, 37–42.
37. Mitchell, 274.
38. James O. Wettereau, "New Light on the First Bank of the United States," *The Pennsylvania Magazine of History and Biography* 61, no. 3 (July 1937): 263–285, 263.
39. Richard Sylla, Robert E. Wright, and David J. Cowen, "Alexander Hamilton, Central Banker: Crisis Management during the U.S. Financial Panic of 1792," *The Business History Review* 83, no. 1 (Spring 2009): 61–86, 68.
40. Kristen L. Willard, Timothy Guinnane, and Harvey S. Rosen, "Turning Points in the Civil War: Views from the Greenback," *The American Economic Review* 86, no. 4 (September 1996): 1001–1018.
41. Peter L. Bernstein, *The Power of Gold: The History of an Obsession* (Hoboken, NJ: Wiley, 2012), 263, http://www.questia.com/read/123792178/the-power-of-gold-the-history-of-an-obsession.
42. Kenneth W. Dam, "From the Gold Clause Cases to the Gold Commission: A Half Century of American Monetary Law," https://www.jstor.org/stable/1599500?read-now=1&loggedin=true&seq=16#page_scan_tab_contents, 506.
43. "How the End of Bretton Woods Started Our Woes," *The Evening Standard (London, England)*, August 15, 2011, http://www.questia.com/read/1G1-264293376/how-the-end-of-bretton-woods-started-our-woes.
44. Bernstein, 263–265.
45. "William Jennings Bryan," *Encyclopaedia Britannica*, https://www.britannica.com/biography/William-Jennings-Bryan.
46. "Gold Now the Standard," *New York Times,* March 15, 1900, p. 1, https://timesmachine.nytimes.com/timesmachine/1900/03/14/102500611.html? action=click&contentCollection=Archives&module=ArticleEndCTA&region=ArchiveBody&pgtype=article&pageNumber=1.
47. Max Gulker, "The Death of Bimetallism and the Gold Standard Act of 1900," *American Institute of Economic Research*, March 30, 2017, https://www.aier.org/research/death-bimetallism-and-gold-standard-act-1900.

48. "Conferees Agree on Currency Bill," *New York Times*, February 24, 1900, pp. 1–2, https://www.nytimes.com/1900/02/24/archives/conferrees-agree-on-currency-bill-it-declares-unqualifiedly-for-a.html.

49. Murray N. Rothbard, "The Gold Standard Act of 1900 and After," *Mises Institute*, March 24, 2018, https://mises.org/library/gold-standard-act-1900-and-after.

50. Ben S. Bernanke, "A Century of US Central Banking: Goals, Frameworks, Accountability," *The Journal of Economic Perspectives* 27, no. 4 (Fall 2013): 3–16, 4.

51. Bernanke, 4.

52. Edward C. Simmons, "The Elasticity of The Federal Reserve Note," *The American Economic Review* 26, no. 4 (December 1936): 683–690, https://www.jstor.org/stable/1807996, 692.

53. Bernanke, 6.

54. Fred L. Block, "The Origins of International Economic Disorder: A Study of United States Monetary Policy from World War II to the Present" (University of California Press, Berkeley and Los Angeles, 1977), 14–15.

55. Adolph C. Miller, "Whence and Whither in the Gold Standard?" *Proceedings of the Academy of Political Science* 17, no. 1, Economic Recovery and Monetary Stabilization (May 1936): 83–93, https://www.jstor.org/stable/1172418.

56. Barry Eichengreen and Peter Temin, "The Gold Standard and the Great Depression," *Contemporary European History* 9, no. 2 (July 2000): 183–207, https://www.jstor.org/stable/20081742.

57. Eichengreen and Temin, 202.

58. Bernstein, xi.

59. Kenneth W. Dam, "From the Gold Clause Cases to the Gold Commission: A Half Century of American Monetary Law," *University of Chicago Law Review* 50, no. 2 (Spring 1983): 504–532, https://www.jstor.org/stable/1599500?readnow=1&loggedin=true&seq=16#page_scan_tab_contents, 509.

60. Dam, 510.

61. Richard H. Timberlake, "From Constitutional to Fiat Money: The U.S. Experience," *The Cato Journal* 32, no. 2 (2012), http://www.questia.com/read/1G1-292992182/from-constitutional-to-fiat-money-the-u-s-experience.

62. Bernstein, 320–322.

63. J. H. Jones, "The Gold Standard," *The Economic Journal* 43, no. 172 (December 1933): 551–574, https://www.jstor.org/stable/2224503, 554.

64. Bernstein, 323.

65. William J. Luther, "The Battle of Bretton Woods: John Maynard Keynes, Harry Dexter White, and the Making of a New World Order," *Independent Review* 18, no. 3 (2014), http://www.questia.com/read/1G1-353438637/the-battle-of-bretton-woods-john-maynard-keynes.

66. Michael D. Bordo, "The Gold Standard and Other Monetary Regimes," *NBER Reporter*, 1992, http://www.questia.com/read/1G1-12730329/the-gold-standard-and-other-monetary-regimes.

67. Paul W. McCracken, "Economic Policy in the Nixon Years," *Presidential Studies Quarterly* 26, no. 1 (Winter 1996): 165–177, https://www.jstor.org/stable/27551556, 172.

68. Milton Friedman, "Bimetallism Revisited," *The Journal of Economic Perspectives* 4, no. 4 (Autumn 1990): 85–104, https://www.jstor.org/stable/1942723, 86.

69. Dam, 526.

70. "Simply, How Bretton Woods Reordered the World," *New Internationalist*, July 1994, http://www.questia.com/read/1P3-441782421/simply-how-bretton-woods-reordered-the-world.

71. "How the End of Bretton Woods Started Our Woes," *The Evening Standard (London, England)*, August 15, 2011, http://www.questia.com/read/1G1-264293376/how-the-end-of-bretton-woods-started-our-woes.

72. "Silver as an Investment," *Wikipedia*, https://en.wikipedia.org/wiki/Silver_as_an_investment.

73. Elizabeth Eder, "The Golden Solution," *Harvard International Review*, 4, no. 3 (November 1981): 18–19, https://www.jstor.org/stable/42763896.

74. Adam Martin, "Remembering Nixon's Gold-Standard Gamble: Interrupting "Bonanza,'" *The Atlantic*, August 15, 2011, https://www.theatlantic.com/politics/archive/2011/08/ nixon-gold-standard-gamble-interrupting-bonanza/354136/.

75. Bernstein, 351.

76. McCracken, 174.

77. Martin.

78. Richard Hofstadter and Beatrice K. Hofstadter, *Great Issues in American History, Vol. III* (New York: Vintage Books, 1982), 511.

79. McCracken, 175.

80. Mundell, 284.

81. C. Lowell Harriss, ed., *Inflation: Long-Term Problems* (New York: Academy of Political Science, 1975), http://www.questia.com/read/101947454/inflation-long-term-problems.

82. Bernstein, 356.

83. Mundell, 335.

84. R.A. Washington, "Who Beat Inflation?" *The Economist*, March 31, 2010, https://www.economist.com/free-exchange/2010/03/31/who-beat-inflation.

85. David Kestenbaum, "How Former Fed Chairman Paul Volcker Tamed Inflation – Maybe for Good," *National Public Radio*, December 15, 2015, https://www.npr.org/2015/12/15/459871005/how-former-fed-chairman-paul-volcker-tamed-inflation-maybe-for-good.

86. Jeff Spross, "The Forgotten Recession that Irrevocably Damaged the American Economy," *The Week*, April 18, 2016, http://theweek.com/articles/618964/forgotten-recession-that-irrevocably-damaged-american-economy.

87. "Silver as an Investment," *Wikipedia*, https://en.wikipedia.org/wiki/Silver_as_an_investment.

第二章

1. Robert A. Leonard, "1: Money and Language," in *Money: Lure, Lore, and Literature*, ed. John Louis Digaetani (Westport, CT: Greenwood Press, 1994), 3, http://www.questia.com/read/33826756/money-lure-lore-and-literature.

2. "Money," Wikipedia, https://en.wikipedia.org/wiki/Money.

3. "Currency and Coin Services,"Federal Reserve, https://www.federalreserve.gov/paymentsystems/coin_currcircvolume.htm.

4. "How Much Money Is There in the World?" World Economic Forum, December 29, 2106, https://www.facebook.com/worldeconomicforum/videos/how-much-money-is-there-in-the-world/10154018639106479/.

5. Sue Chang, "Here's All the Money in the World, in One Chart," *MarketWatch*, November 28, 2017, https://www.marketwatch.com/story/this-is-how-much-money-exists-in-the-entire-world-in-one-chart-2015-12-18.

6. "Money Makes the World Go Round," *USA TODAY*, November 1995, p. 9, http://www.questia.com/read/1G1-17606148/money-makes-the-world-go-round.

7. Tomasz Zaleskiewicz, Agata Gasiorowska, Pelin Kesebir, Aleksandra Luszczynska, and Tom Pyszczynski, "Money and the Fear of Death: The Symbolic Power of Money as an Existential Anxiety Buffer," *ScienceDirect*, Feburary 8, 2013, pp. 55–67, https://www.sciencedirect.com/science/article/abs/pii/S0167487013000391.

8. "Money Fights the Fear of Death," *BusinessTech*, June 7, 2013, https://businesstech.co.za/news/general/39520/money-fights-the-fear-of-death/.

9. Geoffrey Ingham, "Money Is a Social Relation," *Review of Social Economy* 54, no. 4 (1996), http://www.questia.com/read/1G1-19115414/money-is-a-social-relation.

10. Franz Ritzmann, "Money, a Substitute for Confidence? Vaughan to Keynes and Beyond," *The American Journal of Economics and Sociology* 58, no. 2 (1999), http://www.questia.com/read/1G1-55084083/money-a-substitute-for-confidence-vaughan-to-keynes.

11. Ritzmann.

12. Ghislain Deleplace, "Problems and Paradoxes of Money," *UNESCO Courier*, January 1990, http://www.questia.com/read/1G1-8561011/problems-and-paradoxes-of-money.

13. D. H. Robertson, *Money*, ed. J. M. Keynes (New York: Harcourt Brace and Company, 1922), 11, http://www.questia.com/read/11931888/money.

14. Bonamy Price, "What Is Money?" *Fraser's Magazine*, no. 602 (February 1880): 248–60, 248, https://search.proquest.com/openview/069615c7110f1baa/1?pq-origsite=gscholar&cbl=1795.

15. A. Mitchell Innes, "The Credit Theory of Money," *Banking Law Journal* 31 (December/January 1914): 151–168, http://wfhummel.net/innes.html.

16. L. Randall Wray, *Credit and State Theories of Money: The Contributions of A. Mitchell Innes* (Cheltenham, UK: Edward Elgar, 2004), 52.

17. A. Mitchell Innes, "What Is Money?" *Banking Law Journal* 30 (May 1913): 377–408, http://www.newmoneyhub.com/www/money/mitchell-innes/what-is-money.html.
18. Ludwig von Mises, *The Theory of Money and Credit* (1912).
19. Ibid, 147.
20. Ibid.
21. Paul Rosenberg, "'That Couldn't Possibly Be True': The Startling Truth About the US Dollar," *CaseyResearch*, February 27, 2015, https://www.caseyresearch.com/ that-couldnt-possibly-be-true-the-startling-truth-about-the-us-dollar-2/.
22. Edward S. Shaw, *Money, Income, and Monetary Policy* (Chicago: R.D. Irwin, 1950), 9, http://www.questia.com/read/3800456/money-income-and-monetary-policy.
23. Hugh R. Catherwood, "The U.S. National Debt," *The Government Accountants Journal* 49, no. 2 (2000), http://www.questia.com/read/1P3-55109496/the-u-s-national-debt.
24. Charles Scaliger, "Does Money Really Need to Be Controlled by Enlightened Experts?" *The New American*, October 10, 2016, p. 28, http://www.questia.com/read/1G1-467830985/ does-money-really-need-to-be-controlled-by-enlightened.
25. Marc Joffe, "How Ugly Is America's Balance Sheet?" *The Fiscal Times*, July 24, 2017, https://www.thefiscaltimes.com/Columns/2017/07/24/Just-How-Ugly-Americas-Balance-Sheet.
26. Antony Davies, "Going for Broke: Deficits, Debt, and the Entitlement Crisis," *Independent Review* 20, no. 4 (2016), http://www.questia.com/read/1G1-449314256/going-for-broke-deficits-debt-and-the-entitlement.
27. From the testimony of Laurence Kotlikoff before the Senate Budget Committee and as summarized by the Brookings institute in the article The Federal Debt is Worse Than You Think, Ron Haskins, April 8, 2015 https://www.brookings.edu/ opinions/the-federal-debt-is-worse-than-you-think/.
28. Antony Davies and James R. Harrigan, "Debt Myths, Debunked," *U.S. News,* December 1, 2016, https://www.usnews.com/opinion/economic-intelligence/articles/2016-12-01/myths-and-facts-about-the-us-federal-debt.
29. Davies and Harrigan.
30. L. Randall Wray, ed., *Credit and State Theories of Money: The Contributions of A. Mitchell Innes*, (Cheltenham, UK: Edward Elgar, 2004).
31. Robert A. Leonard, "1: Money and Language," in *Money: Lure, Lore, and Literature*, ed. John Louis Digaetani (Westport, CT: Greenwood Press, 1994), 10, http://www.questia.com/read/33826773/money-lure-lore-and-literature.

第三章

1. Murray N. Rothbard, *The Mystery of Banking* (Auburn, AL: The Ludwig von Mises Institute), 39.

2. Rothbard, 91.
3. Rothbard, 88.
4. Niall Ferguson, *The Ascent of Money: A Financial History of the World* (New York: The Penguin Press), 2008, 51–59.
5. Rothbard, 42–43.
6. Ferguson, 50–51.
7. Ferguson, 61–62.
8. Rothbard, 238.
9. Rothbard, 147.
10. Rothbard, 54.
11. A. Mitchell Innes, "The Credit Theory of Money," *Banking Law Journal* 31 (December/January 1914): 151–168, http://wfhummel.net/innes.html.
12. Riccardo Bellofiore, "Between Wicksell and Hayek: Mises' Theory of Money and Credit Revisited," *American Journal of Economics and Sociology* 57, no. 4 (1998), http://www.questia.com/read/1G1-53449312/between-wicksell-and-hayek-mises-theory-of-money.
13. John R. Walter, "Not Your Father's Credit Union," *Economic Quarterly – Federal Reserve Bank of Richmond* 92, no. 4 (2006), http://www.questia.com/read/1P3-1183337561/not-your-father-s-credit-union.
14. Walter.
15. "About Credit Unions," League of Southeastern Credit Unions & Affiliates, https://www.lscu.coop/about/about-credit-unions/.
16. B. Dan Berger, "Credit Unions: A History of Stepping Up," https://www.cutimes.com/2018/08/31/credit-unions-a-history-of-stepping-up/?slreturn=20190016162353.
17. Aaron Klein, "'Everyone' Is the Wrong Way to Define Credit Union Members," *Brookings*, July 10, 2017, https://www.brookings.edu/opinions/everyone-is-the-wrong-way-to-define-credit-union-members/.

第四章

1. Jaromir Benes and Michael Kumhof, "The Chicago Plan Revisited" (International Monetary Fund working paper, authorized for distribution by Douglas Laxton, August 2012), 15.
2. Brian Doherty, "The Life and Times of Milton Friedman: Remembering the 20th Century's Most Influential Libertarian," *Reason*, March 2007, http://www.questia.com/read/1G1-159238152/the-life-and-times-of-milton-friedman-remembering.
3. Tim Collins, "The Rise of Bitcoin Was Predicted by Nobel Prize Winning Economist Milton Friedman in an Interview Recorded 18 Years Ago, Footage Reveals," *Daily Mail,* October 20, 2017, https://www.dailymail.co.uk/sciencetech/article-5000260/Bitcoin-predicted-Milton-Friedman-18-years-ago.html.

4. Benes and Kumhof, 1.

5. William R. Allen, "Irving Fisher and the 100 Percent Reserve Proposal," *Journal of Law and Economics* 36, no. 2 (1993): 703–717, http://www.jstor.org/stable/725805, 707.

6. Allen, 711–712.

7. Benes and Kumhof, 17.

8. Benes and Kumhof, 4.

9. Edward Nelson and Anna J. Schwartz, "The Impact of Milton Friedman on Modern Economics: Setting the Record Straight on Paul Krugman's 'Who Was Milton Friedman?'" (Working Paper 13546, October 2007), 26; https://www.investors.com/news/management/leaders-and-success/economist-milton-friedman-championed-free-markets-and-individualism/.

10. Nelson and Schwartz, 3.

11. Nelson and Schwartz, 9.

12. Michael D. Bordo and Hugh Rockoff, "The Influence of Irving Fisher on Milton Friedman's Monetary Economics" (Rutgers University paper prepared for the AEA Session on Irving Fisher and Modern Economics: 100 Years After the Purchasing Power of Money, Denver, January 8, 2010), 4–5, http://citeseerx.ist.psu.edu/viewdoc/download;jsessionid=CF3C959AD00B985D086474688AE41088?doi=10.1.1.364.5640&rep=rep1&type=pdf.

13. Doherty.

14. Alexander L. Wolman, "Zero Inflation and the Friedman Rule: A Welfare Comparison," *Federal Reserve Bank of Richmond Economic Quarterly*, 3, https://pdfs.semanticscholar.org/c0c9/a7cb1e49ffe037f0a542573e483ee54a66ba.pdf.

15. Timothy Cogley, "What Is the Optimal Rate of Inflation?" (Federal Reserve Bank of San Francisco, September 19, 1997), https://www.frbsf.org/economic-research/publications/economic-letter/1997/september/what-is-the-optimal-rate-of-inflation/.

16. Greg Ip and Mark Whitehouse, "How Milton Friedman Changed Economics, Policy and Markets," *Wall Street Journal*, November 17, 2006, https://www.wsj.com/articles/SB116369744597625238.

17. F.A. Hayek, *Denationalisation of Money: The Argument Refined: An Analysis of the Theory and Practice of Concurrent Currencies*, 3d ed. (London: The Institute of Economic Affairs, 1990), 13, https://nakamotoinstitute.org/static/docs/denationalisation.pdf.

18. Hayek, 14.

19. William J. Luther, "Friedman vs. Hayek on Currency Competition" (American Institute for Economic Research, August 22, 2014), https://www.aier.org/article/sound-money-project/friedman-vs-hayek-currency-competition.

20. Hayek, 33.

21. Hayek, 110.

22. Hayek, 131.

23. Hayek, 23.
24. Hayek, 92.
25. Hayek, 37.
26. Hayek, 36.
27. Hayek, 130.
28. Hayek, 137.
29. "US Dollar," *Priced in Gold*, http://pricedingold.com/us-dollar/.
30. Hayek, 46–47.
31. Hayek, 59–62.
32. Hayek, 48–49.
33. Hayek, 60.

第五章

1. Satoshi Nakamoto, "Bitcoin: A Peer-to-Peer Electronic Cash System," October 31, 2008, https://nakamotoinstitute.org/bitcoin/.
2. William J. Luther, "Bitcoin and the Future of Digital Payments," *Independent Review* 20, no. 3 (Winter 2016): 397–404, https://www.jstor.org/stable/24562161, 397.
3. Luther, 399.
4. Luther, 399.
5. Denis T. Rice, "The Past and Future of Bitcoins in Worldwide Commerce," *Business Law Today* (2013): 1–4, http://www.jstor.org/stable/businesslawtoday.2013.11.06.
6. Morgan Spurlock, "Inside Man," "Bitcoin," https://www.youtube.com/watch?v=-5vkzqvgP6M.
7. Jonathan B. Turpin, "Bitcoin: The Economic Case for a Global, Virtual Currency Operating in an Unexplored Legal Framework," *Indiana Journal of Global Legal Studies* 21, no. 1 (2014): 335–368, 352.
8. Stanley, Aaron, "Winklevoss Twins See Bitcoin as 'Better Than Gold,'" *Financial Times*, November 30, 2016, https://www.ft.com/content/a9d4b73a-abdd-11e6-ba7d-76378e4fef24.
9. Brian Doherty, "In Search of the Elusive Bitcoin Billionaire: Bitcoin Is Booming. Libertarians Were There First. So Where Are All the Cryptocurrency Tycoons?" *Reason* 49, no. 8 (January 2018), http://www.questia.com/read/1G1-519584225/in-search-of-the-elusive-bitcoin-billionaire-bitcoin.
10. Cameron Harwick, "Cryptocurrency and the Problem of Intermediation," *Independent Review* 20, no. 4 (Spring 2016): 569–588, 571.
11. Adrian Chen, "Much Ado About Bitcoin," *New York Times*, November 26, 2013, https://www.nytimes.com/2013/11/27/opinion/much-ado-about-bitcoin.html?hp&rref=opinion.
12. Ethereum, www.ethereum.org.

13. Hugh Son, "JP Morgan Is Rolling Out the First US Bank-Backed Cryptocurrency to Transform Payments Business," *CNBC*, February 14, 2019, https://www.cnbc.com/2019/02/13/jp-morgan-is-rolling-out-the-first-us-bank-backed-cryptocurrency-to-transform-payments–.html?te=1&nl=deal book&emc=edit_dk_20190214.
14. Luther, 399.
15. Matthew Frankel, "How Many Cryptocurrencies Are There?" *Motley Fool*, March 16, 2018, https://www.fool.com/investing/2018/03/16/how-many-cryptocurrencies-are-there.aspx.
16. "Cryptocurrencies Have Shed Almost $700 Billion Since January Peak," *CNBC*, November 23, 2018, https://www.cnbc.com/2018/11/23/crypto currencies-have-shed-almost-700-billion-since-january-peak.html.
17. https://coinmarketcap.com/, as of March 25, 2019.
18. Frankel.
19. Nellie Bowles, "Everyone Is Getting Hilariously Rich, and You're Not," *New York Times*, January 13, 2018, https://www.nytimes.com/2018/01/13/style/bit coin-millionaires.html?em_pos=large&emc=edit_li_20180113&nl=nyt-living& nlid=12940167&ref=headline&te=1&_r=0.
20. SEC v. W. J. Howey Co., 328 US 293 (1946), US Supreme Court, https://supreme.justia.com/cases/federal/us/328/293/.
21. Aaron Hankin, "Winklevoss Twins' Gemini Trust Launches World's First Regulated Stablecoin," *MarketWatch*, September 10, 2018, https://www.marketwatch.com/story/winklevoss-twins-gemini-trust-launches-worlds-first-regulated-stablecoin-2018-09-10.
22. Ibid.
23. Ibid.

第六章

1. Alex Tabarrok, "Price Controls and Communism" (video), https://www.mruniversity.com/courses/principles-economics-microeconomics/price-controls-communism-planned-economy.
2. Mike Collins, "The Big Bank Bailout," *Forbes*, July 14, 2015, https://www.forbes.com/sites/mikecollins/2015/07/14/the-big-bank-bailout/#453ee0022d83; John Carney, "The Size of the Bank Bailout: $29 Trillion," *CNBC*, December 14, 2011, https://www.cnbc.com/id/45674390.
3. Steve Schaefer, "Five Biggest U.S. Banks Control Nearly Half Industry's $15 Trillion In Assets," *Forbes*, December 3, 2014, https://www.forbes.com/sites/steveschaefer/2014/12/03/five-biggest-banks-trillion-jpmorgan-citi-bankamerica/#231f8d90b539.
4. Matt Taibbi, "Secrets and Lies of the Bailout," *Rolling Stone*, January 4, 2013, https://www.rollingstone.com/politics/politics-news/secrets-and-lies-of-the-bailout-113270/.

5. Courtney Reagan, "What's Behind the Rush into the Low-Margin Grocery Business," *CNBC*, June 6, 2013, http://www.cnbc.com/id/100794988.
6. "U.S. Food Retail Industry – Statistics & Facts," *Statista*, https://www.statista.com/topics/1660/food-retail/.
7. "Number of Restaurants in the United States from 2011 to 2018," *Statista*, https://www.statista.com/statistics/244616/number-of-qsr-fsr-chain-independent-restaurants-in-the-us/.

第七章

1. Harry Markowitz, Francis Gupta, and Frank J. Fabozzi, "Modern Portfolio Theory," *Journal of Investing* (Fall 2002): 211.
2. "This Year's Laureates Are Pioneers in the Theory of Financial Economics and Corporate Finance," The Royal Swedish Academy of Sciences, October 16, 1990, 15, https://www.nobelprize.org/prizes/economic-sciences/1990/press-release/.
3. Mark Hebner, "The Separation Theorem," *Index Fund Advisers*, July 28, 2013, 120, https://www.ifa.com/articles/separation_theorem/.
4. Francis Armstrong III, "Tobin's Separation Theorem," *Paladin Research & Registry*, https://www.paladinregistry.com/advisor/Francis.Armstrong/tobin-s-separation-theorem.

第九章

1. Doug Eberhardt, "What Really Backs the U.S. Dollar?" *Seeking Alpha*, June 28, 2009, https://seekingalpha.com/article/145722-what-really-backs-the-u-s-dollar.
2. "FSB Publishes 2017 G-SIB List," *Financial Stability Board*, November 2017, http://www.fsb.org/2017/11/fsb-publishes-2017-g-sib-list/.
3. B. Dan Berger, "Credit Unions: A History of Stepping Up," *CU Times*, August 31, 2018, https://www.cutimes.com/2018/08/31/credit-unions-a-history-of-stepping-up/?slreturn=20190016162353.
4. Gil Press, "A Very Short History of the Internet and the Web," *Forbes*, January 2, 2015, https://www.forbes.com/sites/gilpress/2015/01/02/a-very-short-history-of-the-internet-and-the-web-2/#ffd518c7a4e2.
5. Roy Rosenzweig, "Wizards, Bureaucrats, Warriors, and Hackers: Writing the History of the Internet," *The American Historical Review* 103, no. 5 (1998): 1530–1552,1532–1533.
6. Press.
7. Yashpalsinh Jadeja and Kirit Modi, "Cloud Computing – Concepts, Architecture and Challenges," 2012 International Conference on Computing,

Electronics and Electrical Technologies (ICCEET), May 24, 2012, pp. 877–880, https://ieeexplore.ieee.org/abstract/document/6203873.

8. V.V. Arutyunov, "Cloud Computing: Its History of Development, Modern State, and Future Considerations," *Scientific and Technical Information Processing* 39, no. 3 (July 2012): 173–178, 173.

9. Michael Miller, *Cloud Computing: Web-Based Applications That Change the Way You Work and Collaborate Online* (Que Publishing, 2009), 42.

10. Mary Ann Bell, "Cloud Crowd: You Belong Whether You Know It or Not!" *Multimedia & Internet@Schools*, July–August 2009, http://www.questia.com/read/ 1G1-203230755/cloud-crowd-you-belong-whether-you-know-it-or-not.

11. Don Tapscott and Alex Tapscott, *Blockchain Revolution: How the Technology Behind Bitcoin Is Changing Money, Business, and the World* (New York: Portfolio/Penguin, 2016), 5, https://books.google.com/books?hl=en&lr=&id=NqBiCgAAQBAJ&oi=fnd&pg=PT11&dq=bitcoin&ots=sRwOyK16AA&sig=XdV6RWXMlQG38QblHkFqHprzXtY#v=onepage&q=bitcoin&f=false.

12. Trevor I. Kiviat, "Beyond Bitcoin: Issues in Regulating Blockchain Transactions," *Duke Law Journal* 65, no. 3 (2015), http://www.questia.com/read/1G1-439635382/beyond-bitcoin-issues-in-regulating-blockchain-transactions.

13. Melanie Swan, *Blockchain: Blueprint for a New Economy* (Sebastopol, CA: O'Reilly Media, 2015).

14. Andreas M. Antonopoulos, *Mastering Bitcoin: Unlocking Digital Cryptocurrencies* (Sebastopol, CA: O'Reilly Media, 2015), 24.

15. Tapscott and Tapscott, 81.

16. Tapscott and Tapscott, 42.

17. Swan, 51.

18. "How Blockchain Technology Works. Guide for Beginners," *Cointelegraph*, https://cointelegraph.com/bitcoin-for-beginners/how-blockchain-technology-works-guide-for-beginners#hash-function.

19. Ethereum, www.ethereum.org.

20. "Wikipedia: Introduction," *Wikipedia*, https://en.wikipedia.org/wiki/Wikipedia:Introduction.

21. "Hyperledger," *Wikipedia*, https://en.wikipedia.org/wiki/Hyperledger.

22. "Hyperledger: Blockchain Collaboration Changing the Business World," *IBM*, https://www.ibm.com/blockchain/hyperledger.

23. Ibid.

24. "What Is Blockchain?" *IBM*, https://www.ibm.com/blockchain/what-is-blockchain.

第十章

1. "Capital Markets," *Investopedia*, https://www.investopedia.com/video/play/capital-markets/.

2. "Money-Market Fund 'Breaks the Buck,'" *New York Times*, September 17, 2008, https://dealbook.nytimes.com/2008/09/17/money-market-fund-says-customers-could-lose-money/.

3. "Commercial Paper," *Investopedia*, https://www.investopedia.com/terms/c/commercialpaper.asp.

4. "US Repo Market Fact Sheet, 2018," *SIFMA*, September 18, 2018, https://www.sifma.org/resources/research/us-repo-market-fact-sheet-2018/.

5. "Euro Repo Index," *RepoFundsRate*, February 1, 2019, http://www.repofundsrate.com/.

6. "Repurchase Agreement (Repo)," *Investopedia*, https://www.investopedia.com/terms/r/repurchaseagreement.asp.

7. Robert J. Samuelson. "Rethinking the Great Recession," *Wilson Quarterly* 35, no. 1 (1976): 16.

第十一章

1. "The Economic Lessons of Star Trek's Money-Free Society," *Wired*, May 28, 2016, https://www.wired.com/2016/05/geeks-guide-star-trek-economics/.

2. A.M. Gittlitz, "'Make It So': 'Star Trek' and Its Debt to Revolutionary Socialism," *The New York Times,* July 24, 2017, https://www.nytimes.com/2017/07/24/opinion/make-it-so-star-trek-and-its-debt-to-revolutionary-socialism.html.

3. Greg Stevens, "A Guide to Star Trek Economics," *The Kernel*, September 4, 2013, https://kernelmag.dailydot.com/features/report/4849/a-guide-to-star-trek-economics/.

4. Leezel Tanglao, "Can Star Trek's World with No Money Work?" CNN, October 11, 2015, https://money.cnn.com/2015/10/11/news/economy/new-york-comic-con-star-trek-economics/index.html.

5. *Wired*.

6. Rakesh Sharma, "Star Wars" The Economics of the Galactic Empire," Investo-pedia, May 4,2018, https://www.investopedia.com/articles/investing/120815/star-wars-economics-galactic-empire.asp.

7. "Currency," Wookieepedia, http://starwars.wikia.com/wiki/Currency.

8. Sharma.

9. Shannon Quinn, "What the 'Star Wars' Movies Can Tell Us About Our Finances," *Moneywise*, May 28, 2018, https://moneywise.com/a/the-not-so-far-far-away-economics-of-the-star-wars-galaxy.

10. Christopher Miller and George R. Hamell, "A New Perspective on Indian-White Contact: Cultural Symbols and Colonial Trade," *The Journal of American History* 73, no. 2 (1986): 311-28. 311.

11. Stephen Donnelly, "Fur, Fortune, and Empire: The Epic History of the Fur Trade in America," *Historical Journal of Massachusetts* 39, no. 1/2 (2011), 22.

12. Ann M. Carlos and Frank D. Lewis, *Commerce by a Frozen Sea: Native Americans and the European Fur Trade* (Philadelphia: University of Pennsylvania Press, 2010), 8.
13. Donnelly, 48.
14. "Why Bitcoin Uses So Much Energy," *The Economist*, July 9, 2018.
15. Timothy B. Lee, "New Study Quantifies Bitcoin's Ludicrous Energy Consumption," *ARSTechnica*, May 17, 2018.
16. Mix, "Bitcoin Mining Consumes More Electricity than 20+ European Countries," *The Next Web*, November 23, 2017.

第十二章

1. Mitchell Innes, "The Credit Theory of Money," *Banking Law Journal* 31 (December/January 1914), https://www.community-exchange.org/docs/The%20Credit%20Theoriy%20of%20Money.htm.
2. "Mass Versus Weight," *Wikipedia*, https://en.wikipedia.org/wiki/Mass_versus_weight.
3. Luke Baker, "How Much Does a Kilogram Weigh? Depends on Your 'Plank Constant,'" *Reuters*, November 16, 2018, https://www.reuters.com/article/us-science-kilogram/how-much-does-a-kilogram-weigh-depends-on-your-planck-constant-idUSKCN1NL21P.
4. Patrick McBriarty, "For Bridge Lovers, Chicago Is the Greatest Show on Earth," *Chicago Architecture*, March 31, 2014, https://www.chicagoarchitecture.org/2014/03/31/for-bridge-lovers-chicago-is-the-greatest-show-on-earth/.
5. "Movable Bridges Types, Design and History," *History of Bridges*, http://www.historyofbridges.com/facts-about-bridges/movable-bridge/.
6. Von Mises, *Theory of Money and Credit*, §8, p. 8.
7. "Historical Crude Oil Prices (Table)," *Inflationdata*, https://inflationdata.com/articles/inflation-adjusted-prices/historical-crude-oil-prices-table/.

第十三章

1. Milton Friedman, "Letter to the Editor: Roots," *Wall Street Journal,* October 30, 1992, https://miltonfriedman.hoover.org/friedman_images/Collections/2016c21/WSJ_10_30_1992.pdf.
2. Milton Friedman, "M1's Hot Streak Gave Keynesians a Bad Idea," *Wall Street Journal,* September 18, 1986, https://miltonfriedman.hoover.org/friedman_images/Collections/2016c21/WSJ_09_18_1986.pdf.
3. Harris Dellas and George S. Tavlas, "Milton Friedman and the Case for Flexible Exchange Rates and Monetary Values," *Bank of Greece*, October 2017, https://www.bankofgreece.gr/BogEkdoseis/Paper2017236.pdf.

4. Milton Friedman, "The Case for a Monetary Rule," *Newsweek*, February 7, 1972, 67.
5. Milton Friedman, "Defining Monetarism," *Newsweek*, July 12, 1982, 64.
6. "Milton Friedman Assesses the Monetarist Legacy and the Recent Performance of Central Banks," Milton Friedman interviewed by Robert Pringle, *Central Banking* (London) 13 (August 2002): 15–23.
7. Milton Friedman, "Introduction," *The Road to Serfdom*, by F.A. Hayek (Chicago: University of Chicago Press, 1994), ix–xx, https://miltonfriedman. hoover.org/friedman_images/Collections/2016c21/1994RoadSer.pdf.
8. Milton Friedman, "The Keynes Centenary: A Monetarist Reflects," *Economist*, June 4, 1983, 17–19, https://miltonfriedman.hoover.org/friedman_images/ Collections/2016c21/Economist_06_04_1983.pdf.
9. Milton Friedman, Sidney Hook, Rose Friedman, and Roger Freeman, "Market Mechanisms and Central Economic Planning," in *Market Mechanisms and Central Economic Planning* (Washington, D.C.: American Enterprise Institute, 1981), 3, https://miltonfriedman.hoover.org/friedman_images/Collections/ 2016c21/AEI_1981.pdf.
10. Brian Snowdon and Howard R. Vane, eds., "The Development of Modern Macroeconomics," in *A Macroeconomics Reader* (London: Routledge, 1997), 8, http://www.questia.com/read/104188394/a-macroeconomics-reader.
11. Milton Friedman, "My Evolution as an Economist," in *Lives and Laureates: Seven Nobel Economists*, ed. William Breit and Roger W. Spencer (Cambridge: MIT Press, 1986), 77–92, https://miltonfriedman.hoover.org/friedman_ images/Collections/2016c21/MIT_1986.pdf.

第十四章

1. F.A. Hayek, *Denationalisation of Money: The Argument Refined: An Analysis of the Theory and Practice of Concurrent Currencies*, 3d ed. (London: The Institute of Economic Affairs, 1990), https://nakamotoinstitute.org/static/docs/ denationalisation.pdf, 135.
2. Ibid.
3. Ibid.
4. Ibid.
5. Ibid.
6. Ibid.
7. Ibid.
8. Ibid.
9. Ibid.
10. Ibid.

附录B

1. Kimberly Amadeo, "Current US Federal Budget Deficit," *The Balance*, January 17, 2019, https://www.thebalance.com/current-u-s-federal-budget-deficit-3305783.

2. Greg Richter, "Ex-Comptroller General Walker: Real National Debt Triple What Most Think," *Newsmax*, November 8, 2015, https://www.newsmax.com/newsmax-tv/david-walker-national-debt/2015/11/08/id/701187/.

3. Joe English, "The Biggest Threat to America's Future Is Its Debt," *Chicago Tribune,* February 10, 2018, https://www.chicagotribune.com/news/opinion/letters/ct-government-debt-trillion-spending-20180209-story.html.

4. Tom Murse, "History of the US Federal Budget Deficit," *ThoughtCo.*, June 4, 2018, https://www.thoughtco.com/history-of-us-federal-budget-deficit-3321439.

5. "Debt Crusader: David Walker Sounds the Alarm for America's Financial Future," *Journal of Accountancy* 207, no. 3 (2009), http://www.questia.com/read/1G1-194962798/debt-crusader-david-walker-sounds-the-alarm-for-america-s.

6. Matthew Frankel, "9 Baby-Boomer Statistics That Will Blow You Away," *The Motley Fool*, July 29, 2017, https://www.fool.com/retirement/2017/07/29/9-baby-boomer-statistics-that-will-blow-you-away.aspx.

7. Jeanne Sahadi, "Social Security Must Reduce Benefits in 2034 if Reforms Aren't Made," *CNN*, June 5, 2018, https://www.cnn.com/2018/06/05/politics/social-security-benefit-cuts/index.html.